L'Abbé P. FESCH

Les Souvenirs d'un Abbé journaliste

PARIS
ERNEST FLAMMARION, ÉDITEUR
26, RUE RACINE, PRÈS L'ODÉON

LES SOUVENIRS

D'UN

ABBÉ JOURNALISTE

OUVRAGES DU MÊME AUTEUR

MORTES AU CHAMP D'HONNEUR

BAZAR DE LA CHARITÉ

4 mai 1897.

Un beau volume in-8°, nombreuses photogravures.
Prix, broché, 5 fr.

LACORDAIRE JOURNALISTE, 1 vol. in-18 . . . . . . 3 fr. 50
AU SÉMINAIRE. — *Saint Sulpice et les Sulpiciens*,
   1 vol. in-18. . . . . 3 fr. 50
JEANNE D'ARC, VIERGE ET MARTYRE, 1 vol. in-8°,
   orné de nombreuses gravures. . . . . 5 fr. »
JEANNE D'ARC RACONTÉE AUX PETITS ENFANTS, pla-
   quette grand in-8° de 60 pages, illustrée . . 1 fr. 25

ÉMILE COLIN — IMPRIMERIE DE LAGNY

PAUL FESCH

Les Souvenirs d'un bbé journaliste

PARIS
ERNEST FLAMMARION, ÉDITEUR
26, RUE RACINE, PRÈS L'ODÉON

Tous droits réservés.

PRÉFACE

Nel mezzo del cammin di nostra vita...
Au milieu du chemin de la vie...

Pourquoi ce vers, par lequel débute le premier chant de la *Divine comédie*, obsède-t-il ma pensée au moment où j'aborde ce récit? Pourquoi le tic-tac régulier de l'horloge insensible articule-t-il à mon oreille ces mots fatidiques de la grande horloge de l'éternité : « Toujours! Toujours!... Jamais! Jamais! »

Ah! c'est que dans quelques instants... je m'arrête, car le timbre résonne, et je compte : Un... deux... onze... douze... minuit! — Et je reprends avec une variante ma phrase interrompue. C'est que, maintenant, un nouveau jour commence, impitoyable pour celui qui le précède, et lui disant (c'est ici ou jamais le cas de parler ainsi), lui disant un adieu éternel.

Et je songe à toutes ces heures qui, dans ces vingt ans de ma vie de journaliste, se sont égrenées une à une, tombant dans le passé, mystérieux abîme, que nul chercheur n'a sondé. Je songe à ce versant de la montagne tôt gravi, quoique péniblement, et qui ressemble singulièrement aux sentiers escarpés des Alpes ou des Pyrénées, rocailleux, flanqués de précipices au bord desquels, à travers l'ombre du soir qui s'étend, s'aperçoivent encore çà et là des croix, souvenirs de malheurs.

Avant de redescendre l'autre pente, moins longue sans doute, je regarde moi aussi en arrière le chemin parcouru. Dirai-je que mon œil attristé y découvre des croix de malheur? Multiples elles sont : faux pas d'imprévoyance ou d'inattention, chutes d'inexpérience, embûches d'ennemis, abandons ou trahisons d'amis, espérances déçues, etc., etc.

Pourquoi, alors, raviver ce passé dont le souvenir serait une douleur? Pourquoi ne pas le laisser s'enfoncer et disparaître dans l'oubli, suivant le précepte du poète :

Oublier est si doux, quand on a tant souffert?

C'est que, somme toute, d'abord, il ne serait pas impossible d'y découvrir quelques-unes de ces éclaircies qui réconfortent l'âme, comme l'apparition soudaine d'un point de vue dans la montagne réjouit le regard : amitiés fidèles, bonheur rapidement mais profondément goûté, joies de la lutte et, par-dessus tout, satisfaction du devoir accompli.

Eh bien, alors, pourquoi ce récit?

Sacrifierais-je à ce qu'on appelle le goût de jour d'entretenir le public de mes hauts faits et gestes?

> Ce qu'on fait maintenant, on le dit ; et la cause
> En est bien excusable : on fait si peu de chose !
> Mais si peu qu'il ait fait, chacun trouve à son gré
> De le voir par écrit dûment enregistré... (1)

Musset a tort. Cette manie de notre époque — si manie il y a — a bien été un peu celle de tous les temps; et du roi David, dont les Psaumes ne sont que l'autobiographie, jusqu'aux *Impressions cellulaires* de M. Baïhaut, il y a place à travers les siècles pour les *Commentaires*, de César, le *Journal*, de l'Estoile, les *Mémoires*, de Marbot, et

(1) A. DE MUSSET. Poésies nouvelles : *Une bonne fortune.*

mille autres d'intérêt variable. Est-ce bien la peine vraiment d'écrire pour avoir la puérile jouissance de dire : « J'étais là, telle chose m'advint. »

Pourquoi ne pas reconnaître à l'homme des pensées plus hautes, un but plus sérieux ?

A part moi, j'ai souvent médité cette parole de Lacordaire : « Il faut se garder de quitter la plume. Sans doute, c'est un rude métier que celui d'écrire ; mais la presse est devenue trop puissante pour abandonner son poste. Écrivons, non pour l'immortalité, mais pour Jésus-Christ. Crucifions-nous à notre plume. Quand personne ne nous lirait plus dans cent ans, qu'importe ! La goutte d'eau qui aborde à la mer n'en a pas moins contribué à faire le fleuve, et le fleuve ne meurt pas. *Celui qui a été de son temps*, dit Schiller, *a été de tous les temps* ; il a fait sa besogne, il a eu sa part dans la création des choses éternelles. Que de livres, perdus aujourd'hui dans les bibliothèques, ont fait, il y a trois siècles, la révolution que nous voyons de nos yeux ! Nos pères nous sont inconnus à nous-mêmes, mais nous vivons par eux (1). »

A qui veut bien étudier les actions de l'homme, il n'en est aucune, si minime soit-elle, qui n'em-

(1) LACORDAIRE. *Lettres à des jeunes gens.* 2 octobre 1830.

porte avec elle son instruction. Il y a profit à regarder le paysan qui, dans la plaine, suit le pas somnolent de ses bœufs, aussi bien qu'à considérer les brillantes évolutions d'un éloquent orateur à la tribune du Parlement. Et le chiffonnier qui, de son crochet, à la lueur douteuse de sa lanterne, fouille dans les détritus et les immondices des rues, me peut être un sujet d'étude aussi utile que le savant, dont l'œil fouille, à travers la lumière de son microscope, les infiniment petits de la nature. Tous agissent : et la vue de l'activité humaine est toujours instructive.

Un des premiers, — il n'y a pas à tirer vanité de la simple constatation d'un fait — un des premiers je me suis trouvé, par un enchaînement particulier de circonstances, lancé, comme prêtre, dans cette voie du journalisme où plusieurs depuis ont marché. Mais alors c'était un terrain à peu près inexploré, à notre époque du moins, et qui ne manquait pas d'offrir aux pionniers assez audacieux pour en affronter l'inconnu, des surprises et des dangers. Est-il étonnant que plusieurs s'y soient égarés, que d'aucuns y aient compromis leur santé intellectuelle ou physique, que d'autres y aient couru aventures et mésaventures de tous genres? Ils ont déblayé le terrain.

Mais ils ne croiraient pas avoir suffisamment fait pour la cause de la justice et de la vérité, s'ils ne laissaient à leurs successeurs la carte de leurs explorations, après y avoir noté soigneusement les accidents du sol, les endroits périlleux, les ennemis à éviter, les précautions à prendre, les armes les meilleures pour la justesse et la rapidité de leur tir..., etc., etc.

Ainsi pensé-je faire, en apportant ma quote-part de renseignements.

A Paris aussi bien qu'en province, simple rédacteur, secrétaire de rédaction ou directeur, j'ai livré, en différents journaux, la grande, l'enivrante bataille quotidienne. Je ne m'attarderai pas à énumérer tous les coups donnés ou reçus, non plus que les diverses péripéties d'une lutte de vingt ans où j'eus à plusieurs reprises, devant moi, le même genre d'adversaires. J'esquisserai quelques tableaux, d'une touche sobre, charitable toujours, et discrète autant que me le permettra la vérité.

Si, néanmoins, ils se trouvent parfois un peu surpris, que mes lecteurs veuillent bien avoir présent à la pensée, en parcourant ces lignes, comme je l'eus moi-même en les écrivant, ce mot d'Henri Perreyve; il leur expliquera bien des choses étranges et leur mettra dans l'âme une plus grande indulgence pour l'inconséquence ou ce qu'ils appellent la vilenie des hommes :

« Nous traversons l'heure douteuse, l'heure de l'hésitation, des résistances, des malentendus, des soupçons réciproques et des mutuelles malédictions ; mais cette heure est faite pour passer, et si les fils de Dieu savent y faire leur devoir, il se peut qu'elle soit suivie d'une époque plus féconde pour la justice et la vérité que toutes celles qui l'ont précédée dans l'histoire (1). »

(1) HENRI PERREYVE. *Entretiens sur l'Église*, t. II, p. 261.

LES SOUVENIRS
d'un
ABBÉ JOURNALISTE

CHAPITRE PREMIER

LA LOI SCOLAIRE ET LA FRANC-MAÇONNERIE

« Je m'en soucie autant que de ma première... » et, ici, chacun met le terme de comparaison qui lui plaît davantage ou se rapporte le mieux à son genre de situation ou d'esprit. Le journaliste ne sera-t-il pas tout naturellement porté à s'écrier : « Je m'en soucie autant que de mon premier article », quoique souvent l'apparition de ce premier article ait procuré à son auteur cette douce joie que donnent toutes prémices? C'est la difficulté vaincue, c'est l'obstacle renversé, c'est l'entrée, par cette porte de la rédaction si lourde à pousser, dans une vie que la jeunesse de l'imagination — même quand on est d'un certain âge — vous dépeint sous les plus vives couleurs, c'est... que sais-je encore?

Je crois bien, en ce qui me concerne, que je l'eusse oublié, ce premier article, si le bruit suscité, ces temps derniers, autour des ossements — existants ou non — de Jean-Jacques Rousseau, n'en eût ravivé en moi le souvenir.

C'était en 1878. Le Conseil municipal de Paris avait résolu de consacrer par une apothéose le centenaire de la mort de Voltaire et de Rousseau (1), et de réunir dans le même triomphe posthume ces deux frères ennemis. On se rappelle la virulente campagne de Mgr Dupanloup et le bruit énorme que firent ses *Lettres à Messieurs les Membres du conseil municipal*, et ce qui s'ensuivit.

Jean-Jacques devait avoir sa petite fête particulière, tout intime. Elle eut lieu dans ce charmant pays d'Ermenonville (Oise) aujourd'hui transformé, grâce aux libéralités incessantes du prince Radzivill.

A cette époque, le château, le parc étaient encore la propriété de la famille de Girardin. Le vieux marquis, sénateur de l'Empire, l'avait quelque peu délaissée : elle était ouverte à tout venant, et nous autres, gamins, après une pleine-eau dans le petit étang, nous abordions à l'*Ile des Peupliers* (2) et, avec un sans-gêne qui n'a de comparable que celui des grenouilles sautant sur le soliveau, nous allions sécher nos membres grêles, assis sur le cénotaphe du philosophe genevois.

---

(1) Voltaire est mort le 30 mai 1778, et Rousseau le 3 juillet de la même année.
(2) C'est dans cette île que l'auteur d'*Émile* avait été inhumé et que récemment on a fait de nouvelles fouilles pour savoir si, oui ou non, ses restes s'y trouvaient encore.

Les esprits forts du pays et des environs n'eurent donc garde de laisser échapper une si belle occasion. Ils réunirent quelques sommités républicaines, parmi lesquelles, si je me souviens bien, M. Franck Chauveau qui faisait alors ses premières campagnes électorales dans l'Oise, et passait pour un *rouge*. Aujourd'hui, M. Franck Chauveau est sénateur, libéral, modéré. C'est d'ailleurs tout à fait son éloge. Et il n'est pas le seul dont le drapeau ait vu ses trop éclatantes couleurs se fondre peu à peu jusqu'aux teintes les plus rosées.

Si l'on banqueta en l'honneur de Jean-Jacques, si l'on fit des discours, je le laisse à penser !

Philosophe en herbe, j'entrais en vacances. La folle idée me prit d'esquisser un compte rendu de la fête, et de l'envoyer au *Nouvelliste* de Senlis, feuille éclose au souffle brûlant des élections et qui menait la lutte avec une verve endiablée. Mon article était-il long, était-il court? Je n'ai pu le retrouver et n'en saurais rien dire. Une chose cependant m'est restée dans la mémoire. On avait, comme de juste, couronné le buste de Jean-Jacques, et nos braves gens n'avaient trouvé rien de mieux, pour manifester l'ardeur de leurs opinions avancées, que de lui tresser une couronne de géraniums rouges. Or, le géranium est, dit-on, le symbole de la sottise, de la folie, et autres qualités de même genre. L'on voit d'ici les variations que fournit à ma plume juvénile ce thème facile.

Ce dut être un bon devoir de bachelier. Néanmoins il fit fureur dans le pays, on se l'arracha comme si c'eût été du Beaumarchais, et, chose extraordinaire, quoiqu'ils en connussent l'auteur, les radicaux ne lui en gardèrent pas rancune. Ils pardonnaient sans doute à sa jeunesse.

Que ne suis-je, hélas ! toujours resté jeune !

Quatre ans plus tard, la France était en feu. Et cet incendie que certains révolutionnaires attardés s'efforcent de raviver de temps en temps pour tenter le renversement d'un ministère, avait été allumé par le vote et l'application de la loi scolaire.

Au peu d'intérêt que présentent aujourd'hui, même à la Chambre, les discussions de ce genre, on ne s'imaginerait pas l'émotion d'alors. Elle est compréhensible, pourtant.

C'était la première fois que le radicalisme posait, d'une manière aussi complète et aussi dure, sa main brutale sur une de ces libertés que les catholiques regardaient à bon droit comme faisant partie de leur apanage. L'assaut avait été rude, la résistance énergique; et les vainqueurs qui, depuis plusieurs années, faisaient le siège de cette citadelle qu'était l'école, s'y précipitaient avec rage. On eût dit une meute à qui l'on a fait trop attendre l'instant de la curée.

Dans le lointain, cela ne paraît plus, mais qui a vu de près et dans les détails ne trouvera pas ce tableau trop chargé en couleurs.

En province, le peuple, qui est simpliste, avait compris que « neutralité » signifiait « attaque » et « laïcisation » « athéisme ». Au fond, c'était bien là l'idée première et principale des promoteurs de la loi. Il ne faut donc pas s'étonner que certains instituteurs et certains inspecteurs aient mené la campagne, tout d'abord à outrance. Sans doute, ils pouvaient croire être dans le vrai, mais ils n'étaient point fâchés, au surplus, de montrer l'ardeur de leurs convictions : leur avancement, pensaient-ils, en dépendait. Et puis, ce mot de liberté que l'on faisait résonner à leurs oreilles, a un si doux son pour chacun ! Ils ne voyaient pas bien comment, ne faisant plus la prière en classe, ne chantant plus au lutrin ou ne touchant plus l'harmonium, ils seraient plus libres ; mais on le leur avait dit avec une telle insistance, que la foi était entrée dans leur cœur par la porte de l'ambition.

Sur ces entrefaites j'arrivai à Beauvais.

Là, comme partout ailleurs, les conservateurs étaient désemparés. La victoire de leurs adversaires les avait surpris, et leurs journaux n'avaient pas encore pu se faire à cette idée que pour porter, les coups devaient être dirigés sur un but précis et bien déterminé. Le temps était passé des discussions générales, des luttes courtoises et d'ensemble. On en était arrivé au corps-à-corps.

Un beau jour (avril 1883), on apprit qu'un nouveau journal entrait en lice. Il avait nom *l'Éclaireur*; son directeur politique était M. de Chatenay, représentant officiel du comte de Chambord dans l'Oise, et son rédacteur en chef le marquis de Licques. Si ce dernier n'eût fait que déployer son drapeau, il eût végété bien inaperçu au milieu de ce public beauvaisin, au tempérament « tout de mollesse et de laisser-aller (1). » Mais, tacticien habile, il comprit l'inanité des méthodes anciennes, et dut, avec une constante énergie, appliquer les nouvelles. Chaque numéro mettait à terre un ennemi, sinon hors de combat, du moins grièvement frappé. Quand la plume ne lui suffisait pas, il avait des artistes du cru qui lui prêtaient leur crayon satirique.

(1) *Souvenirs de ma jeunesse*, par le marquis de Belleval, p. 128.

C'est à l'occasion d'une de ces caricatures, représentant, torturé sur le gril, un inspecteur primaire, que j'envoyai au rédacteur en chef certaine saynète de ma façon. Elle plut, parut, et nous fûmes dès lors deux rédacteurs, lui et moi. À nous deux, nous faisions le numéro. L'*Éclaireur* n'était que bi-hebdomadaire. Eût-il été quotidien que nous nous serions acquittés de notre tâche, les événements et les hommes se chargeant de nous fournir une ample copie.

La laïcisation battait son plein. Les inspecteurs étaient sur toutes les routes, à la recherche de crucifix à décrocher, de religieuses à pourchasser, d'instituteurs à stimuler, de conseils municipaux à tromper, etc.

L'un d'entre eux, surtout, celui dont je parle ci-dessus, se faisait remarquer par son exaltation et sa rage. Butor s'il en fut, autoritaire au possible, il ne savait que se faire craindre et haïr. Les instituteurs eux-mêmes, qui auraient pu être ses aides précieux dans l'œuvre néfaste de la laïcisation, ne lui obéissaient qu'en tremblant. Il leur faisait exécuter les plus viles besognes ; et si parfois on trouvait, en haut lieu, qu'il allait trop vite et trop loin, c'est à ses subordonnés qu'il faisait endosser tout l'odieux de ses actes.

Quant aux écoles catholiques, il n'est point de persécutions qu'il ne leur fît subir ; tantôt il fixait au dimanche, à l'heure de la messe, une revue de bataillons scolaires ; tantôt il entrait brusquement et, parmi les élèves — surtout chez les filles — il faisait un choix de celles qui devaient aller sécher les plâtres des écoles laïques récemment bâties et que l'on s'obstinait de laisser aux araignées. Mais c'est surtout à la prière et au crucifix qu'il s'en prenait. Veut-on un exemple de ses procédés ?

En 1883, il avait, par surprise, enlevé le crucifix de l'école d'un pays voisin de Beauvais. La population, croyante, avait une année durant, livré une lutte tenace, et enfin victorieuse, pour la réinstallation du Christ qui avait été replacé et scellé dans le mur de la classe appartenant, non pas à la commune, mais au maire.

C'était un grave échec pour notre inspecteur. Que fit-il? J'emprunte ce bref récit à un de mes articles : « Jeudi dernier, 6 novembre 1884, M. l'inspecteur H... arrivait dès la pointe du jour au Becquet, accompagné d'un nommé C..., de Saint-Just-des-Marais. Sachant bien que nul des habitants de ce pays ne se voudrait salir les mains à une pareille besogne, il avait eu soin d'amener avec lui un être de son acabit.

» Arrivé chez l'instituteur, il lui demande à voir les cahiers : et sous le mielleux prétexte que l'on sera plus chaudement dans la cuisine, il l'entraîne hors de la classe.

» Pendant l'inspection — à la cuisine — au cours de laquelle M. H... a dû laisser passer bien des fautes, peut-être même quelques pâtés, l'autre accomplissait sa besogne et descellait le crucifix, puis l'apportait triomphant devant le pauvre instituteur qui n'en pouvait croire ses yeux, et devant l'inspecteur dont la satisfaction orgueilleuse se trahit par un rictus narquois.

» Puis, avec cette suffisance qu'on lui connaît et qui semble dire : « Voyez, il ne m'arrive aucun malheur, » quoique je décroche les crucifix », il s'en fut, non pas comme Pilate se laver les mains dans l'eau, mais chasser par un verre de vin bu chez un complice la poussière que lui fit avaler semblable opération. »

Il est évident que nous ne pouvions laisser de tels actes se perpétrer, sans les flageller hautement. Chargé des « éreintements » je m'en acquittais, sinon toujours de façon brillante, du moins de mon mieux. Nous fîmes tant que nous le rendîmes plus circonspect, et qu'en fin de compte, il n'obtint jamais cette croix de la Légion d'honneur à laquelle tendaient ses désirs et ses vilenies.

Quelquefois — j'étais jeune alors — je prenais la doctrine du « œil pour œil, dent pour dent. » A la fin du même article, je disais :

« Au risque de m'attirer les foudres de certains journaux radicaux, je dirai que tous les honnêtes gens le devraient mettre, *lui et les siens*, non pas seulement en *quarantaine* mais *au ban* du pays ; et ceux-là seraient bien coupables, qui, après un tel méfait, continueraient à entourer de leur trop indulgente faveur des gens qui le méritent si peu, et favoriseraient ainsi leurs agissements.

» Il est des gens qu'on ne peut prendre par le cœur ; eh bien ! il reste un moyen ; qu'on les prenne par le ventre et qu'on leur coupe les vivres. Que les portes, même celles des couvents, leur soient fermées. »

Cela demande explication.

Ledit inspecteur avait une fille — c'était son droit, après tout, — mais qui, s'il faut en croire la chronique, au point de vue des idées, ne le cédait pas à son père en hostilité contre les « cléricaux », et le manifestait même publiquement, d'une façon assez cavalière.

Or, tandis que le père se livrait à la besogne que l'on voit, la fille donnait des leçons de musique, devinez où ?... Parfaitement, dans les couvents et dans des pensions dirigées par de pieuses laïques.

Nous voilà bien nous autres catholiques, avec notre moutonnière mansuétude, si tant est que l'on ne puisse donner un autre nom à cette façon d'agir.

Mais, dira quelqu'un, que faites-vous du précepte du Christ, de tendre la joue gauche à qui vous a frappé à droite? Je le trouve tout simplement et divinement excellent, au point de vue personnel s'entend, et le Christ nous en a dans sa Passion montré l'application la plus sublime. Néanmoins, si je ne me trompe, le Christ n'a-t-il pas agi d'autre manière, quand les intérêts de son Père où le bien des âmes étaient en jeu?

Ne vous souvient-il plus des anathèmes portés contre les Pharisiens, oppresseurs de la veuve et de l'orphelin, contre les corrupteurs de la jeunesse? N'entendez-vous plus le bruit sonore des lanières fouaillant les reins des vendeurs du temple?

Ainsi, à mon humble avis du moins, doivent faire les catholiques. Quand on les attaque personnellement, libre à eux de supporter, par esprit d'abnégation, les injures ou les calomnies. Mais, quand on attaque en eux les principes de la justice, de la liberté, ou de la religion, il est de leur devoir de protester, de résister, et à leur tour de prendre l'offensive.

Peut-être trop longtemps ont-ils laissé croire qu'ils étaient, par essence, du bois dont on fait les martyrs. C'est là une opinion dont les plus ardents propagateurs ont toujours été les persécuteurs et les bourreaux: c'est ce qui me l'a rendue tout particulièrement suspecte.

Pour mon compte, j'ai toujours pensé, et les événements ne m'ont jamais donné tort, que dans une guerre au couteau comme on nous l'a faite parfois, nous serions mal venus d'offrir, béatement, toute large, notre poitrine. On dira que c'est plus chevaleresque. Soit, et encore ! La suprême bravoure ne consiste pas à se faire tuer sans profit pour la cause ; et l'Écriture a raison quand elle prononce : « Un chien vivant vaut mieux qu'un lion mort ! »

Apprenons donc une bonne fois, à l'école de nos ennemis, à nous servir de leurs armes.

On apprend à hurler, dit l'autre, avec les loups (1).

Les catholiques ne hurlent pas assez.

Vous êtes-vous demandé, parfois, ce qu'il y avait au fond de la haine de certains hommes pour le catholicisme ?

Racine nous l'a dit, au sujet de Mathan :

> Ce temps l'importune, et son impiété
> Voudrait anéantir ce Dieu qu'il a quitté.

Ce sont des apostats, et leur désir grand serait d'oublier et de faire oublier qu'eux aussi ont été catholiques.

Tel était cet inspecteur. Protégé de Mgr Dupanloup, alors qu'il habitait près d'Orléans, et promu à cette fonction grâce au vaillant évêque, il se montra longtemps un des plus chauds partisans de la religion. Sa dévotion même semblait quelque peu exagérée. Ne le voyait-on pas, en effet, chaque dimanche à la cathédrale, non point mêlé parmi les fidèles, mais au tout premier rang, suivant l'office non dans un paroissien vulgaire, mais dans un livre qui affectait les allures

(1) Racine. — *Les Plaideurs*. Act. I. Sᵉ Iᵉ.

d'un missel ? Trop poli pour être honnête : l'avenir le fit bien voir.

Tel était encore un homme dont j'ai maintenant à parler et qui, par sa situation et par ses doctrines, eut la plus néfaste influence : le docteur Gérard, conseiller général, maire de Beauvais. Il est mort aujourd'hui, Dieu ait son âme ; mais je lui ai, durant sa vie, trop ouvertement et trop violemment dit la vérité, pour que l'on puisse m'accuser d'avoir attendu qu'il fût dans la tombe, afin d'attaquer impunément sa mémoire.

Issu d'une famille chrétienne, il avait reçu une excellente éducation intellectuelle et religieuse. Devenu docteur en médecine après avoir passé quelque temps à l'école de santé militaire, il échoua à Reims, où il mena une existence mystérieuse et quelque peu misérable, sur laquelle on n'a pas encore réussi à faire la complète lumière. Entre temps il se maria (1).

De retour à Beauvais où son père avait exercé la médecine, il essaya de se faire une clientèle ; il affichait alors les convictions d'un ultra-royaliste. Les rideaux de ses appartements, sur la rue, étaient à fond de *fleurs de lys* très apparentes ; le papier de tenture également fleurdelysé. En outre, de grands médaillons en plâtre d'Henri V décoraient le vestibule ; une pièce d'argent monnayé à l'effigie d'Henri V, roi de France, 1831, était encastrée dans une sorte de reliquaire ; ses épingles de cravates elles-mêmes portaient l'image du

(1) Ces détails biographiques concernant la jeunesse et l'arrivée à Beauvais du docteur Gérard, sont empruntés, en partie, à une brochure : « *L'homme de bronze* », extraite de l'*Annuaire de l'Oise* pour 1897.

Roy; car, pour Gérard, c'était le *Roy*. Il déclarait même parfois qu'il serait ministre de *Sa Majesté* aussitôt que la France aurait rappelé « *son Roy, le seul souverain capable de faire le bonheur du peuple.* » Il prétendit même que le comte de Chambord était venu incognito à Beauvais et qu'il était descendu chez lui. On ne sait au juste ce qu'il y a de réel dans cette assertion : mais le fait est vrai pour l'abbé Trébuquet, aumônier du Prince.

Tout à coup, ce légitimiste enragé se fait recevoir franc-maçon, fonde une Loge sous ce titre : « *Etoile de l'Espérance,* » et peu après s'en fait nommer Vénérable. Mais, un beau soir, en pleine tenue maçonnique, il échappe à notre Vénérable de fraîche date, emporté par son enthousiasme, un éloge du Prince (lisez le comte de Chambord) : grand tumulte, le Vénérable est cassé aux gages... Fût-ce une leçon ? Toujours est-il que quelques années après, réintégré dans son grade, il ne souffle mot du *Roy*... au contraire, et englobe dans sa haine l'Empire et les Impérialistes.

La guerre survint. Au 4 septembre 1870, il est le premier à courir à la prison pour y délivrer les condamnés de Blois et de l'Internationale : « *Hé! les amis*, crie-t-il du dehors, *la République est proclamée... Vous êtes sauvés !... Vive la République!...* » Lissagaray, Germain Casse, etc., etc., deviennent dès lors ses amis.

L'invasion. Le 29 septembre, les Prussiens arrivent à Beauvais. Gérard est nommé délégué pour les logements militaires; il s'y montra autoritaire, fantasque, inhabile.

Ici, je laisse la parole à son biographe, qui, alors, était un de ses intimes.

« Il faut, dit-il, rappeler un incident bizarre de cette époque : Dès le début de l'occupation, le docteur et sa femme s'étaient liés avec un certain major prussien qui venait chez eux, dont ils avaient la photographie sur la cheminée de la salle à manger et, chose plus grave, qu'ils reçurent à leur table comme ami. Nous étions très surpris et nous voulûmes une explication. Madame Gérard fit cette réponse renversante : « J'ai » reconnu cet homme à première vue, car j'avais ren- » contré le major de G... en Allemagne, lorsque j'étais » à la suite du Prince ; j'ai dansé avec le major dans » une soirée ; enfin j'ai failli l'épouser. »

« Est-il possible d'admettre que le mari croyait à ces fantastiques récits ? Il ne protestait pas contre cette aberration. Nous fûmes indignés ; et nous n'avons pas remis les pieds chez Gérard pendant l'occupation.

» Revenons aux logements militaires : Gérard, armé pour ainsi dire de pleins pouvoirs, eut le tort de se laisser aller à la satisfaction de ses rancunes. Le sectaire dominait déjà en lui. Il y eut de grosses récriminations. Cependant il y avait une phrase qui devait servir de base dans la convention intervenue avec les Prussiens :

» *Chacun doit payer sa dette suivant sa position.*

» Nous n'en finirions pas s'il fallait rappeler les abus commis, et nous raconterons seulement l'incident historique du Grand Séminaire.

» Gérard se présente avec le *major prussien* : on annonce au supérieur que l'on va occuper le Séminaire.

» — Mais, dit le supérieur, les élèves rentrent dans deux jours.

» — Vous les informerez, dit le major, pour qu'ils restent chez eux.

» — Mais la poste, dont vous vous êtes emparés, ne fonctionne pas, et il est impossible de prévenir à temps.

» — *Vous les enverrez à Goincourt* (1), s'exclame Gérard.

» — Monsieur, vous n'y songez pas : il n'y a là qu'une maison abandonnée, un lieu de promenade l'été pour les élèves ; il faudrait cinquante mille francs pour installer cette maison délabrée.

» — *Vous les mettrez à Brulet* (2) (Saint-Lucien), répliqua Gérard.

» Le directeur en fit comprendre l'impossibilité. Et l'on vit alors, chose inouïe, qu'entre le Prussien et le Français, ce fut le Prussien qui se montra le plus convenable et le plus accommodant ! (3) »

La Commune trouve en lui un de ses plus enragés partisans : il se tient en sa demeure les conciliabules les plus violents. Les échappés de la *Semaine sanglante* y trouvent un refuge. S'ils sont condamnés, Gérard conserve avec eux, malgré la police, des rapports constants. A leur sortie de prison, il les héberge. Sa conduite effraye même les républicains ses amis qui ne parlent de rien moins que de l'exclure de leur groupe. Ils n'en firent rien cependant.

Dans la période plus calme qui suit, Gérard ne reste pas inactif. Grâce à lui, la Franc-Maçonnerie et la Libre-Pensée reçoivent une vigoureuse impulsion, non seulement à Beauvais et dans les environs, mais encore dans les pays circonvoisins, centres industriels

---

(1) Goincourt est la maison de campagne du Grand Séminaire, à une bonne lieue de la ville.
(2) C'est le Petit Séminaire.
(3) *L'homme de bronze*, p. 22, 23.

et ouvriers. Les Loges apprécient rapidement son astuce et son savoir-faire audacieux. Il devient tour à tour Chevalier Kadosch, 33e, et enfin Souverain Grand-Inspecteur, un des onze du Suprême Conseil du Grand-Orient.

Entre temps, sa femme meurt, et il la fait inhumer suivant le rite musulman, ou prétendu tel, mais avec une pompe qui dénotait l'art le plus consommé de la mise en scène : tous les libres penseurs en étaient. Au conseil municipal, il ne pouvait rien, mais il compensait par sa violence son impuissance momentanée. Un jour, après une discussion dans laquelle il joua un rôle assez piteux, Gérard s'écria : « *Je vous exécuterai tous.* » — « Ah ! Ah ! » fit un de ses collègues, en faisant sur son cou le geste connu du couperet de la guillotine; « *même comme ça?* » — « *Oui, même comme ça!* » hurla Gérard. Et il sortit blême de fureur. C'est le même homme qui dira textuellement plus tard : « Il me faut deux têtes » et qui aura l'audace de les demander.

Et c'est cet homme qui fut mis à la tête de la municipalité, par une ville en majorité conservatrice. La biographie du personnage rend à peine croyable, rend à peine possible, la réalité du fait. Et pourtant.....

Beauvais comptait alors (1884), au point de vue politique, quatre partis assez tranchés : les royalistes, les impérialistes, les républicains modérés et les radicaux. — Les deux premiers groupes formaient ce qu'on appelait les conservateurs, mais n'avaient aucune influence dans la direction des affaires, échue à cette époque aux modérés. On sentait, cependant, qu'on allait subir une poussée violente des radicaux. Les articles de leurs journaux, leurs discours dans les réunions présageaient une lutte sans merci, lutte pour le pouvoir, lutte pour la vie. Il était donc de toute urgence de s'entr'aider. On le tenta. On le promit. Mais...

Impérialistes et modérés étaient, de temps immémorial, en guerre constante. Les premiers ne pouvaient-ils point pardonner aux seconds de les avoir remplacés ? Y avait-il là-dessous des antipathies, des rivalités de personnes ? je n'ai pas à l'envisager. Aux élections, ils se promettaient de voter les uns pour les autres ; et, le moment venu, ils se défilaient. C'est ce qui eut lieu encore à cette époque. Ou ils s'abstenaient, ou votant pour les leurs, ils remplaçaient par des radicaux les candidats du parti adverse. Je veux bien dire, à leur décharge, qu'ils n'agissaient pas comme obéissant à un mot d'ordre, mais, chacun, imbu des principes du parti, dirigeait d'instinct son propre mouvement dans le sens d'un mouvement général.

Au temps où l'usage était que le clergé des campagnes vécût des offrandes volontaires des fidèles, certain curé de pays vignoble passait, à la saison des vendanges, en la demeure de ses paroissiens ; et chacun, tirant de son cellier un broc de vin, le versait dans la barrique que traînait derrière elle la mule du pasteur. Telle année, ce dernier fit comme de coutume. La barrique remplie et dûment reposée à l'abri de sa cave, il voulut apprécier la valeur de la récolte. Il n'eut pas plutôt approché la coupe de ses lèvres, qu'il la repoussa avec un mouvement de stupéfaction bien compréhensible : ce n'était que de l'eau.

Le premier moment de surprise passé, il comprit comment ce pseudo-miracle avait pu s'opérer. Chacun de ses paroissiens s'était dit : « Tiens, mais, si je versais un broc d'eau dans la barrique du curé, peuh! ça ne paraîtrait pas dans le nombre. » Chacun donc avait fait ce raisonnement; nul n'en avait parlé à son voisin, tous avaient agi de même et l'on a vu le résultat.

A quelque temps de là, c'était, je crois, au jour de la Saint-Eloi, notre curé pria les hommes de venir en son presbytère, terminer en trinquant la joyeuse journée. Aucun n'y manqua. Après vêpres, à la brune, ils entrèrent dans la salle à manger où Gothon, la servante, avait, en des goblets d'étain, déjà versé le fameux vin de la récolte. « Allons, mes amis, dit le curé, le vin est tiré, il faut le boire. »

Et... ils burent !...

Ainsi en advint-il aux gens de Beauvais. Ils burent de ce vin du radicalisme franc-maçon qu'ils s'étaient eux-mêmes versé aux élections de 1884; ils le burent jusqu'à la lie, ils le burent pendant dix ans.

*
* *

Je ne m'attarderai pas, on le conçoit, à relater les incidents de ces élections. Un seul cependant :

Au soir de la première journée, à l'heure du dépouillement, je me hasardai dans une des salles du scrutin, celle précisément où présidait le docteur Gérard. Mon entrée fit quelque sensation. Pensez donc, c'était la première fois qu'un prêtre se risquait ainsi dans cette ville routinière et « collet monté » qu'était la patrie de Jeanne Hachette! J'arrivai juste pour entendre un de ceux qui dépouillaient les votes lire dans la même liste deux fois le même nom : c'était naturellement un radical. « Mon ami, lui dis-je, en m'approchant, vous êtes fatigué, cela se voit ; vous venez de lire deux fois le nom de M. X... Donnez-moi votre place. » Il essaya bien de répliquer, mais je tins bon. Et je m'assis au bureau. Une heure après, il ne restait plus avec moi, au dépouillement, que trois de mes amis, mes camarades de classe. Ce que nous aurions pu « tripatouiller ! » Nous ne le fîmes pas, et... j'avouerai franchement que je me le suis toujours reproché. Ces mâtins de francs-maçons abusent tellement de notre conscience, qu'ils mériteraient bien que, de temps en temps, nous la laissions — le jour des élections — enfermée à la maison !

Ce doit être une horreur ce que je viens d'écrire.

Et cependant, si nous avions attribué à nos amis quelques bulletins radicaux, les choses auraient changé de face. Le résultat donna, pour vingt-sept conseillers, quatorze radicaux et treize modérés. Gérard fut élu maire, et eut en main une toute-puissance dont il usa et abusa, malgré les protestations des treize modérés et les plaintes — en sourdine — des habitants catholiques.

Il était enfin arrivé à ceindre cette écharpe municipale qu'il convoitait depuis vingt ans ! Il était le maître ! Il allait donc pouvoir se venger de cette aristocratie, de cette bourgeoisie dont les convictions qui furent les siennes, jadis, lui apparaissaient comme un vivant reproche. « Je vous exécuterai tous », avait-il dit un jour. Ne pouvant faire tomber les têtes, il tortura les consciences et les âmes. C'est jouissance plus douce à la haine !

L'exécution commença sans retard.

Au lendemain même de son élection, il se rend au collège, et fait publiquement l'éloge des enterrements civils, préambule d'un arrêté qu'il prit deux jours après et par lequel il interdisait les chants aux convois religieux. Trois semaines plus tard, après une réunion où il avait vomi contre sainte Angadrême, la vierge patronne de Beauvais, les insanités les plus ordurières, il supprima presque de fait l'ancienne procession, dite de *l'Assaut*, instituée par Louis XI, en mémoire de l'héroïsme de Jeanne Hachette et de la délivrance miraculeuse de la ville assiégée par Charles le Téméraire.

Et voyez la basse haine de l'homme qui s'attaque aux faibles, aux petits, à ceux qui ne peuvent lui résister, ni même se plaindre et sont, pour ainsi dire, forcés de baiser la main qui les martyrise.

Il était d'usage que la municipalité envoyât, le jour de la Fête Nationale, cent livres de gâteau aux vieillards et aux orphelins de l'hospice. Gérard supprima cette gratification.

Et pourquoi? qu'avaient-ils donc fait, les pauvres vieux, les pauvres petits?

La veille de la fête de l'*Assaut*, notre franc-maçon avait adressé à la supérieure de l'hospice un billet ainsi conçu : « Je vous ordonne de conduire vos enfants à l'Hôtel de Ville et vous défends expressément de les mener au cortège religieux. »

Et l'on parle de l'autocratie des rois et empereurs!

La supérieure, qui n'avait pas d'ordre à recevoir du maire, en référa aux membres de la commission des hospices. Ceux-ci, gens très honorables, se mirent à la tête des enfants et les conduisirent eux-mêmes à la cathédrale. Ce que voyant, Gérard, pris de rage, ne fit qu'un bond jusqu'à la préfecture et demanda au préfet, qui était alors M. de Selves, — actuellement préfet de la Seine, — la révocation de tous les membres de la commission. M. de Selves refusa et conseilla à l'énergumène, qui écumait dans son cabinet, de se remettre et d'agir avec plus de calme.

Ne pouvant se venger ni sur le préfet, ni sur la commission, ni sur la supérieure, il passait sa colère sur les vieillards et sur les orphelins.

Gérard n'était pas homme à reculer. Dans une séance de la Libre-Pensée, tenue au théâtre sous la présidence de M. Millerand, il avait dit « que la démocratie républicaine de l'Oise s'appliquerait à exécuter loyalement son programme des dernières élections, programme qui comprend la laïcisation du Bureau de Bienfaisance, de la Direction des hospices et des écoles, malgré toutes les difficultés et l'énergique opposition qu'elle pourrait rencontrer ». En moins d'une année il eut tout renversé, et, comme les choses n'allaient pas encore suffisamment vite, relativement aux écoles, il s'oublia un jour jusqu'à s'écrier : « Pour laïciser les écoles le meilleur moyen est encore d'y f..... le pétrole ! »

Tel est l'adversaire que je tenais, chaque fois au bout de ma plume; et souvent je fus tenté de lui dire comme Boileau à Louis XIV :

Grand roi, cesse de vaincre, ou je cesse d'écrire.

— Une vilenie n'était pas consommée qu'il en entreprenait une autre. Toutefois, il pouvait me rendre cette justice que s'il ne me laissait pas le temps de souffler, je lui rendais bien la pareille. Il n'est pas une attaque qui n'ait été démasquée, pas un déni de justice qui n'ait été vengé, pas une violence qui n'ait été fustigée. Mon triple pseudonyme n'y suffisait pas.

Eh bien! vous me croirez si vous le voulez! Il se trouva des gens pour avancer qu'on avait tort de le harceler ainsi, que c'était l'exaspérer, le pousser à bout, etc., etc., qu'après tout, il n'était pas si mauvais, que c'était un caractère aigri, qu'en le prenant par la douceur... Il vous est loisible de terminer le raisonnement.

Exaspéré moi-même par ces propos de trembleurs, j'y répondis. Peut-être ma réponse serait-elle encore aujourd'hui de quelque utilité; je la reproduis en partie, quoiqu'elle ait bientôt quinze ans d'existence :

« M. le Maire aurait dit, après avoir signé l'arrêté interdisant la procession des Rameaux : « Si les jour-
» naux crient, si on a l'air de m'ennuyer à cause de
» cela, cette fois je supprimerai tout ! »...

» Oh! la, la, la, M. le maire.

» Voilà qui devient original, direz-vous. Non, pas autant que vous le croyez, et notre docteur franc-maçon n'a même pas en cela le mérite de l'invention.

» Il y a belle lurette que Gamahut, Mielle et autres souteneurs et assassins ont prononcé dans leur argot ces paroles mémorables :

« Si le pante geint nous l'estourbirons — traduisez
» — si la victime crie, il faut la tuer. » D'où s'établit parfois, sur le banc des assises, ce dialogue entre le président et l'accusé.

D. — Pourquoi avez-vous tué votre victime, il ne vous suffisait pas de la voler?

R. — Elle criait, — vous comprenez, mon président, que c'était ennuyeux pour moi. Si je l'ai tuée, c'est de sa faute, elle n'avait qu'à se taire.

« Mon intention n'est pas, croyez-le bien, de faire une comparaison de personnes, mais simplement de la similitude des dialogues.

» Vous voilà donc prévenus, amis lecteurs : on vous enlève un de vos droits : Taisez-vous bien surtout, sinon on vous les ravira tous.

» Et dire qu'il se trouve des gens pour tirer de là cette conclusion inattendue et incroyable : « Eh bien ! ce que nous avons de mieux à faire, c'est de nous taire et de patienter. Car, il ne faut pas trop les exciter, peut-être qu'ils s'amélioreront. »

» De là à reprendre et à blâmer ceux qui ont assez de cœur dans la poitrine pour réclamer la liberté de leurs droits de catholiques et de citoyens, il n'y a qu'un pas. Si même on ne les accuse pas d'être l'unique cause de toutes les ignominies des gens du pouvoir, c'est que l'on craint de s'entendre rétorquer l'argument : « Vous en êtes donc ? »

» Aussi, quand je rencontre des gens qui prétendent que l'Église et la France peuvent s'accommoder de ce régime impie et maçonnique qui nous mène grand train à l'abattoir, je ne m'indigne plus, car je sens, je le confesse, que la faculté d'indignation s'émousse en moi, et je me demande si ce n'est pas un métier de dupe que de vouloir à toute force traîner sur la berge certains noyés qui regimbent et vous mordent. Je me contente de murmurer doucement : « Mon Dieu ! que
» ces gens-là sont bêtes ! »

» On dirait qu'ils s'avouent taillables et corvéables à merci, et qu'ils n'ont aucun droit à faire valoir...

» Ils voudraient qu'on laissât faire... Mais c'est chose funeste. Il est un fait d'expérience, hélas ! trop connu : c'est que, dans les jours troublés comme ceux que nous traversons, la peur, chez les honnêtes gens, ne cause pas moins de désastres que la rage des méchants dont elle fait la force. — C'est l'histoire de la première révolution.

» Nos ennemis le savent bien, et ils y comptent.

» Osez, disent-ils ; avec les conservateurs on peut oser toujours !

» Il est temps que cela finisse ; il est temps que les conservateurs et les catholiques renoncent à ces habitudes de faiblesse ; il est temps qu'ils se lèvent, qu'ils réclament le droit commun, et que, sous un régime de tolérance universelle, ils revendiquent avec courage la liberté pour eux.

» Que si on ne la leur donne pas, qu'ils osent la prendre : ou qu'au moins si on veut leur enlever les derniers lambeaux qui leur restent, ils doivent se rappeler qu'ils sont dans le cas de légitime défense.

» Mais, diront peut-être quelques timides, si vous vous plaignez, si vous résistez, ils vont se mettre en rage, et comme ils l'ont dit, « tout abattre d'un seul » coup ».

» Ma foi ! mangé pour mangé, j'aime mieux être mangé d'une seule fois que déchiré membre à membre et dévoré par morceaux. Et puis au moins on les verra tels qu'ils sont : sans foi ni loi, fanatiques et sectaires. »

Il est évident qu'une polémique ainsi menée était de nature à m'attirer des désagréments. Mes pseudonymes étaient percés à jour, ce qui, du reste, était d'une facilité enfantine, car je ne cachais pas mes rapports quotidiens avec l'*Éclaireur*. Des tentatives furent faites auprès de l'évêque de Beauvais, Mgr Dennel, pour qu'il m'interdit d'écrire. Mgr Dennel ne pouvait pas être accusé de compromission avec les radicaux; homme du Nord, à réflexion froide, il ne « s'emballait » pas; son esprit de justice était fort connu et apprécié.

Il avait, au surplus, été fort égayé par le récit que je lui fis moi-même de mon intervention au dépouillement des votes lors des élections municipales, et m'avait engagé à m'y rendre également pour le scrutin de ballottage. Il avait protesté, publiquement et énergiquement, contre les déclarations cyniques du maire, la suppression des processions. Il ne devait donc pas être, dans la circonstance, d'un abord facile. « Mais, répondit-il, je n'ai jamais vu la signature de l'abbé Fesch dans l'*Éclaireur :* quand il signera, je verrai ce que j'aurai à faire. » Mes dénonciateurs se le tinrent pour dit. Et je continuai, jusqu'à ce que notre vaillante petite feuille eût fusionné avec une autre, après les élections législatives de 1885, où les conservateurs, dans l'Oise, obtinrent un succès unanime. N'était-ce pas un peu grâce à nous?

Quant au maire, Vénérable de la Loge, il ne me pardonna jamais de l'avoir ainsi démasqué, et cloué au pilori. Sa haine contre moi s'accumula dans son âme de sectaire, et l'on sait qu'il n'était pas homme à pardonner. Il me le fit bien voir.

CHAPITRE II

DÉMOCRATE ET RALLIÉ AVANT LA « LETTRE »

Qui d'entre nous, au bout d'un certain nombre d'années, se remémorant le temps écoulé, ne s'est pas dit : « Ah ! si j'avais su, dans telle circonstance, je n'aurais pas agi ainsi ! » Parole irréfléchie, ce me semble ; car, pour ne pas agir comme nous l'avons fait, il nous eût fallu ou la connaissance de l'avenir, ou l'expérience du passé. Or, la première manque à tout âge, et la seconde à la jeunesse.

J'ajoute que, souvent, tout en parlant de cette manière, nous serions bien marris de nous voir enlever les résultats de ces actes que nous regrettons. Garder le mouvement final en supprimant le mouvement initial, c'est inconséquent, mais c'est bien humain.

J'avouerai franchement que ce fut un peu mon cas. Il est tel épisode de mon existence que j'ai regretté dans sa cause — mais pas toujours dans ses conséquences. « Je suis homme, disait le poète latin, et rien d'humain ne m'est étranger. »

En l'an de grâce 1888, je commençai, dans un humble village des confins de la Picardie, la station de Carême par un sermon sur le *Respect dû à Dieu*. Mon plan pouvait se résumer sous la forme syllogistique suivante :

« Faites aux autres ce que vous voudriez que l'on fît à vous-mêmes.

» Or, ouvriers, vous voulez être respectés.

» Donc, de votre côté, respectez Dieu.

» Vous voulez être respectés parce que vous travaillez et que le travail est utile et digne ; parce que vous souffrez et que la souffrance est un honneur.

» Or, Dieu Créateur est le premier ouvrier ;

» Dieu Rédempteur est le premier souffrant.

» Donc, respectez Dieu ! »

En développant cette pensée, je croyais être resté dans la pure doctrine sociale de l'Église ; je le croyais d'autant plus fermement, que, cinq années auparavant, j'avais prononcé la même allocution devant Mgr Dennel, entouré de son Chapitre, du clergé de la cathédrale de Beauvais, du directeur et des élèves du grand séminaire. Personne ne m'avait fait savoir qu'en parlant comme je le fis, je sentais le fagot.

Quelle ne fut pas ma surprise en lisant, moins de huit jours après, dans un journal, une critique de mes idées et des phrases de ce genre :

« Un jour, j'entendais un orateur, qui traitait du respect, développer cette théorie qu'il n'y a rien de plus respectable que l'ouvrier, et que l'on doit se découvrir devant lui.

» Partant de ce principe, il disait que l'ouvrier a droit d'exiger tous les respects parce qu'il est le constructeur de tout ce qui est utile et indispensable, des voies de communication, des routes, des ponts, des chemins de fer, des édifices religieux et civils. Il s'ensuivrait donc que celui qui trace les plans de ces édifices serait tenu des saluer ceux qui les exécutent, que le patron devrait s'humilier devant l'ouvrier, que la tête recevrait l'injonction de saluer le bras. Cela se dit, ces choses-là, cela ne se justifie pas.

» Une semblable théorie se définit à l'aide du Code, et elle tombe précisément sous le coup d'un article qui prévoit et punit le délit d'excitation à la haine et au mépris des citoyens les uns contre les autres...

» Dire à l'ouvrier qu'il est digne de tout respect et qu'il faut qu'on se découvre devant lui, c'est lui apprendre qu'il ne doit respecter ni le patron qui l'emploie et lui procure le pain quotidien, ni l'homme de talent ou de génie dont il réalise les conceptions. C'est lui enseigner la haine de ce qui le domine par son intelligence ou sa position sociale.

» La logique et l'enseignement des idées veulent qu'après avoir tenu ce langage un jour aux ouvriers, on leur enseigne le lendemain que si leurs supérieurs ou leurs patrons sont réfractaires à courber la tête devant eux, il est un moyen de les y contraindre : c'est de leur enlever la tête de dessus les épaules. »

C'était outrer, comme on le voit, singulièrement ma pensée; et ma surprise devint de la stupéfaction quand, à la fin de l'article, je lus la signature de mon ancien rédacteur en chef de l'*Éclaireur*, le marquis de Licques. Il est vrai qu'en ce moment nos rapports étaient plutôt tendus.

Je me hâte d'ajouter, comme circonstances atténuantes pour l'auteur de l'article, qu'il ne m'avait pas nommé, que le genre de discours n'était pas spécifié —

sermon ou harangue; — que, seuls, les habitants du village où le journal circulait à trois ou quatre exemplaires avaient pu comprendre l'allusion ou, si l'on veut, l'attaque.

En somme, c'était assez anodin. Mais, dit Boileau :

Le jeune homme toujours bouillant...

Le marquis s'était dit : « Il sera piqué ! » Et je fus piqué... Depuis, mon épiderme de journaliste s'est prodigieusement endurci, tanné, pour ainsi dire, sous les coups. Mais alors...

Le polémiste blanchi sous le harnois a vite fait, d'un coup de pointe, de clouer son adversaire ; mais le novice n'a de cesse qu'il ne l'ait, de sa colichemarde, pourfendu ou percé d'outre en outre.

Que nos jeunes amis qui marchent derrière nous dans le sentier de la guerre évitent, à la vue de nos faux pas, les pierres auxquelles nous nous sommes heurtés : ce sera autant de gagné pour eux et pour la cause qu'ils défendent.

A un article de deux colonnes, je répondis par une brochure de 175 pages. Cela peut paraître excessif comme riposte. Mais j'avais élargi le débat et laissé de côté, ou plutôt dans la pénombre, les faits personnels, pour traiter la grande thèse sociale *De l'ouvrier et du respect*. Tel est d'ailleurs le titre de la brochure (1).

---

(1) Cette brochure est depuis longtemps épuisée. En voici, à titre documentaire, les titres de chapitres : — I. — D'un sermon métamorphosé en harangue de club. — II. — Du respect dû à la femme et à l'enfant. — III. — Du respect dû à l'ouvrier par son maître. — IV. — Du respect témoigné à l'ouvrier par

Je laisse à penser si la querelle en fut envenimée.

Réponses, ripostes, répliques se succédèrent pendant deux mois, non seulement dans les journaux, mais dans la correspondance personnelle, dans des conversations privées, chacun voulant

Son bien premièrement et puis le mal d'autrui.

Ah! marquis, vous en souvient-il de ces jours de lutte homérique, où nous nous servions l'un contre l'autre des armes qu'ensemble nous avions aiguisées, dans cette petite chambre de la rue Saint-Louis, pour le plus grand dam de nos adversaires radicaux et francs-maçons? Vous étiez un maître escrimeur; c'est à votre école que je me suis formé, et vous vous êtes plu vous-même à reconnaître publiquement que je fus un bon élève. Si donc j'ai, souvent, paré vos rudes attaques, si j'ai réussi à vous porter quelques bottes bien dirigées, c'est à vous que je le dois — et je ne puis que vous en remercier, car vos conseils m'ont servi, non seulement alors contre vous, mais depuis contre des adversaires de tout genre.

La lutte avérée, publique cessa, pour se continuer sourde, par allusions comprises des seuls initiés, pendant trois années encore, jusqu'au jour où, dans une circonstance pénible pour moi et que je relaterai

---

l'Église catholique. — V. — Du respect dû à l'ouvrier au dix-neuvième siècle. — VI. — Du manque de respect sont nées les révolutions sociales. — VII. — Du manque de respect naissent les révolutions dans la famille : parents et enfants. — VII. — Du manque de respect naissent les révolutions dans la famille : maîtres et domestiques.

Une seconde édition parut deux mois après la première, avec une préface de Drumont dont on trouvera des extraits ci-après.

plus loin, le marquis de Licques me consacra un article sympathique. J'allai à lui : nous reconnûmes mutuellement nos torts, et nous nous serrâmes la main.

D'aucuns ont été assez osés pour nous reprocher, depuis, cette inimitié d'antan. — Que celui qui ne s'est jamais trompé nous jette la première pierre. — Qu'ils veuillent bien, ceux-là, ne pas oublier notre réconciliation, et qu'ils nous imitent quand ils auront devant eux des gens dont ils pensent avoir à se plaindre.

.·.

— « Voulez-vous être sacré grand homme, Roi du roman moderne ou Empereur des poètes contemporains ? disait un homme d'esprit ; garnissez de foin le râtelier des « princes de la critique » et le livre que vous aurez fait, célébré par eux, s'enlèvera à un nombre incalculable d'éditions. »

Propos de sceptique désabusé, sans doute, qui ne tendrait à rien moins qu'à nous représenter les critiques comme proportionnant leurs éloges à la splendeur des dîners, des soirées qu'on leur offre, des visites qu'on leur fait, ou, Dieu me pardonne, des louis d'or qu'on laisse sur leur bureau.

Dans son roman, le *Reporter*, qu'il vient de consacrer au journalisme actuel, M. Paul Brulat nous dépeint son héros, à la naissance de son premier livre, le portant lui-même aux critiques qui n'en soufflèrent mot. Peu après, cependant, un article parut. Il émanait d'un critique connu, « presque éminent », le seul que Pierre ne fût pas allé voir. « Décidément, conclut-il, il valait mieux ne pas se montrer. »

Je n'ai pas à discuter la valeur des deux systèmes.

Mais je m'en voudrais de ne point narrer ici une anecdote curieuse.

Quand parut dans la *Revue socialiste* le compte rendu dont je parlerai ci-après, j'envoyai, ayant entendu dire que la chose se pratiquait ainsi — à l'auteur qui était M. Rouanet, ma carte auquel je joignis un modeste billet de banque. C'était une « gaffe » assurément, mais, je le répète, on m'avait dit que c'était l'usage, et le *on* en question était quelqu'un du « bâtiment » des critiques !...

Par retour du courrier je fus fixé. Mon billet me revenait, avec un mot de M. Rouanet, où il me disait en substance : « Il se peut que d'autres acceptent de ces sortes de remunérations, mais nous autres socialistes, nous ne mangeons pas de ce pain-là. » J'avoue que je fus émerveillé, d'autant plus que j'avais des exemples de traits contraires (1).

.˙.

Quand ma brochure parut, ne lui attribuant qu'un intérêt purement local et personnel, je me préoccupai fort peu de ce que l'on appelle le service de Presse. Mon éditeur, cependant, un petit libraire commissionnaire de la rue Bonaparte, l'adressa de son chef à quelques revues ou journaux spéciaux. Et ils en parlèrent.

(1) Qu'auraient dit mes adversaires pseudo-conservateurs, eux qui, un jour, me houspillèrent de belle façon, poussant des cris d'orfraies scandalisées, parce qu'on leur avait mis sous les yeux une carte adressée à un journaliste radical qui avait parlé d'un autre de mes ouvrages, laquelle carte était libellée : « A M. Gaston Lemyre, en remerciements respectueux. »

Ce qui les incita davantage, ce ne fut pas tant la valeur intrinsèque de l'ouvrage, minime en soi, que la thèse soutenue, et surtout la qualité de l'auteur. « Comment, s'écriaient-ils, un prêtre s'occuper de la question sociale — d'aucuns disaient socialiste! Mais ce n'est pas possible. » Et ils étaient étonnés, tout autant que La Fontaine après la lecture de Baruch.

Dès l'apparition de mon ouvrage, j'avais écrit à Drumont, lui demandant, au cas où une seconde édition deviendrait nécessaire, s'il daignerait en accepter le parrainage et m'honorer d'un bout de préface. Le Maître, dont je me plus à reconnaître maintes fois l'affabilité, fut, en cette circonstance, et sans me connaître, très particulièrement aimable. Il me répondit par l'affirmative, et, le moment venu, tint bienveillamment sa parole.

De sa lettre j'extrais les passages suivants :

« Je vous remercie bien vivement de l'envoi de votre petit volume : *De l'Ouvrier et du Respect*. Que de questions actuelles, vivantes, brûlantes, sont touchées d'une main ferme en ces quelques pages pleines d'idées justes et d'aperçus ingénieux !

» Combien d'ecclésiastiques pensent comme vous, mais n'osent point parler comme vous ! Ils ont pour les gens bien élevés qui leur témoignent des égards une indulgence qui se comprend ; ils éprouvent devant ce peuple rude, qui, égaré par la presse franc-maçonne et juive, insulte ceux qu'il devrait entourer de respects, une sorte de timidité, un éloignement qui se comprend aussi. Ils plaignent ce peuple, ils sont prêts à le secourir avec toute l'ardeur de leur infatigable charité, mais ils n'osent l'aborder et discuter avec lui. Un peu trop attachés peut-être à ce qui n'est qu'apparence et forme, ils ne veulent pas voir les défaillances, les compromissions morales, l'égoïsme profond que dissimule l'élégant vernis des mondains; — ils ne savent point discerner non plus les côtés généreux, droits, sacrificiels que cache l'âpreté populaire.

» Votre vision est plus claire, votre jugement plus équitable, votre conception de l'ordre social plus élevée. Vous regardez sans parti pris et vous constatez sincèrement ce que vous avez vu. Représentant de cette Église qui a les paroles de la Vie éternelle, vous savez être aussi un observateur attentif de la vie présente, un témoin véridique de ce qui se passe dans cette période restreinte qui a été assignée à notre existence passagère. Pour tout dire, vous êtes de votre temps...

» Je n'ignore pas, monsieur l'abbé, le discrédit mérité qui s'attache à l'expression que je viens d'employer. « Être de son temps », selon le langage des badauds, c'est accepter docilement toutes les erreurs de notre époque, c'est s'incliner devant les gloires fausses, c'est n'avoir que des approbations pour tous les sophismes, que des complaisances pour toutes les faiblesses.

» Je n'ai pas besoin de vous dire que ce n'est pas dans un tel sens que je prends ce mot.

» Être de son temps », à mes yeux, a une signification différente.

» Qu'étaient les sermonnaires du moyen âge, ces grands remueurs de peuples, ces orateurs au cœur ardent, qui, parfois, par la seule force de leur parole, transformaient une ville entière ? C'étaient des hommes de leur temps : il suffit de relire leurs sermons pour reconstituer le milieu, les mœurs, les préoccupations de tout un siècle.

» La question du capitalisme, l'effort tenté par les Juifs pour monopoliser la fortune publique, et pour contraindre les peuples qui leur avaient donné l'hospitalité à travailler pour une poignée d'exploiteurs, tout ce mouvement si curieux et encore si peu connu apparaît dans les discours et dans les écrits de Pierre le Vénérable, de saint Bernard et de tant d'autres moines du moyen âge.

» Les vices particuliers à chaque génération, les entraînements momentanés, les tendances dangereuses, l'extravagance même de certaines modes — tout cela revit dans ces harangues, et l'on s'explique ainsi l'attention qu'excitaient ces prédicateurs qui, sans ménagements vains et sans crainte servile, parlaient hardiment à leurs contemporains de ce qui les intéressait, de ce qui se passait sous leurs yeux.

» Votre façon vaillante d'aborder les questions du jour m'a fait songer à ces hommes d'autrefois, et je suis heureux, je vous l'avoue, de me trouver comme écrivain en conformité de vues avec le prêtre courageux qui, sans subir ce que l'on a appelé « les préjugés du modernisme », sait regarder en face la vie moderne et dire : « Voilà ce qu'est cette vie, voilà les spec-
» tacles qu'elle me présente, les impressions qu'elle
» me donne et les réflexions qu'elle m'inspire. »

Drumont lui-même, on le voit, ne peut s'empêcher de manifester sa surprise de cette entrée qu'il appelle « vaillante » et « courageuse » d'un prêtre dans l'arène sociale. Que vont dire les autres ?

Je laisse de côté la *Nouvelle Revue*, où je lis que mon livre est une « œuvre de polémique, signée par un homme hardi et généreux, qui ne craint point de verser dans le socialisme chrétien, par amour pour les humbles ». Abordons les représentants des différentes écoles économiques et sociales.

Le premier en date et le plus curieux est un article paru dans la *Revue socialiste* sous la signature de M. Gustave Rouanet, aujourd'hui député socialiste de la Seine. Il commence ainsi :

« Tel est le titre du petit livre que nous venons de lire d'une haleine et dont l'auteur, un prêtre, M. l'abbé Fesch, ne saurait manquer de provoquer les vives sympathies de tous les hommes de cœur et de raison qui le liront. Ces pages vibrent, en effet, d'une indignation généreuse et communicative ; écrites *ab trato* en réponse à des attaques violentes et injustes contre les sentiments fraternels (nous allions dire socialistes) de l'auteur indignement calomniés, elles sont à la fois un plaidoyer en faveur de l'ouvrier et un réquisitoire écrasant contre les classes dirigeantes, apostrophées avec une virulence tout évangélique, digne des premiers Pères socialistes de l'Eglise... »

Et après avoir fait des citations qui remplissent deux pages, M. Rouanet conclut :

« Tout le livre écrit, comme je l'ai dit, d'une plume alerte, entraînante, serait à citer. L'espace me fait malheureusement défaut, et je le regrette, pour reproduire certains passages touchant le socialisme, qui m'ont agréablement surpris.

» Par ces extraits trop courts, le lecteur pourra se

---

(1) *Revue socialiste.* Mai 1888.

convaincre que le livre de M. Fesch est à la fois un livre généreux et... courageux. »

L'école de M. Le Play donne la même note, sous un timbre différent néanmoins :

« ... Toute question de personnalité mise à part, c'est M. l'abbé Fesch qui, selon nous, soutient les vraies doctrines sociales. La thèse se réduit à l'affirmation de la grande idée chrétienne rajeunie par Le Play et son école, à savoir qu'entre patron et ouvrier les obligations sont réciproques. L'ouvrier est autre chose qu'un mécanisme produisant du travail. « Il est » *auteur*, dit M. Fesch avec subtilité, mais sans sortir » du vrai, et tout auteur, toute autorité est digne et a » droit au respect. Il y a dans ses fatigues, dans ses » sueurs quelque chose de lui-même qui reste impayé » et ne saurait s'apprécier à prix d'argent. Vous ne » pouvez reconnaître cela qu'en lui donnant quelque » chose de vous-même, de votre cœur; aussi, en le » payant, devez-vous lui dire : « Merci ». Il emporte » donc avec lui un droit à votre reconnaissance, et la » première expression de la gratitude, c'est le res- » pect. » Puis M. Fesch prend l'offensive. C'est parce que les classes dirigeantes ont manqué des milliers de fois, pendant des dizaines d'années, à leurs multiples obligations envers la classe ouvrière que la révolution les menace ; et c'est aussi parce qu'elles se sont dégradées aux yeux du peuple, parce qu'après lui avoir refusé le respect, elles s'en sont volontairement dépouillées elles-mêmes. M. Fesch ne leur ménage pas ces dures vérités ; il cite crûment les faits tels que les journaux les lui ont appris. Ce livre témoigne d'une grande expérience des mal'arias modernes ; surtout il est la preuve que son auteur n'a pas la lâche habitude de les dissimuler. Or, ceci, quoi qu'on dise, est fort rare » (1).

La *Défense*, de son côté, disait : « ... Telles sont les pensées que M. l'abbé Fesch développe dans son ouvrage avec une grande hauteur de vues, une grande hardiesse, allions-nous dire, car même aujourd'hui, il faut de la hardiesse pour toucher certains sujets. »

J'arrête là ces citations.

Ainsi donc, à cette époque, on trouvait hardi un acte qui, aujourd'hui, passerait inaperçu.

N'y a-t-il pas là un enseignement à retenir?

On a tant répété que le prêtre devait soigneusement se tenir renfermé dans son église et sa sacristie, que, lui voit-on mettre le pied dehors, dans le domaine des choses politiques ou sociales, ce sont des exclamations variées : « Mais, disent les uns, — les bien intentionnés : — c'est de la hardiesse ». — « Quelle imprudence ! » gémissent les peureux. — « C'est scandaleux ! » hurlent les autres.

Qu'il s'agisse de question sociale, de conférence, de journalisme, ce sera toujours la même chose. On daubera sur vous. N'en ayez cure. Allez droit votre chemin. Quand on se sera habitué à vous voir, les cris d'effroi s'apaiseront, si tant est qu'ils ne se changent pas en félicitations.

Hardi donc, amis, et en avant !

.·.

Des lettres particulières que je reçus à cette occasion, je ne citerai qu'un extrait, à cause de la haute

(1) *Réforme sociale*, 16 août 1888.

personnalité de son auteur, et de sa compétence spéciale dans les questions ouvrières et sociales.

Voici ce que m'écrivait, à la date du 23 juillet 1888, M. l'abbé Winterer, curé de Mulhouse, député d'Alsace-Lorraine au Reichstag allemand :

« Je suis heureux de voir le clergé s'occuper de la question sociale, que la formidable gravité de la question politique fait un peu oublier, et j'ai lu avec un vif intérêt votre brochure.

» Hélas ! la bourgeoisie n'a que trop péché à l'égard de l'ouvrier et du pauvre ; mais nous-mêmes, avons-nous compris suffisamment sa situation ? Allons-nous à l'ouvrier comme le Divin Maître allait à lui ? La question sociale est complexe : il y a, dans cette question, la part de l'Eglise et de l'Etat. Ne confondons pas les deux parts ; le domaine de la charité et le domaine de la justice sont distincts. On l'a oublié quelquefois en France, et on ne s'en est pas toujours souvenu assez en Allemagne et en Autriche... »

Ces réflexions du vaillant prêtre-député alsacien n'ont-elles pas un caractère d'autorité, d'utilité dont plusieurs, même aujourd'hui encore, pourraient faire leur profit ?

∴

C'est grâce à cette publication qu'il me fut donné d'entrer en qualité de collaborateur à l'*Anjou*, regardé généralement comme le journal officiel de Mgr Freppel.

M. l'abbé Secretain, professeur aux Facultés catholiques d'Angers, et auteur d'ouvrages estimés sur la question ouvrière, avait fait, dans l'*Univers* (1), le compte rendu de ma brochure. Il y disait entre autres choses :

« ... Le principal attrait du livre est-il dans cette polémique audacieuse? Je ne le pense pas. A mon avis, il est plus particulièrement dans le ton et dans la forme avec lesquels M. l'abbé Fesch expose ses théories sur les faibles de ce monde : l'ouvrier, la femme, l'apprenti ; sur les maux dont souffre la société actuelle. Chacun de ses chapitres me semble inspiré par un amour puissant des classes laborieuses et un ardent désir de leur venir en aide. Le pamphlétaire cède souvent la plume à l'apôtre, et c'est tant mieux. M. l'abbé Fesch appartient à cette école de jeunes prêtres qui se sont jetés dans la trouée faite par Mgr de Ségur et par M. de Mun. Il est de ceux qui s'imaginent à raison que le clergé ne peut plus, à notre époque, se cantonner exclusivement dans la science théologique et dans les souvenirs de l'antiquité profane ; qu'il a sa place marquée à côté de ceux qui cherchent dans l'étude des questions économiques, réalisées au point de vue chrétien, le remède à l'indifférence religieuse qui mine les dernières couches sociales. C'est plaisir de penser avec lui que l'œuvre des cercles catholiques d'ouvriers est la barrière opposée par la Providence au matérialisme et au sensualisme contemporains. Il serait à désirer que le livre de M. l'abbé Fesch fit de nombreux prosélytes dans les rangs du clergé. Quoi qu'il en soit, l'auteur a joint au mérite si difficile d'écrire à son contradicteur une réponse à la fois hardie dans le fond et correcte dans la forme, celui, plus rare encore, d'avoir

(1) *Univers*, 27 novembre 1888.

tourné au service du bien général une action qui semblait ne devoir profiter qu'à lui-même. »

Des rapports plus intimes s'établirent rapidement entre le savant professeur et moi et, à la fin de 1888 ou dans les premiers jours de 1889, l'*Anjou* insérait mon premier article.

Cette collaboration au journal royaliste d'Angers, ne m'a laissé, en dehors de l'aimable confraternité de son rédacteur en chef M. Alphonse Poirier, aucun souvenir particulier. Les quelques articles que j'y fis étaient trop espacés et traitaient de questions trop générales pour que j'entrasse bien dans la peau du journal. Au surplus, la polémique y était presque inconnue, Mgr Freppel étant là constamment, férule levée et ciseaux ouverts, pour arrêter les envolées ou les écarts.

Je n'en parlerais donc point, si je ne trouvais intérêt à consigner ici la raison pour laquelle je l'abandonnai.

J'avais envoyé un article sur... le *Ralliement*, qui ne portait pas encore ce nom et que je n'appelai pas ainsi. J'y soutenais que « la doctrine catholique n'admet pas plus d'alliance exclusive entre la mitre et le bonnet phrygien, qu'entre le trône et l'autel ».

Et je développais ainsi ma pensée :

« L'Eglise ne voit qu'une chose en ce monde, la liberté et le progrès de la Religion et le salut des peuples. Elle ne s'est jamais occupée, elle ne s'occupera jamais des formes de gouvernement. Que chaque membre du clergé, prêtre ou évêque, ait ses opinions particulières en politique, quel homme intelligent et vraiment libéral songerait à l'en blâmer? Mais le clergé en corps n'en aura aucune, parce que ce sont là des considérations auxquelles il n'aura pas à s'arrêter. Que le gouvernement de son pays soit républicain comme en Amérique, autocrate comme en Russie, monarchiste comme en Allemagne, peu lui importe, pourvu qu'il puisse sauver les âmes.

» Dans les polémiques sans fin de notre époque, on a trop souvent exploité, auprès des hommes et des masses, des locutions dont ils ignoraient le sens déterminé. On a dit et répété sur tous les tons de la calomnie, que le clergé, étant gouverné par une sorte de théocratie, ne pouvait admettre comme gouvernement que la théocratie, ou tout au moins la forme qui s'en rapproche le plus, la monarchie. Qu'un *Rappel* ou une *République* quelconque serve de ces bourdes à ses lecteurs, rien d'étonnant à cela : mais un homme sensé ne peut se payer de mots. Raisonnons donc un peu.

« Qu'est-ce que la théocratie ? La théocratie c'est le gouvernement temporel d'une société humaine par une loi politique révélée, et par une autorité constituée par la Divinité. Or, cela étant, comme le Christ, en venant ici-bas, n'a point imposé de code politique particulier aux nations chrétiennes, et comme il ne s'est point chargé de désigner lui-même les juges et les rois des peuples, il en résulte que le catholicisme n'offre, dans sa doctrine ou dans l'application de ses principes, aucune trace de théocratie.

» D'un autre côté, l'Eglise, il est vrai, a des bénédictions puissantes, des consécrations solennelles pour les princes chrétiens, pour les dynasties chrétiennes : mais, malgré cette consécration de pouvoirs humains, l'Eglise n'admet aucune dynastie, aucune monarchie comme unique forme de Gouvernement. Et c'est justement cette absence de théorie politique qui a permis à l'Eglise de s'adapter à tous les pays comme aux différentes races de peuples ou aux diverses dynasties de rois qui se sont succédé dans chaque nation.

» Au temps de l'empire romain, les évêques, tout d'abord, se figuraient que la religion ne pourrait subsister sans lui : ainsi l'écrivait saint Ambroise, et Dieu sait quel mal l'Empire, dans sa décadence, fit à la Religion. Plus tard, l'évêque d'Hippone, Augustin — et c'est là la doctrine fondamentale de sa *Cité de Dieu* — pensait avec raison que l'Empire n'était pas aussi nécessaire qu'on le pouvait supposer.

» Un siècle après, Salvien, prêtre de Marseille, aux approches des barbares, après la ruine complète de l'Empire, enseigne que, dans ces hommes sauvages, il y aura certainement des ressources de civilisation et de christianisme que n'auraient jamais offertes les vieux Romains dégradés ; et Grégoire, qui vient au milieu de ces barbares, confirme, par son expérience, les observations de Salvien.

» Ainsi donc en sera-t-il toujours : l'Eglise n'est pas nécessairement liée à telle forme de gouvernement. Pendant quinze siècles, en France, elle a vécu avec la royauté : et rien ne s'opposerait, théoriquement, à ce qu'elle entretînt avec la République des relations amicales. »

Et je terminai par ces mots : « Que la République se rende aimable et on l'aimera. Qu'elle cesse de persécuter et elle attirera à elle les intelligences et les cœurs. »

Il n'y a rien là, ce me semble, que puisse reprendre l'esprit le plus méticuleux.

Mais ma montre avançait, paraît-il, pour le milieu où elle prétendait marquer l'heure.

Le cardinal Lavigerie ne devait prononcer son fameux toast que dix-huit mois plus tard, et Mgr Freppel, qui alors même n'y fit pas écho, devait être moins disposé encore, au moment où lui furent soumises mes idées, à adhérer à la forme gouvernementale républicaine.

Aussi mon article fut-il arrêté au moment de la correction des épreuves. « Il paraît, m'écrivait-on, que Mgr Freppel trouve qu'il faut faire quelques réserves sur plusieurs questions soulevées par vous. Il ne faut pas oublier que les *Premiers-Anjou* sont officiellement considérés comme venant de l'évêché... »

Je n'insistai pas, et je cessai d'envoyer ma copie.

Mgr Freppel fit longtemps difficulté de se convertir à l'idée républicaine. Quand, le 12 novembre 1890, le cardinal Lavigerie eut dit : « L'union, en présence de ce passé qui saigne encore, de l'avenir qui menace toujours, est en ce moment notre besoin suprême... Quand la volonté d'un peuple s'est nettement affirmée, que la forme d'un gouvernement n'a rien de contraire en soi, comme le proclamait dernièrement Léon XIII, aux principes qui seuls peuvent faire vivre les nations chrétiennes et civilisées ; lorsqu'il faut, pour arracher aux abîmes qui le menacent, l'adhésion *sans arrière-pensée* à cette forme de gouvernement, le moment vient de déclarer enfin l'épreuve faite, et, pour mettre un terme à nos divisions, de sacrifier tout ce que la conscience et l'honneur permettent, ordonnent à chacun de nous de sacrifier pour le salut de la patrie... »

Quand donc le cardinal Lavigerie eut ainsi parlé, l'*Anjou* défendit la thèse contraire dans une suite d'articles inspirés, disait-on, par Mgr Freppel. On ne se trompait guère et le vaillant député ne le démentit point. « L'illusion de Mgr Lavigerie, écrivait-il, qu'il nous permette de le lui dire respectueusement, c'est de croire que la République, en France, est une simple forme de gouvernement, comme ailleurs, en Suisse et aux États-Unis, par exemple, et non pas une doctrine, foncièrement et radicalement contraire à la doctrine chrétienne. »

C'est bien là tout l'opposé de mon article refusé en 1889. Cependant, une année plus tard, à son retour d'un voyage à Rome, Mgr Freppel parut apporter un tempérament à ses anciennes idées. Car, dans la séance du 12 décembre 1891, il disait à la Chambre des Députés : « Il est parfaitement permis de ne pas identifier en principe l'idée ou la forme républicaine avec l'athéisme ou l'antichristianisme, ou même avec la franc-maçonnerie. »

Que dirait-il, aujourd'hui, en constatant les progrès immenses du « Ralliement? » Il est permis de croire que son patriotisme et sa foi lui auraient conseillé de souscrire des deux mains au programme acclamé l'an dernier (1897) au Congrès national catholique et à celui de la Démocratie chrétienne.

...

De mon côté, je n'eus pas, ai-je besoin de le dire ? grand effort à faire pour adhérer à ce mouvement qui allait engager les esprits dans la voie nouvelle, où dès longtemps j'avais fait quelques pas. Ces idées ne sont pas écloses à notre époque seulement, comme affectent de le croire certains aveugles volontaires ; on les rencontre à chaque page de l'histoire de l'Église. C'est ce que nous montra un jour, dans son style saisissant quoique abrupt, un de nos vieux professeurs de Saint-Sulpice, M. Brugère. J'ai retrouvé ces notes qui datent de 1881 ; et ce sont elles qui m'ont servi à composer l'article qui effraya tant Mgr Freppel. Elles se terminent par cette parole qu'il emprunte à un évêque de notre temps, mais dont il ne nous a pas dit le nom : « Quand je regarde les peuples, je suis royaliste ; quand je regarde les rois, je suis républicain ! »

Et M. Brugère ajoutait : « Messieurs ! pour nous, soyons catholiques avant tout. »

CHAPITRE III

LÉO TAXIL

Le 19 avril 1897 avait lieu, à la salle de la Société de géographie, une réunion au cours de laquelle Léo Taxil devait présenter Miss Diana Vaughan, la non moins fameuse que mystérieuse palladiste dont l'existence problématique intriguait, depuis quelque temps, le public catholique. L'auditoire, composé d'éléments disparates : journalistes, prêtres, femmes, libres-penseurs, francs-maçons, n'entendit pas sans stupéfaction profonde Léo Taxil lui tenir un assez long discours que l'on peut résumer en ces mots : « Mesdames et messieurs, depuis douze ans, je me suis... moqué de vous. Ma conversion, mes récits sur la franc-maçonnerie, Diana Vaughan et le palladisme ; tout cela n'est qu'une gigantesque fumisterie éclose dans mon cerveau de Marseillais. Maintenant que vous êtes édifiés, tirons le rideau, la farce est jouée ! Bonsoir ! »

Je laisse à penser de quelles exclamations et de quels cris fut accueilli cet audacieux boniment : « C'est honteux !... Scandaleux ! Abominable !... Dégoûtant !...

Coquin... Gredin... Fripouille... Bandit... Immonde crapule ! » Tout cela cinglait l'orateur et ponctuait ses ébouriffantes déclarations.

Les assistants, selon moi, ont été trop crédules. Ils ont accepté trop facilement l'épithète flatteuse de « fumiste » que se décernait Léo Taxil. Il en est une qui lui eût été plus justement appliquée : c'est celle de « renégat », ou, si on la trouve trop forte, celle de « relaps ».

C'est une opinion que je n'ai pas la prétention d'imposer à qui que ce soit ; mais c'est la mienne.

J'ai toujours cru au *fait* de la conversion de Léo Taxil. Et je ne pense pas que l'on puisse, à cette cause, me décerner un brevet de naïveté, comme plusieurs ont voulu le faire au Pape et aux nombreux évêques, prêtres et laïques dont c'était aussi la conviction. Gens faciles à tromper, dira-t-on. Je l'accorde. Aussi bien n'est-il pas donné, aux hommes comme à Dieu, de scruter les reins et les cœurs. Ils ne voient que l'extérieur et c'est la seule base sur laquelle ils appuient leurs jugements. Ceux-là mêmes dont la connaissance du monde et de sa perversité est plus profonde ne s'y sont-ils pas laissé prendre ? Je n'en veux citer pour exemple que Drumont, qui depuis... mais alors, il croyait aussi à la conversion de Taxil :
« Supérieur par le caractère à Renan, Léo Taxil, du moins, a su s'arracher à ces fanges. Il a eu honte d'être l'homme des Juifs et il a bravé leurs colères en se séparant d'eux. (1) »

Ainsi s'exprime l'auteur de la *France Juive*.

Prétendre, d'un autre côté, se décerner un brevet

---

(1) Ed. Drumont. *La France Juive*, 16ᵉ édit. Tom IIᵉ, page 458.

d'intelligence et de sagacité parce que dès le premier jour, et jamais depuis, on n'a cru à cette conversion, me semble exagéré. « Il est impossible, disaient ceux-là, qu'un homme tombé aussi bas dans le crime se repente jamais ! » Ceux-là oubliaient que si le mot « impossible » n'est pas français, il est encore moins chrétien ; et qu'ils n'ont pas le droit d'imposer une limite à la grâce de Dieu.

La séance du 19 avril ne prouve rien, sinon que, suivant l'énergique expression de la Bible, Taxil a fait comme le chien qui retourne à son vomissement.

.·.

Au temps où je venais, dans les premiers jours de 1888, corriger les épreuves de ma brochure : *De l'ouvrier et du respect*, je rencontrais chaque fois, dans les bureaux de l'imprimeur, un petit homme court, replet, au front dénudé, à la moustache noire, à la parole un peu hésitante. C'était Léo Taxil, qui avait installé dans ce local la rédaction et l'administration de son journal la *Petite Guerre*. Nous liâmes rapidement connaissance.

Depuis lors, nos relations ont été de plus en plus étroites. Ensemble nous avons collaboré à des revues, des journaux, des livres. Sa maison m'était ouverte, que j'y allasse à l'improviste ou que j'y eusse, d'avance, annoncé mon arrivée. Il m'écrivait souvent, et longuement, dans la bonne comme dans la mauvaise fortune, me faisant part de ses joies et de ses ennuis, de ses déceptions et de ses espérances.

Je viens, plusieurs soirs de suite, plume en main, de relire, d'étudier cette volumineuse correspondance d'amitié ou d'affaires; je viens de repasser, dans leur ordre chronologique et dans leurs moindres détails, autant certes que l'oublieuse mémoire de l'homme peut se les rappeler, les diverses étapes de ces relations de dix ans. Je n'y vois rien qui m'autorise à accepter pour lui cette épithète de « fumiste » que Léo Taxil se plaît à accoler à son nom. J'en suis fort aise, car je ne sais si je pourrais m'empêcher de lui décocher quelqu'une de ces appellations que l'indignation a arrachées à ses auditeurs du 19 avril. Je ne connais rien, en effet de plus infect, que de se moquer des gens en jouant hypocritement la croyance ou l'affection.

Et je réponds aujourd'hui, comme j'ai toujours répondu, quand on m'interrogeait à ce sujet : « Oui, je crois que Léo Taxil a vraiment été converti. » Oui, j'y crois, et c'est pour cela que, malgré sa rechute, il me reste au fond du cœur pour lui un peu de commisération.

*

Procédons par élimination dans l'étude de ce curieux cas de pathologie morale.

Si l'on en juge d'après son discours, Léo Taxil n'est pas lui-même très sûr de la cause qu'il doit alléguer comme mobile réel de sa rentrée dans le catholicisme, en 1885.

Écoutons-le :

« Un beau jour, votre serviteur s'est dit que, étant parti trop jeune pour l'irréligion et peut-être avec beaucoup trop de fougue, il pouvait fort bien ne pas avoir le sentiment exact de la situation; et alors, n'agissant pour le compte de personne, voulant rectifier sa manière de voir, s'il y avait lieu, ne confiant d'abord sa résolution à qui que ce fût, il pensa avoir trouvé le moyen de mieux connaître, de mieux se rendre compte, pour sa propre instruction (1). »

Voilà qui n'est déjà plus de la « fumisterie » et qui, à la rigueur, serait acceptable, étant donnés l'esprit et l'éducation de l'homme qui était censé raisonner ainsi. Adversaire violent, en effet, de l'Eglise qu'il attaque dans sa doctrine et dans ses membres religieux ou laïques, le doute lui vient. « Mais, ces gens-là ne sont peut-être pas tels que je les dépeins. Si je me renseignais ? Cependant, au lieu de les étudier dans leurs livres qui peuvent être falsifiés, je les étudierai chez eux, dans leurs faits et gestes. Je serai l'un d'eux; puis, « expérience faite, je me retirerai. »

Ici, Taxil ne nous dit pas ce que, dans son prétendu plan, il aurait fait, après l'expérience. Car deux hypothèses surgissent : ou les catholiques étaient tels que ses libelles orduriers les avaient représentés, et alors il devait, en conscience, les démasquer à nouveau ; ou la doctrine de l'Eglise est bonne, morale, et les catholiques sont ce qu'ils doivent être, c'est-à-dire des hommes, après tout faillibles, mais s'efforçant de faire le bien en suivant les commandements de Dieu et de l'Eglise, et alors il devait, en conscience, faire publiquement amende honorable sur ses écarts passés; puis, les catholiques étant dans le vrai, se faire catholique.

Dans les deux cas, néanmoins, il n'était pas besoin de douze années d'expérience.

Au lieu de cela, Taxil constate : « J'ai acquis la

(1) *Discours à la salle de Géographie.*

conviction que l'on a bien tort d'imputer aux doctrines la malignité de certaines personnes. » Cela revient à dire que la doctrine de l'Église est bonne et que si certains catholiques sont mauvais, « cela tient à l'humanité elle-même ».

Et quelle conclusion pratique croyez-vous qu'il en tire ? Aucune : il s'échappe par la tangente. « Je me suis, dit-il, enrôlé en fumiste. »

Il y a une variante assez notable avec ce qu'il disait au début.

Fumiste, oui, mon pauvre ami, vous l'avez été, mais à quel moment ?

.·.

Ainsi donc, vous prétendez que vous êtes entré parmi nous, catholiques, histoire de faire une « fumisterie » qui consisterait « à jouer un bon tour à un adversaire, sans méchanceté, pour s'amuser, pour rire un brin ». Comme vous le dites encore, vous êtes venu « flâner » dans notre camp. Vous étiez « né fumiste comme on naît rôtisseur ». Et, pour preuve de votre précocité, vous nous racontez l'histoire d'une bande de requins dévastant le port de Marseille et celle de la cité sous-lacustre du lac Léman. Puis vous passez directement à « la plus grandiose fumisterie de votre existence ».

Permettez-moi de vous dire qu'il n'y a aucune parité entre vos fumisteries.

Les deux premières vous ont coûté quelques timbres-poste et la peine d'écrire les lettres. Vous risquiez peu.

Quand vous avez imaginé la dernière, vous mettiez

en jeu votre fortune présente et future, et votre vie. C'est beaucoup pour une « simple fumisterie ».

« Au commencement de l'année 1885, dites-vous dans un de vos ouvrages, la situation de la maison d'édition anticléricale était la suivante :

» L'actif (matériel, marchandises, fonds en caisse et propriétés littéraires) s'élevait à 600,000 francs. Le passif (comptes des fournisseurs et dettes courantes) s'élevait à 75,000 francs. Le chiffre d'affaires variait entre 25,000 et 30,000 francs par mois »... Au 23 avril 1885, cette maison avait un très bel avenir commercial » (1).

Et tout d'un coup, vous quittez cette situation splendide, sans en rien garder ; vous vous jetez pour ainsi dire sur le pavé, votre femme et vous, sans autre chose « que quelques livres de travail et vos vêtements, » histoire de « jouer un bon tour » aux catholiques.

A qui donc pensez-vous faire accroire cette... comment dirai-je? cette... fumisterie? Car c'en est une cette fois.

Je vous sais trop intelligent pour avoir agi ainsi.

Ne me dites pas, surtout, que ce que vous avez écrit dans vos *Confessions d'un ex-libre-penseur*, étant la suite de votre « fumisterie », ne peut être que de la « blague. » Car, alors, vos ennemis sont là, qui susurrent que la situation n'était pas aussi brillante que vous le prétendiez, à la librairie anticléricale, que vous n'y faisiez plus vos affaires, que la liquidation s'avançait menaçante, traînant à la main la faillite. Et les dé-

---

(1) *Confession d'un ex-libre-penseur*, 41ᵉ édition, p. 400 et 401.

mentis que vous leur donniez dans vos *Confessions* ne valant plus rien, il s'ensuit que leurs « calomnies » étaient l'expression de la vérité...

Mais alors, ce n'est plus une « fumisterie » que vous avez imaginée, c'est une spéculation, qui mériterait même d'être qualifiée.

Laissez-moi vous dire que je ne crois pas plus à la spéculation qu'à la fumisterie.

Vous n'eussiez pas fait la chose à moitié, et ceux qui, comme moi, vous connaissent bien, auront la même opinion.

Or, dans votre discours, vous prétendez n'avoir confié votre secret à personne, pas même à votre femme, *du moins dans les premiers temps*. Ce qui signifie que vous n'avez pas tardé à le lui révéler. Et je ne comprends pas, alors, qu'elle ne vous ait pas imité.

Vous n'ignorez pas, en effet, combien vous a nui, auprès des catholiques, cette situation de votre femme, restant dans l'anticléricalisme, tandis que vous, vous étiez avec nous. On allait même jusqu'à dire — pardonnez-moi l'expression — que vous mangiez à deux râteliers, que votre femme continuait la vente des productions obscènes de la *Librairie anticléricale*, tandis que vous, vous traitiez avec les libraires religieux.

Si donc votre femme s'était comme vous convertie, — c'est-à-dire (d'après votre hypothèse) avait simulé une conversion, — la sympathie vous serait venue tout entière à tous deux, les bruits malveillants étant dissipés, et vous auriez gagné doublement.

Vous ne faisiez donc pas une spéculation. Soit ; mais vous ne faisiez pas davantage une « fumisterie », car vous n'auriez pas abandonné une situation brillante dans le présent, pour vous exposer à mourir de faim dans l'avenir.

.**.

Vous êtes un homme prévoyant, personne ne l'ignore; vous savez, en toutes choses, considérer la fin.

Et vous n'auriez pas prévu les conséquences certaines de votre fumisterie?

Vous vous doutiez bien, n'est-ce pas, que le jour où vous seriez venu, votre expérience terminée, dire au public, ainsi que vous l'avez fait : « Messieurs, depuis douze ans, je me suis moqué de vous », le public franc-maçon et le public catholique vous tourneraient le dos avec ensemble. On n'aime généralement pas être mystifié. Vous vous doutiez bien que les francs-maçons dont vous avez dévoilé, en somme, pas mal de turpitudes et de violences, ne vous le pardonneraient jamais, et à toutes vos avances, si jamais vous vous risquiez à leur en faire, vous répondraient : « Mon cher, vous n'êtes qu'un fumiste; qui nous dit que vous ne voulez pas encore abuser de nous? »

Quant aux catholiques, vous n'aviez pas la prétention de vous en faire des défenseurs, après le tour que vous leur jouiez, tour qui n'était rien pour vous, mais qui, pour eux, était le plus épouvantable des sacrilèges. Je ne parle pas du public indifférent qui rit, je le concède, des « fumisteries », mais lorsque la déloyauté n'en fait pas partie.

Et vous vous exposiez à vous voir exclu de tous les journaux, « même de la presse d'Islande ou de Patagonie, » (1) vous vous exposiez à être vilipendé, honni par tout le monde, vous vous exposiez à ne plus savoir comment gagner votre vie autrement qu'en vous faisant éditeur de pornographies, ce qui rapporte peu? Vous vous exposiez à tout cela, histoire de faire une « fumisterie » aux catholiques, en allant « flâner » dans leur camp?

Allons donc! vous ne ferez jamais accepter cela des gens intelligents.

J'ajoute que vous exposiez même votre vie.

Il est évident que dans tout ce que vous nous avez raconté sur la franc-maçonnerie, il y a à prendre et à laisser. Mais il est des faits dont l'exactitude ne dépend pas de votre véracité, parce qu'ils ont été certifiés bien avant vous et par des témoins dignes de foi.

Il est notoire, par exemple, que les francs-maçons ont parfois tiré une vengeance terrible de ceux qui avaient dévoilé les secrets de la secte. Je veux bien que vos révélations ne fussent pas de nature à émouvoir à ce point les Loges. Les chefs, tout en étant fort ennuyés, puisqu'ils n'étaient pas de « mèche » avec vous, ne crurent pas devoir recourir aux grands moyens pour vous faire taire. Mais il se pouvait rencontrer un sous-ordre quelconque, Maçon exalté qui, outré de votre trahison, eût eu l'idée d'y mettre fin par le revolver ou le poignard. Quoique non perpétré par ordre officiel, cet assassinat maçonnique n'en eût pas moins eu pour vous un pénible résultat.

Et, pour une simple « fumisterie », vous vous exposiez ainsi?

Il est vrai que vous aviez une réponse typique, quand

---

(1) *Discours à la salle de Géographie.*

on vous demandait si vous ne craigniez pas la vengeance des Maçons. Vous me l'avez faite souvent : « Ils n'oseraient pas me tuer, disiez-vous ; ce serait donner raison à mes révélations. Car tout le monde crierait que le coup est parti des Loges ! »

Non, mille fois non, votre conversion, en 1885, ne fut pas une « fumisterie ». Vous jouiez bien trop gros jeu, et vous n'êtes pas un homme à tenter ainsi l'inconnu, au détriment du certain.

.˙.

Il n'est pas jusqu'à l'impossibilité de jouer, pendant douze années consécutives, ce rôle de fumiste, qui ne soit contre vous. Lemice-Terrieux, d'ennuyeuse mémoire, a bien pu le faire. Mais il se contentait d'écrire. Il ne paraissait pas ; il n'avait pas comme vous autour de lui des gens qui l'épiaient scrupuleusement, et dont plusieurs avaient intérêt à le prendre en faute.

Dans votre discours du 19 avril, vous rappelez « que l'on ne saurait être bon acteur, si l'on ne se met pas dans la peau du personnage que l'on représente, si l'on ne croit pas — du moins momentanément — que c'est arrivé. Au théâtre, si l'on joue une scène de désespoir, il ne faut pas simuler les larmes : le cabotin essuie avec son mouchoir des yeux secs ; l'artiste pleure réellement. » (1)

Et vous prétendez avoir été, pendant douze ans, cet artiste incomparable qui, ne croyant pas, jouait la comédie de la foi. Le faire quelques heures, soit ; mais douze ans sans jamais se « couper », cela me semble dépasser les forces humaines.

(1) *Discours à la salle de Géographie.*

Il eût donc fallu que, chaque matin, vous fassiez ce que l'on appelle, en ascétisme, votre *Examen de prévoyance*, cherchant à deviner les personnes que vous pourriez rencontrer, les situations dans lesquelles vous auriez à vous trouver, la conduite à tenir, les paroles à prononcer, suivant les individus et les lieux. Mais, le temps matériel vous aurait toujours fait défaut. L'eussiez-vous eu que, maintes fois, malgré vos précautions, vous auriez été pris à l'improviste; et comment auriez-vous pu vous en tirer sans commettre de « gaffe ? »

Un matin — c'était au commencement de 1889 — nous préparions les premiers numéros de la revue *Jeanne d'Arc*, qu'allait publier l'éditeur Téqui. Au sortir de l'imprimerie, sise rue de Vaugirard, nous descendîmes la rue de Rennes. La vue d'une crèmerie me rappela soudain que je n'avais pas encore déjeuné.

— Dites donc, Taxil, fis-je tout à coup, si nous entrions là prendre quelque chose ? Moi, j'ai faim.

— Mon cher, me répondîtes-vous du tac au tac, c'est jeûne aujourd'hui. Je ne prends jamais rien ces jours-là.

Moi, je l'avais oublié; mais vous, vous vous la rappeliez parfaitement, cette particularité du jour. Que vous m'ayez répondu : « Je ne prends jamais rien le matin », c'était tout naturel, une foule de gens sont dans le même cas. Mais que, sans hésiter, vous me disiez : « C'est jour de jeûne », cette réponse demande réflexion.

On ne joue pas un rôle aussi parfaitement, surtout quand on n'est nullement prévenu qu'on aura à le jouer.

Que de détails de ce genre seraient apportés si l'on faisait une enquête, par vos amis et connaissances de cette période et qui prouveraient pertinemment que vous n'aviez pas besoin de jouer le rôle d'un converti, puisque vous l'étiez véritablement.

∴

Ma conversion est une « fumisterie », dites-vous. Et pour corroborer votre assertion, vous nous apportez certaine phrase que vous avez prononcée le 27 juillet 1885, à la réunion du *Groupe Garibaldi*, de la Ligue anticléricale, qui votait ce jour-là votre expulsion.

La voici :

« Il n'y a pas l'ombre d'une trahison dans ce que je fais aujourd'hui : *Ce que je vous dis là, vous ne pouvez pas le comprendre en ce moment; mais vous le comprendrez plus tard.* » Vous vous êtes bien gardé, ajoutez-vous, d'appuyer sur cette phrase ; mais vous la dites assez nettement, pour qu'elle pût rester dans les mémoires, tout en prêtant à diverses interprétations. « Mais — c'est toujours vous qui parlez — quand j'eus l'occasion de publier un compte rendu de cette séance, j'eus grand soin d'omettre cette déclaration ; en effet, elle eût pu donner l'éveil. » (1)

Votre mémoire ici vous fait défaut, permettez-moi de vous le dire.

Premièrement : Sans doute, cette phrase est sujette à diverses interprétations ; mais jointe à son contexte, le sens se restreint un tant soit peu.

Deuxièmement : Vous l'avez bel et bien reproduite dans vos *Confessions d'un ex-libre-penseur* (2), à deux

(1) *Discours* du 19 avril 1897 *à la salle de Géographie*.
(2) *Confessions d'un ex-libre-penseur*, 44ᵉ édit., pages 389-390.

pages distinctes, dans la forme que vous lui donnez aujourd'hui, et plus loin dans son sens.

J'extrais ce passage de vos *Confessions* :

« ... — Allez à Lourdes, glapit une voix.

— Il n'est pas question de Lourdes, répondis-je, mais de la liberté que vous vous violez en refusant de m'entendre.

— Qu'on le mène à Charenton, hurle un autre.

— Non, je ne suis pas fou, m'écriai-je à mon tour. *Vous le verrez bien un jour je l'espère, si vous ne me comprenez pas à cette heure.* » (1)

La voilà bien votre phrase, n'est-ce pas ? dites, dans un sens spécial.

Plus loin, vous précisez ; je cite encore :

« Je ne vous renie pas comme amis ; mais je ne puis plus faire cause commune avec vous comme ligueurs, puisque je suis convaincu que j'ai, trop longtemps, hélas ! marché dans une fausse voie. Quant à vous, s'il est vrai que ma rétractation publique vous oblige à m'exclure de votre société, l'expérience vous prouvera d'autre part que vous avez affaire à un homme incapable de jamais vous nuire, et j'espère bien qu'un jour beaucoup de ceux qui sont ici me serreront la main en amis, sinon en partisans des mêmes idées (2). »

Voilà bien encore votre phrase, mais avec un sens beaucoup plus restreint, qui ne prête pas à diverses interprétations, et qui explique le premier.

Que venez-vous donc nous dire aujourd'hui ? Et pourquoi donner comme preuve de votre « fumisterie » la suppression de cette phrase compromettante dans

---

(1) *Confessions*, p. 389.
(2) *Confessions*, p. 390, 391.

vos comptes rendus subséquents? Nous l'y trouvons deux fois, au contraire.

Eh! que devient votre preuve?

Non, non, mon cher ami, votre conversion, en 1885, ne fut pas une « fumisterie ». Je crois avoir donné les raisons qui m'empêchent, pour mon compte, de me rendre à cette opinion.

∴

Si Léo Taxil n'est pas un fumiste, sa conversion fut réelle.

De la possibilité d'un tel fait, je ne dirai rien. C'est un axiome de la vie chrétienne, que la miséricorde de Dieu est infinie et que sa grâce peut faire un juste, voire même un saint, de l'homme tombé dans les bas-fonds du crime ou du vice.

Léo Taxil fut converti, mais il ne persévéra pas.

Si le juste, si celui, qui n'a jamais eu besoin de conversion, dont l'enfance et la jeunesse ont été nourries de la plus saine doctrine évangélique et préservées du contact des mauvaises passions, est obligé de veiller sans cesse pour ne pas tomber, de quelles précautions ne doit pas s'entourer le néophyte, le convalescent qui relève de cette grande maladie de l'irréligion, et dont les blessures sont à peine fermées? N'y a-t-il pas grand danger qu'il ne retombe?

La rechute est possible, la rechute est facile.

« Lorsqu'un esprit immonde est sorti d'un homme, dit le Christ, il s'en va errant en des lieux arides, cherchant le repos, et il ne le trouve point.

» Alors il dit : Je retournerai dans la maison d'où je

suis sorti. Et, y revenant, il la trouve libre, purifiée de ce qui la souillait et ornée.

« Alors, il s'en va prendre sept autres esprits plus mauvais que lui, et ils entrent dans la maison, et ils y demeurent, et le dernier état de cet homme est pire que le premier (1) ».

Il a manqué à Taxil d'étayer sa conversion sur les bases solides d'une foi éclairée. Il n'avait aucune idée de ce que pouvait être la doctrine chrétienne. Le catéchisme même lui était inconnu ; j'entends le catéchisme expliqué et compris et transfusé dans la vie. Ce qu'il en savait, il l'étudiait en hâte, pour les besoins spéciaux d'un ouvrage, comme fait chacun dans le même cas.

Il ne suffit pas d'une confession pour effacer de l'esprit les erreurs dont il a pu s'encrasser pendant une vie de vingt ans. Et Dieu sait quelle vie, au point de vue intellectuel !

« Vous savez si les sentiments et les doctrines orthodoxes sont enracinés en moi, disait Balmès à ses amis. Eh bien ! il ne m'arrive point de faire usage d'un livre mauvais, sans ressentir le besoin de me retremper dans la lecture de la Bible, de l'Imitation ou de Louis de Grenade. Qu'arrivera-t-il à cette jeunesse insensée qui ose tout lire sans préservatif et sans expérience (2) ?...

Je n'insiste pas sur la comparaison à faire.

De plus, Taxil a eu le tort de s'exposer dans des polémiques personnelles. Tant qu'il s'en est tenu à la

---

(1) *Saint Mathieu*, ch. xii, vers. 43, 44, 45.
(2) *Jacques Balmès*, sa vie et ses ouvrages, par A. de Blanche-Raffin, p. 41.

polémique générale contre la Franc-Maçonnerie, il a pu durer. Mais dès qu'il est entré en lutte contre les catholiques ou les conservateurs, sa foi de fraîche date est devenue vacillante.

Ceux dont c'est le devoir savent combien il leur est difficile de conserver, dans ces batailles, toute la vigueur, toute la sérénité de leur âme. Et pourtant, catholiques dès toujours, ils ont une foi, dont les assises n'ont jamais été ébranlées.

Taxil était-il suffisamment armé pour affronter une semblable bataille ?

L'année 1890, sous ce rapport, lui devait être fatale.

Je ne crois pas qu'auparavant on ait eu à lui reprocher quoi que ce soit.

Dès les premiers mois de 1890, donc, il s'en prend à Drumont, en posant sa candidature contre la sienne dans le quartier du Gros-Caillou. Je n'ai pas à défendre ici le directeur de la *Libre Parole*. Je suis loin d'approuver toutes ses idées et tous ses procédés de polémique. Je l'ai même dit, quand j'ai cru devoir le faire. Mais je trouvai que ce n'était pas à Taxil d'engager la lutte contre un homme qui, après tout, est catholique et, malgré certains torts, a rendu de grands services.

Je le lui dis très carrément : et il y eut, à ce propos, entre nous, un échange de lettres où je m'efforçai de le détourner de son projet et où lui, de son côté, me donnait toutes les raisons qu'il croyait bonnes. Je ne réussis pas ; il continua la lutte et publia son livre : *Monsieur Drumont*, dont il m'avait, par avance envoyé tous les arguments.

Il en devint aigri, énervé, contre ceux qui ne l'avaient pas suivi — et ils furent nombreux — dans sa campagne. Les anciens soupçons à peine calmés s'étaient ravivés et avaient réapparu dans la presse (1). Ceux qui avaient douté de la réalité de sa conversion trouvaient dans sa conduite une confirmation de leurs doutes, et ne firent pas faute de le dire.

Ce bruit n'était pas encore apaisé, qu'il s'en vint dans le Centre faire des Conférences. Bourges et Nevers le virent. La mollesse des conservateurs le mit en fâcheuse posture, et il ne dut qu'à son énergie de se retirer avec les honneurs de la guerre. Ce qui ne nous étonnait pas, nous autres, l'exaspérait, lui. Il le dit, il l'écrivit (2) d'un style adouci pour le public, mais acerbe dans la correspondance privée.

Il n'avait pas absolument tort. Qui de nous, en effet, n'a pas gémi de la « veulerie » de ceux que l'on aurait dû voir à la tête de la défense religieuse et sociale ? Mais Taxil n'était pas en état de supporter la vue d'un tel abandon des principes : c'était, pour lui, le scandale des faibles.

Quoi qu'il en dise maintenant, il ne sut pas faire toujours la part de la faillibilité humaine — chez les autres. Et peu à peu il dut en venir à murmurer : « Et puisque les catholiques sont si mous... ils ne croient donc pas... »

La pente est glissante sur ce terrain.

Et comme si tout devait à la fois l'accabler pour le soumettre à l'épreuve, il fut aussitôt après dans la nécessité de soutenir un procès long et épineux pour protéger ses intérêts d'auteur. Là encore, il dévia, et bien que je m'y sois opposé, autant que l'amitié me le

---

(1) Pour le dire en passant, moi-même je fus très violemment pris à partie à cause de mes relations avec Léo Taxil. Je parlerai plus loin de cette escarmouche.

(2) La *France chrétienne*, 3 juillet 1890.

permit, il porta ses attaques sur un point qu'il eût dû respecter.

Ce fut alors que la défiance, qui depuis plusieurs mois s'était accumulée contre lui, atteignit son plus haut degré. En somme, il l'avait en quelque sorte mérité par l'inconséquence et la violence de certaines diatribes. Et tout cela, au grand préjudice de sa foi.

Un des premiers symptômes palpables de cette déchéance, fut la réédition d'un des livres de sa vie antérieure. Je n'en citerai pas le titre, c'est inutile. Mais il eut beau protester de ses bonnes intentions : même ses plus fidèles amis ne purent que le blâmer.

Alors il se trouva pris dans un engrenage dont il ne put s'arracher. Le besoin aidant, il en vint à inventer. C'est ici qu'apparaît la fumisterie.

Il fit du roman historique, si l'on peut ainsi parler ; au fond vrai du diabolisme, il ajouta des broderies de son cru marseillais. Il vit que la badauderie de certains catholiques naïfs mordait à cet hameçon. L'appétit lui vint en mangeant. Du *Diable* il passa au *Palladisme* agrémenté du *Labarum*. Diana Vaughan était née.

Ici, j'ouvre une parenthèse pour faire remarquer que, dès l'éclosion de la « fumisterie » du *Diable* et du *Palladisme* Vaughan, on jeta les hauts cris de tous côtés. Et on ne se serait pas aperçu de la première fumisterie ?

Pour moi, je ne crus jamais à Diana Vaughan. Un grand nombre de mes amis m'ont consulté à ce sujet, et ils se rappellent la réponse que je leur fis. Avec certains même, partisans acharnés de Taxil-Vaughan, j'eus des discussions fort multiples et fort vives. Je faillis, un jour, être par l'un d'eux jeté par la fenêtre.

Taxil lui-même n'ignorait pas mon opinion. Certain soir, nous parlâmes beaucoup de Miss — c'était au commencement de l'affaire. Je m'étonnais surtout de cette affectation qu'elle mettait à se cacher, cela me semblait louche; et j'eus beau m'y prendre de toutes les manières, je ne pus voir autre chose que son portrait que j'avais vu maintes fois déjà. Et les soupçons que j'avais prenaient corps de plus en plus. Aussi, avant de sortir, donnant à Taxil une dernière poignée de main, je lui dis: « Mon cher, je vous sais assez adroit et assez « fumiste » (j'employai le mot) pour inventer cette histoire et la faire durer quelques années. » — Vous croyez? » articula-t-il tout étonné. — « Oui, je le crois » répondis-je, et je partis.

Depuis, nous nous sommes revus, nous nous sommes écrit; je lui demandais, par ironie, des nouvelles de Miss... Et je voyais avec peine venir le moment où, le voile déchiré, il faudrait se résoudre à montrer le néant de cette pièce qui faisait tant de bruit. Je ne croyais pas ce moment si proche; et pourtant il menaçait.

Taxil le sentait. Acculé, il prit le taureau par les cornes, et plutôt que de se résoudre à tomber dans la fosse de la rechute, il préféra d'une « fumisterie » momentanée faire une « fumisterie » générale. Il eut tort. Mais j'avoue que je ne sais pas comment il eût pu faire autrement. Il a sombré complètement. Il a repris son genre ancien de publications où l'obscénité le dispute à la sottise. Et il est obligé d'avouer que « ça ne prend plus ».

Puisse-t-il comprendre une fois encore le degré de l'abjection qui l'attend, et, comme le Prodigue, revenir vers son Père. Dieu a des horizons infinis de miséricorde.

O vous, qui avez été ses amis, ne jetez pas une pierre à l'homme tombé; priez pour lui, et s'il fait entendre encore un cri d'appel, écoutez-le.

CHAPITRE IV

DU JOURNALISME EN PROVINCE

Pendant la première période de ma vie de journaliste, je combattis, pour ainsi parler, à mon corps défendant, mais sans mission officielle. Mes supérieurs hiérarchiques s'étaient contentés de consacrer, par leur bienveillante attention, le fait accompli. C'était sinon un encouragement effectif, du moins plus qu'une permission tacite.

Un temps vint où je reçus, non pas encore l'ordre, mais la délégation de poursuivre ma route dans la direction que j'avais prise tout d'abord de moi-même.

A Mgr Dennel, nommé évêque d'Arras, avait succédé Mgr Péronne, doyen du chapitre de Soissons. J'examinerai plus loin le portrait de ce prélat en qui l'âge n'avait pas affaibli la bouillante ardeur et dont l'intelligence, sans cesse avivée par l'étude, avait compris que le grand besoin de notre époque était le courage qu'engendrent et entretiennent les vertus actives.

Au surplus, les circonstances, de mauvaises étaient devenues pires, et, les élections approchant, radicaux et francs-maçons fourbissaient leurs armes avec un cliquetis de mauvais augure.

Nous étions alors en août 1889.

Je vis un beau jour arriver chez moi le directeur du *Journal de l'Oise*. Il m'était dépêché par Mgr Péronne pour me demander ma collaboration. J'acceptai.

Organe royaliste, le *Journal de l'Oise* était le plus ancien de la région, et avait une grande partie du clergé parmi ses abonnés. C'était, il faut le dire, le plus conservateur des journaux ; aussi, l'évêque n'hésitait-il pas à le recommander d'une façon particulière et avait-il donné au directeur une lettre écrite de sa propre main, pour que le courtier ès-abonnements l'exhibât dans ses tournées. Ce que ce dernier faisait — les gens du pays peuvent se le rappeler — à tout propos et hors de propos.

Le *Journal de l'Oise* était bien le type du vieux journal de province dans lequel les gémissements des lapins ou des poules enlevés à leurs propriétaires retentissaient à toutes les colonnes, harmonieusement accompagnés par les plaintes lugubres des chiens écrasés. N'était-ce pas à lui que pensait mon ancien rédacteur en chef, le marquis de Licques, quand, dans une spirituelle chronique, il parlait de ces journaux où « les rédacteurs semblaient trinquer entre eux avec de l'eau de guimauve et s'appliquer réciproquement des cataplasmes émollients ? » Il y avait été momentanément rédacteur, après les élections de 1885, et il savait pertinemment combien il était difficile d'y marcher en invoquant « Notre-Dame-de-Frappe-Fort ». Aussi constatait-il, en y apprenant ma présence, que je devais parfois m'y « trouver gêné aux entournures ».

Tout d'abord non. Car nous étions en pleine période électorale et les journaux les plus moutonniers semblent, eux-mêmes, en ces moments, pris du *tournis*, et deviennent enragés. Mon entrée en campagne fut violente, et j'y reçus quelques horions pour avoir battu en brèche les candidatures radicales. Les élections terminées, l'effervescence se calma ; on en revint aux allures plus modérées de la défense des grands principes attaqués.

Ce n'est pas à dire pour cela que la polémique y fût oubliée.

Aussi bien, avais-je toujours devant moi mon vieil adversaire, le fameux docteur Gérard, en ce moment maire de Beauvais. Quoiqu'il n'eût plus, alors, de persécutions ouvertes à exercer contre les catholiques, puisqu'il leur avait supprimé toutes leurs libertés, sa haine n'en était pas éteinte. Ne venait-il pas de prononcer, au banquet des maires, dont l'idée géniale était due au président Floquet, un discours où l'on put entendre cette phrase : « Il nous reste encore deux bastilles à détruire : au chef-lieu du département, l'évêché, et dans chaque commune le presbytère. »

Les cléricaux abaissés, enchaînés, muselés, il fallait convertir le peuple aux salutaires principes de la Libre-pensée. Il usait pour cela, et abusait surtout, de ses pouvoirs de maire. Non seulement les employés de la ville devaient enlever leurs enfants aux écoles chrétiennes, ce qui était élémentaire ; mais quand un pauvre diable crevant de faim aspirait, pour gagner le pain de ses petiots, à l'honneur de traîner le balai municipal sur les pavés rugueux de la cité, il lui fallait signer en son nom et au nom de sa famille un acte d'adhésion à la Libre-pensée.

Que de fois n'ai-je pas entendu les plaintes de ces infortunés! Beaucoup résistaient, mais plusieurs, hélas! finirent par se laisser convaincre et corrompre. Sont-ils bien coupables? N'ont-ils pas plutôt droit aux circonstances atténuantes les plus larges? En songeant à eux, je me suis surpris souvent murmurant cette parole de Raymond Brucker : « Ah ! vous ne savez pas ce que c'est que d'avoir faim dans l'estomac de ses enfants! » Cela explique beaucoup de défaillances et de compromissions à notre époque — et les excuse en partie.

Gérard ne s'en tenait point là. Aux distributions de prix, il prononçait, devant fillettes et garçons, des discours où l'éloge de la Franc-Maçonnerie, et en contrepartie les attaques aussi injustes que grossières contre le catholicisme, tenaient la plus large place. Il faisait distribuer sur les places publiques un libelle intitulé le *Catéchisme du Libre-Penseur*, non moins inepte de fond que repoussant de forme.

Rien de tout cela ne restait sans riposte, et maintes fois, quoique généralisant le plus possible les questions, je pris à partie le « Vénérable ». Il lançait alors contre moi son journal la *République de l'Oise*, qui me houspillait de son mieux, sans me faire cesser... naturellement.

Un jour, pourtant, il crut avoir trouvé l'occasion de se venger et la saisit, en sectaire haineux.

Le ministère de la guerre, prévoyant sans doute quelque mobilisation générale, réclamait, pour le deuxième corps d'armée, la nomination de deux aumôniers militaires : l'un devait être fourni par Amiens, l'autre par Beauvais. Mgr Péronne me demanda si j'accepterais ce poste : heureux et fier, je répondis par l'affirmative, et mon nom fut envoyé. Quelque temps, après, l'Evêché recevait du ministère une lettre dans laquelle il était dit qu'on n'agréait pas, pour aumônier militaire, de « candidat dont la ligne de conduite politique ne serait pas correcte ! » C'est stupéfiant, tout uniment... !

Je me suis toujours demandé ce qu'il y avait d'incorrect dans ma « ligne de conduite politique ». J'étais certes loin d'être royaliste, je savais différencier les républicains d'avec les radicaux. Il est vrai que je ne ménageais pas les francs-maçons, et leur chef en particulier.

De plus, je n'ai jamais pu comprendre ce que « la ligne de conduite politique » venait faire dans une question de mobilisation et de guerre. S'il se fût agi de décoration, je me fusse, à la rigueur, expliqué la chose. Mais, pour s'en aller sur un champ de bataille accompagner les soldats, ramasser les blessés et consoler les mourants, qu'est-il besoin de rectitude dans la ligne de conduite politique? Demande-t-on à ces soldats s'ils sont royalistes, républicains ou bonapartistes? Il suffit qu'ils soient Français; on leur met entre les mains un fusil ou un sabre, et à l'ombre du drapeau, on les envoie à la défense de la patrie française, où tous, quelle que soit leur opinion politique, sauront faire leur devoir et mourir. Eh! pourquoi exiger des aumôniers cette sorte de carte de civisme étrange, qui ne tendrait à rien moins qu'à leur faire signer une déclaration de radicalisme ou de franc-maçonnerie?

Mais voici, dans l'affaire, ce qui devient plus curieux. Une enquête, paraît-il, est de rigueur en cette circonstance; le ministère de l'intérieur en avait chargé la préfecture, laquelle avait remis ce soin au maire. J'étais déjà en bonnes mains. Mais ce fut mieux encore quand il se fut adjoint le concours du commissaire de police.

Les lecteurs de ces lignes n'ont sans doute pas oublié les différents cas de trahison, d'espionnage, signalés à leur attention, et punis par la justice, dans ces dernières années. Ils se rappelleront donc la condamnation d'un nommé Schwartz qui, après avoir été commissaire de surveillance en plusieurs villes frontières, fut arrêté sur les hauteurs de Montmartre où il avait élu domicile, et convaincu d'espionnage pour le compte de l'Allemagne.

C'est cet homme qui était alors commissaire de police à Beauvais. Homme à tout faire, s'il en fut jamais. Quand on ne le rencontrait pas titubant dans les rues, sordide, dégoûtant, c'est qu'il était dans certain cabaret dont il avait fait son quartier général ou dans le cabinet du maire. Je laisse à penser s'il était franc-maçon, libre-penseur. Ah ! certes. Il avait même poussé le cynisme jusqu'à faire graver sur la tombe d'un de ses pauvres petits bébés, mort âgé de quelques mois, les insignes de la franc-maçonnerie.

Et c'est cet homme, espion à la solde de l'ennemi allemand, qui jugeait la ligne de conduite politique d'un prêtre et décidait qu'elle n'était pas assez correcte pour qu'il fût nommé aumônier militaire.

Au surplus, on a vu dans un des premiers chapitres comment Gérard lui-même savait fêter les officiers prussiens, lors de l'invasion. Le valet était donc digne du maître, et être frappé par eux ne peut être qu'un honneur.

Louis Veuillot notre maître à tous, nous dépeint, dans un chapitre de l'*Honnête femme*, la façon dont le rédacteur d'un journal provincial forme l'opinion du pays et répond à son adversaire. Aux époques d'élection, la chose est assez aisée. On a devant soi des hommes dont la vie publique vous est livrée, qui ont un passé, plus ou moins quelconque, sur lequel les variations sont faciles. S'ils sont inconnus, le thème est tout trouvé également. Mais, en temps ordinaire, le cercle de la polémique est forcément restreint. Aussi, lorsque l'on ne peut pas s'en tenir aux chiens écrasés ou aux lapins volés, que l'on désire, au contraire, galvaniser son journal, se voit-on forcé de surveiller, loupe en main, chaque article, chaque mot de ses adversaires ou de ses concurrents, afin d'y trouver matière à riposte.

Car, il ne faut pas se le dissimuler, le public, quel qu'il soit, est toujours amateur des coups donnés, quand ce n'est pas sur son dos qu'ils tombent. Est-ce un mal ? Est-ce un bien ? Je ne l'explique pas, je constate.

On conçoit, qu'avec cette tension perpétuelle d'esprit, on finit par supposer à ses confrères des intentions qu'ils n'ont jamais conçues, à voir dans leurs colonnes des choses qui n'existent pas, à grossir démesurément celles qui sont réelles. L'optique n'est plus la même, dans une rédaction de province, que dans une rédaction parisienne.

D'un autre côté, la lutte y affecte des proportions épiques : une simple piqûre semble une blessure mortelle, la moindre chiquenaude y retentit comme un coup de massue ; on ne saurait ouvrir la bouche sans paraître posséder une voix de stentor. Vous devenez des héros à peu de frais. On commente vos paroles au *Café du Centre* ou de la *Vache noire*; on les envenime à la *Boule d'or* et au *Soleil d'argent*; les salons s'en mêlent aussi bien que les ateliers.

On est obligé d'avouer qu'à ce genre particulier de faire, on en arrive forcément aux personnalités après avoir passé par les allusions et les sous-entendus, pires encore peut-être que les attaques directes.

Mais que voulez-vous ? Il faut intéresser le public, et par là faire vivre le journal. C'est la suprême loi.

Il m'était tombé par hasard entre les mains, ce *Catéchisme du Libre-penseur* dont je parle ci-dessus. J'en critiquai les idées matérialistes, après en avoir extrait quelques réponses, une entre autres dans laquelle il est dit « que l'homme est un animal » et qu'il « existe en vertu du même principe que le plus vulgaire compagnon de saint Antoine ». D'où je donnai pour titre à mon article : « Le libre-penseur est un... » Le dernier mot se devinait de lui-même.

Là-dessus la *République de l'Oise*, journal des francs-maçons, m'envoie un factum de deux colonnes signé du nom générique de « Un libre penseur », et dans lequel il était dit que mon article n'était qu'un tissu d' « insanités », « d'idioties », de « mensonges », « à travers lequel cependant on voit passer les longues oreilles du jésuite ».

Je riposte, naturellement, et j'adresse ma réponse sous forme de lettre au « libre-penseur » de la *République de l'Oise*, avec cet en-tête : « Mon cher petit singe », dénomination que j'expliquai ainsi en terminant : « Comme tout bon libre-penseur n'ayant pas d'âme se fait gloire de descendre d'un tas de bêtes plus ou moins connues ou inconnues, j'ai cru vous faire plaisir en vous donnant un nom qui rappelle à votre cœur un de vos ancêtres, le singe, qui descend lui-même de l'huître. »

Le rédacteur en chef du journal franc-maçon se croit personnellement visé et m'accuse de « l'eng... » de lui lancer des « injures grossières », etc., etc. J'étais pourtant persuadé d'être resté dans les généralités. Je ne compris cette explosion de colère qu'après explications. En ville, dans l'entourage immédiat dudit rédacteur, on l'appelait le « singe », nom qu'il devait à sa tournure physique, à ses jambes grêles, à la couleur fauve de sa barbe, à la coupe de son visage, toutes choses qui lui donnaient un aspect simiesque. Je l'ignorais totalement ; et voilà comment je fis des « personnalités » sans le savoir.

Bref, la querelle dura six semaines, chacun voulant avoir le dernier mot, et le public y prenant certain plaisir.

Une autre fois, le *Journal de l'Oise* célébrait le centenaire de sa fondation qui avait eu lieu le 17 octobre 1790. Chacun des principaux rédacteurs y alla de son articulet. Pour moi, je me contentai de ces quelques strophes : « Aux Cent Ans du *Journal de l'Oise* » :

> Arriver jusqu'à la centaine,
> Pour l'homme, c'est phénoménal ;
> Mais c'est une plus grande veine
> Lorsque l'on parle d'un journal.
> Chaque matin l'on voit éclore
> Un de ces enfants du hasard
> Qui, mort, dès la seconde aurore,
> Prend place sur le corbillard.

Allons ! mon vieux *Journal de l'Oise*,
Regarde-les d'un air moqueur;
Aujourd'hui que l'on te pavoise,
Entonne le chant du vainqueur;
Car un long siècle sur ta tête,
En vain, déjà s'est écoulé,
Et sous l'effort de la tempête
Tu ne fus jamais ébranlé.

A cent ans on dit qu'on radote,
Que la mémoire s'obscurcit,
Que la voix se casse et chevrote,
Que la mâchoire s'éclaircit...
Eh ! eh ! montre à tous qu'il te reste
Bon pied, bon œil et bonne dent,
Que ta main est encore leste,
Que ton cœur est toujours ardent.

On dirait même que la lutte
N'a fait qu'aiguiser ta verdeur;
Ceux qui spéculent sur ta chute
Doivent maigrir de ta splendeur.
En vain, jaloux de ton grand âge,
Ils te verront d'un mauvais œil
Grossir encor ton héritage...
C'est toi qui cloueras leur cercueil !

Pour le droit et pour la justice
Montre que tu restes armé,
Toujours prêt à rentrer en lice;
Que pour le faible et l'opprimé
Tu sais affronter la bataille;
Quand un malheureux crie : « A moi ! »
Défends-le d'estoc et de taille...
Marche ! la victoire est à toi !

Vous qui, toujours infatigables,
Sans cesse écrivez, rédacteurs; —
A votre poste inébranlables,
Prote, caissier, compositeurs; —

> Vous qui tous aimez à nous lire ; —
> Laissez-moi formuler ce vœu :
> « Puissions-nous encor nous redire,
> Dans cent ans, un nouvel adieu ! »

Voilà, direz-vous, qui n'est pas bien méchant, et qui ne sort pas du genre ordinaire de ces poésies au pied levé, écloses sur une table de rédaction, au milieu des ciseaux bruissants et des plumes grinçantes, à la chaleur des becs de gaz ou des cigarettes. Comment, vous n'y trouvez pas quelque chose de contraire à la foi ou aux bonnes mœurs, quelque chose qui soit passible du Code pénal ?

Il s'est, en effet, rencontré des gens pour découvrir dans ces vers des projets liberticides, homicides, journalicides. Il paraît que la quatrième strophe en particulier contient des « vœux sanguinaires ». Ah ! ce n'est pas moi qui ai inventé l'expression ; c'est un de mes confrères, le rédacteur en chef d'un journal opportuniste, qui se leva tout armé, plume en main, pour défendre sa vie menacée, — je veux dire celle de son journal. Il frémit pendant quinze jours et durant trois articles du

> C'est toi qui cloueras leur cercueil !

Sans doute, je veux croire que sa terreur était feinte et qu'il l'avait fait naître pour les besoins de la polémique. Néanmoins, il ne faut pas oublier que chez les journaux de province, bien plus encore que chez ceux de Paris, la lutte pour la vie est intense et que pour la perte de dix abonnés on arborerait volontiers les manchettes de deuil.

Je ne pousserai pas la témérité jusqu'à donner pour cause exclusive des attaques de certains confrères le dépit ou la crainte ; néanmoins, en mettant de côté les journaux francs-maçons, force m'est de constater que ces deux sentiments les guidaient trop souvent.

En somme ils n'avaient pas absolument tort. J'ai dit plus haut l'appui que Mgr Péronne donnait au *Journal de l'Oise*, lequel, à son tour, ne négligeait aucun genre de réclame. Les journaux concurrents étaient un peu sur l'œil. L'un d'eux surtout, le *Moniteur de l'Oise*, dont le directeur-propriétaire tour à tour bonapartiste, républicain, boulangiste, n'avait jamais pu se fixer dans cette rose des vents politiques, faute de convictions basées sur de solides principes, manifestait trop visiblement ses sentiments pour qu'enfin ils ne se fissent pas jour dans son journal. L'occasion ne venant pas d'elle-même, il la fit naître d'une façon bâtarde, par une attaque indirecte mais voulue contre moi.

C'était en avril 1890; Léo Taxil se présentait contre Drumont aux élections municipales dans le quartier du Gros-Caillou. Or, trois semaines auparavant, un livre avait paru signé de nos deux noms : Taxil, Paul Fesch, et des comptes rendus avaient été insérés un peu partout, même dans la presse radicale de l'Oise. Le 20 de ce mois, le *Moniteur de l'Oise*, dont le directeur en question portait le prénom romain de Horace, reproduisait un passage d'une interview de Drumont sur son concurrent, et jugeait à propos de le faire suivre des lignes suivantes : « Il a raison M. Drumont, et il n'y a que des imbéciles ou des prêtres sans tact ou enclins à renier l'Eglise qui peuvent admirer Léo Taxil. »

On avouera que la réflexion était roide.

Je ne pouvais pas ne pas me reconnaître, étant données les circonstances; l'avis de plusieurs de mes amis fut que je devais répondre.

Je le fis.

Je commençais ainsi: « Horace (celui de Rome qui avait une intelligence supérieure) prétend que le bon Homère sommeillait quelquefois. Ce sommeil lourd de l'inattention doit s'infiltrer aussi dans les colonnes du *Moniteur*, autrement on ne saurait comment expliquer ces lignes qui ne manquent pas d'étonner bien des gens. »

Puis, après avoir montré combien les réflexions du *Moniteur* étaient outrageantes pour le Pape et les évêques dont je reproduisais de nombreux fragments de lettres élogieuses à Taxil, je terminais par ces mots: « Il est des gens qui sont bien sévères pour les autres et dont le puritanisme étroit et sec n'a d'égal que l'hypocrisie des Pharisiens de jadis. On serait tenté de leur dire comme le Christ à ceux-ci: « Que celui qui est » sans péché lui jette la première pierre. »

» ... A chaque instant, vous répétez au clergé ces mots: « Charité chrétienne! Charité chrétienne! » Et quand il donne de cette charité la plus grande marque, qui est l'oubli des outrages personnels, vous vous écriez: « Vous êtes des imbéciles, des prêtres sans tact » ou enclins à renier l'Eglise. »

» C'est toujours l'histoire de Gros-Jean qui veut en remontrer à son curé: il est vrai que le clergé n'a guère à s'émouvoir de ces criailleries, car il a pour juger ses actes ses supérieurs légitimes, le Pape et les évêques, et il a appris depuis quelques années à reconnaître la vérité de cet adage peu connu, mais fort juste: « Les injures suivent la loi de la chute des corps: » elles n'ont de poids que suivant la hauteur d'où elles » tombent. »

Oh ! mes aïeux ! Quelle colère je déchaînai contre moi par ces simples phrases. Le directeur du *Moniteur* bondit, écuma, et me lança dans les jambes un article furibond où il mettait en demeure Mgr Péronne d'avoir à m'interdire le journalisme. Mgr Péronne se contenta de lui renvoyer son journal.

De plus, dans le même article, le susdit Horace sommait mon rédacteur en chef de prendre la responsabilité de mes écrits, et au besoin de me couvrir.

Celui-ci était un homme d'une noblesse de vie incomparable : il n'hésita pas et fit une réponse qui est un modèle de dignité et de fermeté en même temps que de fine et délicate ironie.

Qu'on me laisse la citer en exemple :

« Dans son numéro d'hier, le *Moniteur de l'Oise* publie un long article qui trouverait mieux sa place dans la *Lanterne* ou le *Petit Parisien;* il a pour titre « Jean Pasquerel », et il n'y est parlé que de M. l'abbé Fesch.

» La réponse que je crois devoir lui adresser aujourd'hui ne prêtera pas à la même confusion.

» Si le *Moniteur de l'Oise*, oubliant ses titres de conservateur et religieux pour dénoncer un prêtre à ses supérieurs hiérarchiques, ne craint pas de s'abaisser à des procédés de délation réservés jusqu'ici à la presse radicale et franc-maçonne, il me déplaît d'aller le rechercher sur ce terrain.

» Je n'ai pas à défendre M. l'abbé Fesch qui, d'ailleurs, n'a pas besoin d'être défendu. Je ne connais que Jean Pasquerel, mon collaborateur.

» Voici donc ce qui s'est passé : Quelques jours après l'insertion dans le *Journal de l'Oise* d'un article élogieux sur le livre de MM. Léo Taxil et Paul Fesch, le *Martyre de Jeanne d'Arc*, livre honoré de l'approbation de nombreux critiques dont le *Moniteur de l'Oise* nous permettra de préférer la compétence à la sienne, celui-ci rappelait une appréciation très sévère de M. Drumont sur Léo Taxil.

» Puis il ajoutait :

» Il a raison M. Drumont, et il n'y a que des imbéciles ou des prêtres sans tact ou enclins à renier l'Eglise qui peuvent admirer Léo Taxil.

» Or, à moins que M. le directeur du *Moniteur de l'Oise* ne comprenne pas la portée de ce qu'il écrit, ce que je serais tenté de croire, l'application de ces épithètes est claire.

» Le prêtre enclin à renier l'Eglise c'est Jean Pasquerel.

» L'imbécile c'est moi. »

» Je n'ai pas, en ce qui me concerne, relevé l'offense. Être traité d'imbécile par le directeur du *Moniteur de l'Oise* est une injure sans valeur pour qui nous connaît lui et moi.

» J'ai donc laissé passer l'épithète bien loin au-dessous de moi. Peut-être ai-je eu tort.

» Mais je ne pouvais, je ne voulais m'opposer en rien au droit de réponse de mon collaborateur.

» Cette réponse est digne, et sauf deux ou trois traits simplement malicieux, le directeur du *Moniteur de l'Oise*, qui se plaint à deux reprises d'être pris violemment à partie sans citer le moindre texte, n'y pourra trouver rien de pareil à : Imbécile et Rénégat.

» J'ai en outre le droit de couvrir, dans le journal que j'ai l'honneur de diriger, un de mes rédacteurs, ainsi que le reconnaît le directeur du *Moniteur de l'Oise*. J'irai même plus loin en déclarant que qui les attaque m'attaque ; et que je n'ai jamais sur ce point comme sur d'autres décliné la responsabilité de mes paroles comme de mes actes.

» A bon entendeur salut.

» Ceci dit, comme toute affaire, même grave, a son côté comique, il est plaisant de voir M. le directeur du *Moniteur de l'Oise* reprocher à autrui ses diverses évolutions d'écrivain, lui qui, depuis trois ans, exécute avec une adresse remarquable les gammes les plus variées sur le clavier de toutes les opinions politiques.

» Ce serait à désespérer d'appliquer jamais un proverbe, si ce n'est pas là : *parler de corde dans la maison d'un pendu.* »

Penser que cette réponse calma les esprits, serait une erreur. Ils n'en furent, au contraire que plus excités. Néanmoins ce fut pour peu de temps. De part et d'autre des amis s'interposèrent, et une transaction eut lieu, suivie d'une note publiée simultanément par les deux journaux, et dans laquelle le *Moniteur* disait qu'il n'avait jamais voulu faire, à mon endroit, d'allusion blessante.

L'incident fut clos comme incident particulier, mais il eut des suites.

.·.

Je m'étais fait du directeur du *Moniteur de l'Oise* un ennemi mortel qui me manifesta à maintes reprises, dans la suite, son animosité. Nous le retrouverons uni aux francs-maçons pour me faire une guerre de Peaux-Rouges, d'autant plus indigne qu'il lançait les autres en avant et se dissimulait très habilement derrière eux.

Pour le moment, il resta coi ; d'autres journalistes,

radicaux ou conservateurs (?) ultra, en profitèrent pour me harceler de pointes continuelles. Ne fallait-il pas donner un peu de piment à leurs lecteurs ? Entre nous, ils auraient eu bien tort de laisser passer cette occasion de dauber sur un confrère. Qu'aurait dit la galerie ? Sur quoi aurait-on discouru au café ?

Dans leur for intérieur, ils espéraient qu'une bonne fois je me fâcherais, et qu'alors... Je ne donnai pas dans le piège. Mais je voulus cependant leur faire savoir que je ne parlerais pas et qu'ils perdaient, en me houspillant, leur temps, leur peine et leur salive, je veux dire leur encre.

Outre mes articles ordinaires, j'avais l'habitude de faire, chaque semaine, ce que j'appelais une *Mercuriale*. C'était une piècette de vers où, sous une forme badine — plus ou moins — je traitais un sujet de politique générale ou un fait local. Cela brisait un peu la monotonie des lignes de prose. Personne, jusqu'alors, n'avait trouvé à redire à cette façon : dans les campagnes même, on y prenait plaisir. Car nul n'ignore que le paysan, comme l'enfant, aime beaucoup la poésie, ou, si l'on préfère, tout ce qui est rythmé.

Désireux, moi aussi, de décocher quelque trait contre mes incessants critiques, je leur consacrai une *Mercuriale* que j'intitulai : *Petit Pierre et les roquets*. Bien que le titre indique suffisamment le sujet, Petit Pierre, c'était moi ; les roquets, c'étaient eux... mais j'avais autre chose à faire que de m'occuper de leurs criailleries.

Au reste, voici la pièce :

> Petit Pierre, un jour, par sa mère,
> Fut chargé de porter au train
> Un petit paquet que son père

Devait recevoir de sa main.
« Prends garde, il est un peu fragile,
» Pas très lourd, pas embarrassant,
» Et je sais que Pierre est agile »,
Lui dit sa mère en l'embrassant.
Puis, tout doucement elle ajoute :
« L'heure approche, hâte le pas ;
» Avec les gamins — sur la route,
» Mon Pierrot, ne t'amuse pas. »
Pierrot, fier de la confiance
Que lui témoigne sa maman,
Calme, droit et digne s'avance
Comme un chef de gouvernement.
A peine en la rue il chemine,
Elevant un front sans ennui,
Qu'un roquet de mauvaise mine
Se met à japper après lui.
Ces toutous, quelle sale engeance !
C'est gros tout comme un petit pois,
Mais aussitôt que l'un commence,
Les autres emboîtent la voix.
Pierrot eut bientôt à ses chausses
Des roquets de toutes façons
Qui de gueules aigres et fausses
Aboyaient leurs rauques chansons.
« Un caillou n'est pas une affaire »,
Se dit Petit Pierre à part lui ;
« Les chasser ne tardera guère,
« Allons-y... Mais gare à celui... »
Tout en faisant ce monologue,
Il vous lance sur les toutous
Crottés, hargneux, à la voix rogue,
Une dizaine de cailloux.
A peine ceux-ci s'en émeuvent ;
Ils reculent pour revenir.
Et de nouveau les cailloux pleuvent ;
Comment cela va-t-il finir ?
Petit Pierre leur fait la chasse,
Toujours les cailloux à la main ;
Mais à ce combat le temps passe

Et l'enfant sort de son chemin.
Voilà qu'au milieu de sa course
Un coup de sifflet tout à coup
L'arrête... La seule ressource :
Prendre ses jambes à son cou,
Et revenir tout hors d'haleine.
Il a bientôt pris son parti...
Il arrive... inutile peine...
Déjà le train est reparti.
Dans cette triste conjoncture,
Pierrot, d'un air peu décidé,
Vient conter sa mésaventure,
En grand danger d'être grondé.
A sa mère, fondant en larmes,
Sanglotant de nombreux hoquets,
Il raconte ses hauts faits d'armes
Contre ses amis les roquets.
« Mon enfant, répondit sa mère,
» Il faut — cesse de larmoyer,
» Quand on a du chemin à faire,
» Laisser les roquets aboyer. »

L'allusion, quoique transparente, était bien inoffensive ; et si, dans la polémique, les attaques n'étaient pas plus vives et les blessures plus cuisantes, on n'aurait guère lieu de se froisser.

Mes hommes, cependant, furent plus douloureusement piqués que si je m'étais, contre eux, livré à une charge à fond de train.

Une cabale qui s'était organisée secrètement et dans laquelle, il faut le dire, se rencontraient certains ecclésiastiques, entra en scène. On fit une pression sur le directeur du journal, et un beau jour je le vis arriver chez moi. Tout ennuyé, cherchant ses mots, il me dit que certains de mes amis, des prêtres, trouvaient qu'il n'était pas digne d'un prêtre de... De quoi ? Je n'ai jamais bien pu le démêler au milieu de ses explications embrouillées. Bref, il me demanda si je serais chagriné de cesser mes *Mercuriales*. « Mais comment donc, lui répondis-je, avec plaisir! » Le fait est que c'était une besogne de moins, et pour la rémunération que j'en recevais!...

Mais comment vous expliquez-vous la chose? Écrire en prose, passe encore, mais en vers ! Fi donc! Comment un prêtre ose-t-il s'exprimer en style mesuré, cadencé, courir après la rime ! Il y avait là, évidemment, un manque de tenue, de dignité, que l'on ne pouvait tolérer davantage.

Les pauvres!... Ils savaient bien, tout de même, ce qu'ils faisaient. C'était un premier jalon posé dans la voie de l'interdiction d'écrire : le second, il est vrai, ne le fut jamais.

.

Ainsi donc, il n'est point rare de rencontrer des gens timorés qui ont horreur du bruit et qui, dédaignant de quoi que ce soit faire, ne veulent pas non plus que les autres agissent. Si on les réveille de leur quiétude, ils vous susciteront des difficultés, et ne reculeront pas devant la trahison, pour reconquérir les douceurs de leur nonchaloir.

Ils sont de tous les temps et de tous les pays, mais peut-être, hélas! plus encore de notre temps et de notre pays. Maintes fois je les ai pris à partie, j'ai tracé leur portrait, qui est toujours de saison.

Interrogez les orateurs de la chaire ou des clubs, les journalistes ou les pasteurs des âmes, tous ceux enfin qui s'adressent aux esprits, et demandez-leur quel est l'obstacle contre lequel invinciblement se brisent leurs efforts les plus tenaces. Tous, d'un commun accord, vous répondront : c'est la force d'inertie, l'indifférence.

Prenez, en effet, un ouvrier aux idées les plus sanguinaires, un de ceux qui ne parlent rien moins que d'étrangler le dernier des rois avec le boyau du dernier des prêtres, discutez avec lui, vous arriverez à lui faire reconnaître ce qu'il y a d'absurde ou d'incohérent dans sa pensée. De révolutionnaire pour le mal, vous en ferez un exalté dans le bien.

Que votre interlocuteur, au contraire, soit un de ces nombreux, honnêtes ou braves gens qui se targuent de tenir un juste milieu entre le souverain bien ou le mal à ses extrêmes limites, conservateur au fond, mais apathique, chrétien par habitude, mais flasque ; essayez de remuer cette masse de bonne volonté, de prétendues convictions arrêtées, peine perdue ! De son œil atone ne jaillira aucune vive étincelle d'énergie ; dans son sourire béat, dans ses réponses tranquilles, nulle trace d'intelligence : il n'a pas compris, parce qu'il ne veut pas agir : son siège est fait.

Race abâtardie des indifférents politiques, dont les mouvements alourdis et pesants soulèvent le cœur des hommes généreux : aussi bien, les indifférents religieux, les tièdes, donnent-ils des nausées au cœur de Dieu qui les vomit avec dégoût. Avec quel dédain on les laisserait se momifier dans leur médiocrité, leur fausse vertu, s'il n'y allait du salut de la Patrie : car si l'on a pu prétendre que les dogmes finissaient par l'indifférence de leurs adeptes, on peut soutenir avec plus de raison que l'indifférence aussi produit la dégénérescence des nations.

Le siècle le plus malade, dit Lamennais, n'est pas

celui qui se passionne pour l'erreur, mais le siècle qui néglige, qui dédaigne la vérité. Il y a encore de la force, et par conséquent de l'espoir, là où l'on aperçoit de violents transports; mais lorsque tout mouvement est éteint, lorsque le pouls a cessé de battre, que le froid a gagné le cœur, qu'attendre alors qu'une prochaine et inévitable dissolution ?

Ce froid mortel de l'indifférence semble s'étendre sur la France avec une désespérante rapidité, porté dans les veines du corps social, par les trois canaux de l'égoïsme, de la peur, du désespoir.

Le type le plus hideux, c'est l'indifférent égoïste. Incrusté dans son *moi* comme le rat de La Fontaine dans son fromage de Hollande, il ne s'occupe nullement des tempêtes qui viennent assaillir ses frères malheureux. Vous lui parlez d'un nouvel acte inique de laïcisation: « Le misérable ! » soupire-t-il. Attendez, avant de lui tendre la main. Il pense justement à un pauvre gueux de locataire qui est bien en retard pour payer son loyer: c'est lui le misérable, et non pas le gouvernement athée. — Des bruits de guerre circulent dans la foule : il blêmit, et vous vous apitoyez de compassion en songeant qu'il a sans doute un fils à l'armée ! Eh non ! naïfs que vous êtes ! Il n'a pas d'enfant; mais cette guerre va faire baisser le cours de la Bourse. Ne lui parlez pas des journalistes belliqueux qui relèvent les turpitudes des francs-maçons et les illégalités des maires radicaux : ce sont des gens sans aveu qui sentent le fagot, et dont la phrase agressive va déchaîner les foudres administratives. Vive sa feuille de chou ! Ses articles monotones et filandreux invitent doucement au sommeil; il s'en fait le soir un bonnet de coton et s'endort pieusement, en rêvant que tout est pour le mieux dans le meilleur des mondes, puisque, lui, il est tranquille. Son escarcelle se remplit, son menton sur son sein descend à triple étage, son cœur tombé dans son estomac fait bedonner son ventre : c'est tout ce qu'il lui faut. Périsse la Patrie, pourvu que son moi s'engraisse dans une léthargique apathie.

Chacun de mes lecteurs se dira : « C'est *Un tel* qu'on a voulu peindre ! » Oui, c'est *Un tel*, si vous le voulez, mais cet *Un tel*, hélas ! est multiple, et c'est lui qui perd la France.

Quand Dante, dans son mystérieux voyage aux mondes souterrains, parvient au vestibule de l'Enfer, Virgile son conducteur lui montre un groupe de damnés qui suaient la peur: « Tu vois là, lui dit-il, la foule hideuse de ceux qui vécurent sans infamie comme sans gloire. Ils sont là mélangés au chœur mauvais des anges qui, ne prenant point le parti de Lucifer révolté, ne furent cependant point fidèles à Dieu, mais restèrent neutres, ne pensant qu'à eux-mêmes. Ne leur parle pas, jette-leur un regard de mépris, et passe ! »

Passons, nous aussi ; laissons à leur châtiment les indifférents, les tièdes égoïstes.

Je ne dirai rien de ces pauvres gens, la plupart fonctionnaires, condamnés aux travaux forcés de l'administration, pour donner un morceau de pain à leur femme et à leurs enfants. Eux aussi l'indifférence les gagne peu à peu, parce que la raison leur dit qu'ils ne peuvent, dans l'intérêt de ces chéris qui leur sont confiés, se mêler ouvertement aux luttes de chaque jour. Ce qu'ils font un temps par nécessité, ils continuent de le faire par habitude. Tout en les plaignant, qu'ils me permettent de citer un mot de Victor Hugo, je crois : « C'est déjà quelque chose de regarder avec intérêt un

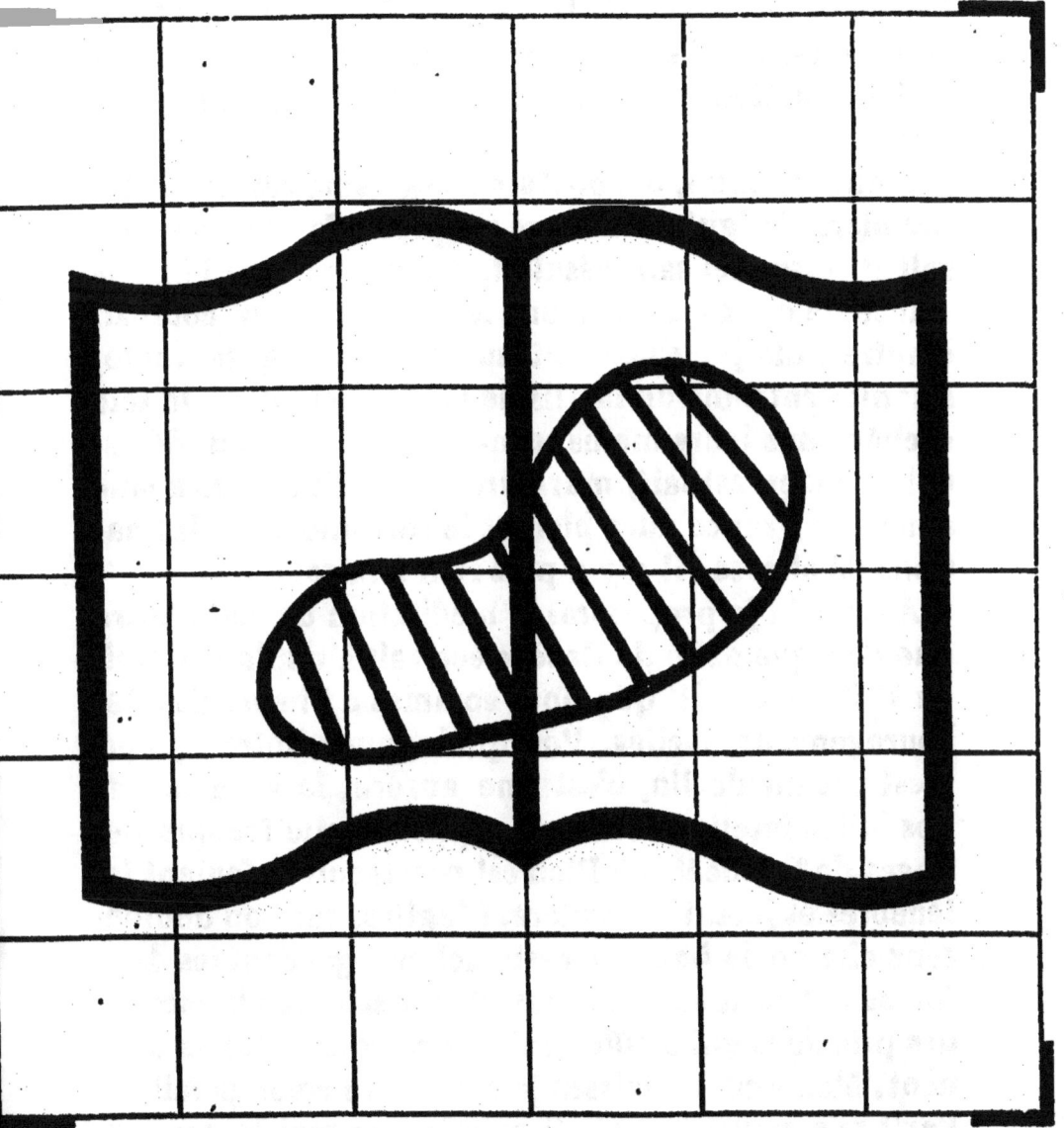

mur derrière lequel se passent de grands événements ! »
Qu'eux aussi conservent, ne serait-ce qu'au fond du
cœur, un peu de sympathie pour les hommes qui, débarrassés des soucis de la vie, ou moins accessibles à la
crainte, essayent d'enrayer par leur parole ou leurs
écrits, l'action démoralisatrice de l'athéisme officiel.

D'autres, enfin, dégoûtés de l'égoïsme révoltant des
premiers, fatigués de leurs propres efforts restés, paraît-il, jusqu'ici sans résultat, découragés par l'insouciance de ceux qui devaient les conduire au combat,
d'autres, dis-je, s'assoient sur le bord de la route,
s'annihilent dans un fatalisme semi-oriental, et, la tête
cachée dans leurs mains, comme la statue du désespoir : « C'en est fait, murmurent-ils, Dieu nous abandonne, la France aura bientôt le sort infortuné des nations délaissées : il n'y a plus rien à faire. »

A ceux-là je proposerai la méditation de cette lettre
que l'évêque exilé de Genève écrivait à un de ses amis
en 1870 : « On dit que nous sommes à l'heure des découragements faciles. Pourquoi donc? Notre époque
n'est pas un déclin, c'est une aurore; le spectacle de
nos luttes intellectuelles me rappelle cette fresque des
Loges de Raphaël, où Dieu est représenté refoulant les
ténèbres et jetant la lumière. L'Eglise, sur son douloureux champ de bataille, reste debout, gardant les deux
forces qui forment les âmes et unissent les hommes :
des principes qui s'affirment et des cœurs qui se donnent. Mon ami, ne laissez jamais votre cœur défaillir;
l'exil m'a meurtri, mais il ne m'a pas ravi le confiant
espoir. J'aime beaucoup la fière devise : *Per crucem
ad lucem*. Allons à la lumière à travers la souffrance.
J'ai peu de goût pour les saules pleureurs; ils ne por-

tent pas de fruits et ils n'abritent que les tombeaux. »

Non, le ciel qui couvre la France n'est pas trop haut : les prières des petits, comme les actes des généreux, y auront toujours un profond retentissement; mais Dieu aidera qui s'aide soi-même.

Arrière donc la tourbe avilie des indifférents et des lâches! Plutôt que le règne de ces eunuques sans virilité qui feraient de la France une succursale du Bas-Empire, on préférerait revoir les jours sanglants de la Révolution : au moins, dans ces temps de violence, on avait le spectacle consolant des martyrs qui savaient mourir et des géants de la Vendée qui savaient combattre. Et l'enfer, qui avait suscité les amis à outrance de la guillotine et des noyades, n'avait pas encore expectoré ces scories que l'on nomme indifférents, et qui n'ont d'autre amour que le coin de leur feu, leur coffre-fort ou leur ventre.

D'aucuns me diront peut-être que ces considérations ne sont pas une conclusion adéquate de ce chapitre.

Ils se trompent.

Le journaliste de province n'a pas seulement devant lui des adversaires hostiles, francs-maçons, libres-penseurs; il lui faut combattre la masse, la grosse masse des indifférents. Les difficultés qu'il rencontre naissent de là. S'il veut parler haut, c'est un trouble-fête, on lui imposera le silence, et s'il ne veut pas se taire, on lui tendra quelque traquenard d'où il ne sortira que manchot, cul-de-jatte ou boiteux.

Et puis... n'y a-t-il que le journaliste de province qui soit dans ce cas? Dites-le-moi, ô mes amis, ô vous qui marchez à l'avant-garde!

CHAPITRE V

DE LA PRESSE ET DU PRÊTRE JOURNALISTE

Chapeau bas, Messieurs !... la Reine !

C'est la Presse que je veux dire. Bien longtemps avant Pascal, et depuis, on parlait de l'Opinion reine du monde. L'opinion n'a point perdu sa royauté : elle règne et gouverne. A sa voix, obéissent peuples et individus ; les rois comme leurs ministres sont obligés de compter avec elle et souvent de marcher d'après ses indications ; elle fait même sentir son pouvoir jusque dans le Sanctuaire et le Prétoire ; elle n'a pas de plus féaux sujets que les représentants qui siègent dans le Temple des Lois...

Et cependant... Elle-même est sujette, humble sujette d'une autre reine dont la puissance absolue n'est, à notre époque, indéniable pour personne : c'est la Presse.

Chapeau bas, Messieurs... la Reine !

*
* *

On a publié, il y a un demi-siècle, une série d'opuscules sur le « bien et le mal que l'on a dit... d'une foule de choses, par exemple : *Le bien et le mal que l'on a dit des enfants... Le bien et le mal que l'on a dit des femmes*, etc., etc. » Le journal n'avait alors ni l'extension ni la puissance qu'il a prises de nos jours, sinon l'auteur n'eût pas manqué de faire paraître « *Le bien et le mal que l'on dit des journaux* ».

Cette lacune, semble-t-il, vient d'être comblée par l'enquête que M. Henry Bérenger a faite au mois de décembre 1897, dans la *Revue Bleue*, sur les responsabilités de la Presse.

Grand Dieu! on peut dire, pour employer un terme consacré dans le métier, que la Presse — avec un grand P — n'a pas une *bonne presse*. Et si jamais prédicateur ou orateur à teinte catholique eût ainsi dévoilé les multiples méfaits de notre corporation ou divulgué l'influence délétère que nous avons sur l'opinion publique, quelles colères il eût déchaînées contre lui! Comme on l'eût accusé de vouloir sortir du musée des Antiques ce fameux éteignoir de l'obscurantisme qui a servi à la superstition pour étouffer les vraies lumières, etc., etc.

Ils n'ont pas à craindre cette accusation, les correspondants de la *Revue Bleue*. Ils viennent de tous les coins de l'horizon politique, religieux ou social. La résultante de leurs appréciations peut donc fournir une moyenne assez juste.

M. Henry Bérenger me semble avoir fort bien dépeint la puissance terrible de la Presse, dans le préambule qui précède le questionnaire de son enquête :

« Chaque jour, un Français ou une Française, même dans les basses classes, lit un journal au moins, le plus souvent deux, quelquefois trois ou quatre. A l'isolé (et les isolés sont nombreux dans nos civilisations grouillantes), son journal tient lieu de causeur et d'ami; il le lit pendant qu'il déjeune, ou à l'heure du coucher. Dans la famille, au café ou au cercle, partout où l'on se réunit, le journal est le répertoire des causeries. C'est lui qui prépare les aliments dont la discussion se nourrira. Nul n'échappe à la pénétration du journal. Comme la poussière et comme le vent, il s'insinue dans les consciences les mieux fermées, il balaie incessamment les plus ouvertes, il crée une atmosphère sociale d'où personne ne peut s'évader; il est devenu un tel besoin que sa privation constitue un châtiment ignoré. Les prisonniers et les forçats lisent encore des journaux.

» La toute-puissance du journal est dans ce fait qu'il ne commande jamais, mais qu'il suggère toujours. Le journal nous laisse libres en apparence, et l'on sait combien les Français sont jaloux des apparences de la liberté. Le journal nous asservit en nous laissant croire qu'il nous affranchit. Collégiens qui, loin du pédagogue et du père de famille, courez avec délices aux journaux de révolte ou de luxure; ouvriers d'usine, petits employés, soldats qui cherchez dans vos feuilles favorites la haine du patron, de l'administration, du chef; intellectuels que le journal venge des oppressions sociales, ménagères amoureuses de feuilletons et de faits-divers; dites, pour vous tous les colonnes étagées du journal ne sont-elles pas des fenêtres ouvertes sur la liberté et sur le rêve? Vous vous rebellez contre l'autorité immédiate; mais vous êtes les esclaves de votre prétendu libérateur. Le journal insinue dans vos pensées les images d'où vos actions surgiront tout à l'heure. Protée humble et [illisible], il vous domine en vous caressant. Chacun de vous, ô démocrates, est un roi cerné de courtisans ; vos journaux ne vous laissent connaître de la vérité que ce qu'ils veulent et, quand vous vous imaginez mener vos pensées, ce sont eux qui les mènent.

» Bonne ou mauvaise, menteuse ou véridique, corruptrice ou justicière, la Presse, dans une nation libre, est toute-puissante. Elle est une manière de suffrage universel permanent et mobile, qui n'a pas d'autre appel que soi-même. Elle crée l'opinion publique, c'est-à-dire les mœurs ; elle renforce ou détruit la famille et l'école ; elle fait ou défait les renommées ; elle renverse ou édifie les ministères ; elle a même le droit terrible de la paix ou de la guerre. Les hommes publics, écrivains, artistes, politiciens, fonctionnaires, sont à genoux devant son pouvoir multiforme et mystérieux. Nous l'avons vue interviewer un pape et des rois, préparer des alliances et des guerres, tenir l'office que remplissait hier la diplomatie. Les jours ne sont pas loin où un reporter valait plus qu'un ambassadeur, et où quelques directeurs de journaux contrepesaient un président de la République. La Presse enveloppe l'École et le Parlement : elle les pénètre, elle va où ils ne vont pas ; elle atteint et dirige les profondeurs de la conscience populaire. Elle s'impose bon gré mal gré à l'élite. Contre sa royauté indéfinie et anonyme, rien ne prévaut. »

Et M. Henry Bérenger demande quel usage la Presse a fait de son omnipotence ; si elle a relevé ou rabaissé les intelligences, moralisé ou corrompu les élites et les masses. « A-t-elle, par la pornographie, détruit l'action de l'école et multiplié la débauche? A-t-elle, par les fausses nouvelles, dissous la confiance populaire et énervé l'énergie? A-t-elle, par la calomnie et la diffamation, ébranlé l'autorité politique et découragé l'élite? A-t-elle, par le reportage judiciaire et l'imagination des feuilletonnistes, recruté, instruit l'armée croissante des jeunes criminels? A-t-elle, par le chantage et la menace, favorisé les flibustiers de toute marque, ruiné les trois quarts de la nation, terrorisé les parlements! Ne s'est-elle prostituée à l'argent que pour corrompre plus salement la foule, et n'a-t-elle pris les titres de la raison et de la liberté que pour les bafouer plus lâchement devant la ploutocratie et la démagogie? »

Et ses correspondants de s'écrier, d'une voix unanime : « Oui ! oui ! oui ! » et d'en apporter les raisons et les preuves.

Je n'en citerai que celles qui doivent rentrer dans le cadre de ce récit.

M. Anatole Leroy-Beaulieu, en même temps qu'il divise en catégories cette presse « diversement corruptrice », nous en trace les portraits :

« Nous avons, en France, deux sortes de presse particulièrement, quoique diversement corruptrices : la presse pamphlétaire et la presse pornographique. L'une corrompt surtout l'esprit, et l'autre, le cœur; l'une fausse le jugement, l'autre souille l'imagination; et toutes deux dégradent l'âme de la nation et déforment, presque également, l'intelligence française.

» La première, friande de scandales et experte en calomnies, semble s'être donné pour mission de provoquer les défiances, les soupçons, les jalouses antipathies entre les enfants du même sol, déversant l'outrage à pleines mains sur les hommes et sur les institutions, détruisant chez le peuple tout sentiment de respect et tout sentiment d'équité ; lui inculquant sans relâche des leçons de partialité, d'injustice, voire de fanatisme ; fomentant à plaisir les haines de classes, de races, de religion, élevant la dénonciation mensongère et la diffamation à la hauteur d'une sorte d'apostolat de la haine, et excommuniant de la patrie commune, au nom de je ne sais quelle contrefaçon sectaire du patriotisme, telle ou telle catégorie de Français. La seconde, la presse pornographique, se complaît au ragoût d'une débauche tour à tour grossière et raffinée ; faisant ses délices d'orner d'une parure de lascive poésie l'équivoque et la gravelure, ravalant l'art à devenir un piment libidineux, s'ingéniant à faire du vice une élégance et, sous couvert de littérature, tenant, publiquement, pour la jeunesse, une école quotidienne de libertinage.

» Une troisième catégorie de journaux se vante d'être éminemment française et parisienne : la presse mondaine, frivole par essence, qui semble avoir pour principe de traiter gravement des choses futiles et légèrement des choses sérieuses ; qui redoute d'avoir l'air de demander un effort à l'esprit ; qui tranche tout par un bon mot ; qui met sur le même pied les affaires de l'Etat et les plaisirs du sport, presse soi-disant bien pensante, qui se pique d'être religieuse quand la religion est de bon ton, et qui n'a d'autre règle ni d'autre loi que les caprices de la mode.

Pareilles feuilles semblent faites pour enlever aux Français de la bourgeoisie le goût de la réflexion et la capacité de penser. Or, il faut bien le reconnaître, à ces trois catégories de journaux, dont les limites parfois se confondent, appartiennent les plus lus des journaux de Paris. »

Et pourquoi la Presse flatte-t-elle ainsi toutes les basses passions, se met-elle au service des plus honteux instincts de la nature humaine? C'est qu'à son tour elle s'est faite la très humble servante, l'esclave du Maître du jour : l'Argent. Plus elle en a, plus elle en veut avoir. Comme la courtisane de l'Ecriture, elle n'a sur les lèvres que ce mot : « Apporte, apporte ! » De l'argent ! de l'argent ! Du succès ! du succès ! Et pour atteindre ce double résultat, elle fera tout ce qui lui sera demandé.

Tous le déclarent ainsi.

M. Charles Canivet y joint une note spéciale :

« Il existe un inconvénient bien plus grave, c'est qu'un grand nombre de journaux ne sont pas faits par des journalistes et qu'ils servent à une foule d'usages n'ayant rien de commun avec la Presse.

» Forcément, de nouvelles coutumes ont dû se produire, telles que la violence, l'insulte à jet continu, choses que l'on met au compte de la liberté de la presse, ce qui n'est pas exact. Si ces mœurs, peu recommandables, se sont introduites chez nous, c'est que précisément, le nombre des journaux augmentant, dans des proportions inouïes, le nombre des vrais journalistes diminuait.

» La grossièreté et l'injure ne passeront jamais pour arguments valables ; et cependant nous en sommes venus là, parce qu'elles sont à la portée de tous et n'exigent aucun savoir professionnel. La nécessité de l'information rapide, qui pousse à la fausse nouvelle, tout au moins à la nouvelle douteuse, puisqu'il devient de plus en plus indispensable d'arriver bon premier ; l'ignorance générale des questions traitées, qui remplace la discussion savante, courtoise, loyale, par des personnalités inutiles autant que fâcheuses, et substitue l'injure facile à l'argument solide; les réclames éhontées au sujet des affaires véreuses, et qui ressemblent si fort aux appels familiers de la prostitution : monsieur écoutez-moi donc. Les ineptes romans-feuilletons, avec lesquels, depuis plus de trente ans, l'on semble se faire un point d'honneur de pervertir l'imagination populaire, si facile cependant à éduquer autrement, dans les débuts, etc., etc., telles sont, à mon sens, les premières et principales causes de la décadence de la presse.

» On en trouverait d'autres encore ; mais, pour me résumer, je suis très fermement convaincu que l'abondance du journal a tué le journalisme, en le réduisant à l'état d'infériorité professionnelle où il se trouve, cela n'est pas douteux, c'est-à-dire qu'il y a disette de journalistes, dans le vrai sens du mot. »

Voici donc la maladie bien diagnostiquée ; tous les symptômes sont patents. Et les remèdes ? Oh ! il en a été donné une foule : la loi, les juges et les gendarmes; le cautionnement et la gérance vraiment responsable; le bâillon et les chaînes... que sais-je encore ? Toutes choses qui pourraient, à la rigueur, apporter leur petit soulagement, mais qui ne sont, en somme, que des palliatifs.

M. Anatole Leroy-Beaulieu sait ce qu'il faudrait faire :

« Il est grand temps de disputer l'esprit français à la frivolité gouailleuse, la jeunesse à la gravelure, la femme et le foyer à l'impudeur, le sentiment religieux à l'intolérance, les foules au mensonge, le peuple à l'utopie, à la haine, à l'esprit de suspicion.

» Il importe de rendre à la jeunesse et à la nation un

idéal élevé, ce qui ne peut se faire qu'en restaurant, dans l'âme française, le sentiment du respect envers soi-même et envers autrui, le goût viril de la liberté, l'amour de la vérité et la passion de la justice, et par-dessus tout la notion du devoir. »

Tout cela est fort beau, tout cela est fort juste. Mais comment y arriver ? Personne ne le dit. Le moyen est simple pourtant.

Christianiser la Presse ! Voilà le vrai, le seul remède !

.·.

Je ne viens pas dire, de prime abord que, mieux que tout autre, le prêtre serait un parfait journaliste.

Je dis simplement : Pourquoi, tout comme un autre, le prêtre ne serait-il pas journaliste ?

Certains, dans l'enquête de la *Revue Bleue*, tel M. Charles Canivet cité plus haut, constatent et regrettent que l'on entre dans le journalisme comme dans un moulin. Le fait est vrai, depuis que journaliste signifie reporter. De bonnes jambes, un peu de bagout, de l'oreille, de l'aplomb, et en voilà suffisamment pour trousser une interview d'une colonne ou deux.

Croyez à ma stupéfaction profonde lorsque je vis, ces mois derniers, s'étaler tout au long, dans un journal du matin, la signature d'un bon garçon de vingt-cinq à vingt-sept ans, qui fit un peu tous les métiers,

Au demeurant, le meilleur fils du monde,

mais qui avait appris, en fait de lettres, ce que l'on peut apprendre en bourlinguant comme mousse ou matelot sur les navires marchands ; qui a travaillé un peu depuis, entre quelques bocks et plusieurs absinthes, mais pas assez pour que je ne fusse obligé, quand il m'apportait un article, de le retaper, afin de le mettre sur pied.

Pensez-vous qu'un prêtre qui a fait ses études?...

Mais laissons le reportage.

Il est courant de voir un officier quitter l'armée, un médecin sa clinique, un avocat le barreau, un normalien l'Ecole pour entrer dans la presse. Les uns et les autres s'y forment, y deviennent de bons, de très bons rédacteurs ; ils se spécialisent — ou s'universalisent — et deviennent capables de traiter — ainsi que doit le faire tout journaliste digne de ce nom — *de omni re scibili et quibusdam aliis*.

Ce que font l'officier, le médecin, l'avocat, le normalien, pourquoi le théologien, le prêtre, ne le ferait-il pas?

Il est aussi apte, aussi savant qu'eux. Jusqu'à ses examens du baccalauréat, il a participé aux mêmes études ; à dater de cette époque, il s'est spécialisé dans la théologie, comme ses camarades se sont spécialisés qui dans l'art militaire, qui dans le droit, qui dans la médecine, qui dans la littérature. Plus qu'eux, il a étudié, dans l'histoire la vie des hommes, dans la théologie morale la manière de les diriger.

Quant à la façon dont il a pétri son cerveau durant ces années de spécialisation dans le séminaire, Renan l'estimait assez pour en faire le plus grand éloge : « Le régime intellectuel des grands séminaires est celui de la liberté la plus complète... ; l'élève reste en pleine possession de lui-même ; qu'on joigne à cela une solitude absolue, de longues heures de méditation et de silence, la constante préoccupation d'un but supérieur à toutes les vues personnelles, et on comprendra quel admirable milieu de pareilles maisons doivent former pour développer les facultés réfléchies. Un tel genre de vie anéantit l'esprit faible, mais donne une singulière énergie à l'esprit capable de penser par lui-même. On en sort un peu dur parce qu'on s'est habitué à placer une foule de choses au-dessus des intérêts, des jouissances et même des sentiments individuels ; mais cela même est la condition des grandes choses, qui ne se réalisent jamais sans une forte passion désintéressée. Voilà pourquoi les séminaires sont une source féconde d'esprits distingués et tiennent une si grande place dans la statistique littéraire » (1).

Dans un autre ouvrage, parlant encore de cette méthode, il dit : « J'estime même, pour ma part, que d'excellentes applications pourraient en être faites aux services de l'instruction publique, et que l'Ecole normale, en particulier, devrait sur certains points s'inspirer de cet esprit » (2).

Ainsi donc, à près de trente ans, l'illustre mais malheureux écrivain savait rendre justice à la vieille méthode qui avait formé sa jeunesse et lui avait enseigné l'art d'écrire et de penser.

Et la scolastique, direz-vous, à quoi sert-elle dans le journalisme ?

Ce même Renan en faisait grand cas. Mais écoutez un homme qui le vaut bien — et plus — par la vigueur de la pensée. J'ai nommé M. Brunetière : « On a beaucoup médit de la scolastique en général, et sans doute il y a quelque lieu d'en médire, quoique après tout

(1) Renan. *Essais de morale et de critique*, in-8°, 1859.
(2) Renan. *Souvenirs d'enfance et de jeunesse*, ch. IV, 1886.

saint Thomas ne soit pas fort au-dessous d'Aristote, ni Duns Scot inférieur à Hegel. Mais ce n'est pas ici la question, et nous nous bornerons à dire que, si « tout l'art d'écrire, selon le mot de La Bruyère, consiste à bien définir et à bien peindre », la scolastique nous en a certainement appris une moitié. Faute d'une connaissance assez étendue, mais faute surtout d'une connaissance assez expérimentale de la nature, les définitions de la scolastique n'ont rien de « scientifique » au sens véritable du mot; mais elles n'en ont pas moins discipliné l'esprit français en lui imposant ce besoin de clarté, de précision et de justesse qui ne laissera pas de contribuer pour sa part à la fortune de notre prose. Peut-être encore devons-nous à l'influence de la scolastique cette habitude, non pas d'approfondir les questions, mais de les retourner sous toutes leurs faces, et ainsi d'en apercevoir les aspects inattendus, et des solutions ingénieuses, trop ingénieuses peut-être, assez voisines pourtant quelquefois de la vérité, qui est complexe, et qu'on mutile dès qu'on veut l'exprimer trop simplement. Mais, à coup sûr, nous ne pouvons pas ne pas lui être reconnaissants de nous avoir appris à « composer »; et là, comme on le sait, dans cet équilibre de la composition, dans cette subordination du détail à l'idée de l'ensemble, dans cette juste proportion des parties, là sera l'un des traits éminents et caractéristiques de la littérature française. »

Eh bien! mais, voilà à quoi sert la scolastique : à bien définir, bien peindre, à donner de la justesse et de la précision à la pensée, à composer, en un mot.

Ah! si tous nos journalistes contemporains avaient subi une telle formation, on n'aurait certainement pas à déplorer l'abaissement du niveau de la corporation.

Le prêtre peut donc, intellectuellement parlant, faire bonne et excellente figure dans la Presse.

.*.

Je ne m'arrêterai pas à montrer qu'il le peut également comme citoyen français.

Étant donné son caractère de prêtre, le peut-il? Le doit-il?

Je réponds.

Jamais autant qu'à notre époque n'exista vive, pressée, haletante, la « chasse à l'homme ». Sectes ou églises religieuses, politiques ou sociales, comme, du reste, c'est leur devoir et leur but, sont à l'affût ou en course, afin de prendre l'homme, c'est-à-dire les intelligences, les âmes, pour s'en faire des adeptes, des partisans, des missionnaires. Beaucoup ont compris bientôt, toutes le comprennent maintenant, que le meilleur filet était le journal. Là-dessus nous n'avons pas de guides plus sûrs, hélas! que les Juifs, passés maîtres dans l'art de drainer les consciences et les bourses. Ecoutez-les s'écrier par la bouche de Crémieux, l'un des leurs: « Considérez les hommes comme rien, les places comme rien, la popularité comme rien, l'argent (dites donc, l'argent lui-même!) comme rien. *Avec la presse vous aurez le reste, tout le reste.* »

Je ne m'attarderai pas davantage à démontrer la puissance de la Presse. C'est aujourd'hui un axiome reconnu de tous, même des plus obtus.

Et l'on voudrait que cette force demeurât débilitée, nulle, entre les mains du prêtre! Que ce filet, il ne sût pas le jeter!

Il lui reste son église, disent quelques-uns.

Et que peut-il bien y faire dans son église, où l'on ne va pas? Je laisse Lacordaire répondre par un mot qu'il écrivit il y a trois quarts de siècle :

« Que font les prêtres dans l'exercice ordinaire de leurs fonctions? Ils maintiennent la connaissance et la pratique des vérités chrétiennes dans les femmes, dans quelques hommes, dans quelques jeunes gens; ils retirent de temps en temps du milieu de l'erreur quelques âmes en qui la foi se réveille, et voilà tout. La masse de l'impiété échappe à leur action; renfermés dans l'intérieur du sanctuaire, où ils veillent sur les pierres qui en sont restées, ils ne peuvent le défendre des attaques qu'on lui porte au dehors : ils regardent quelquefois du haut des murs de Sion et ils trouvent que le nombre des assiégeants s'augmente toujours; et, redescendus dans l'intérieur du temple, ils racontent ce qu'ils ont vu avec de tristes et éloquentes paroles qui ne touchent guère que ceux qui n'ont pas besoin de l'être (1). »

J'ai raconté ailleurs (2) comment Lacordaire, pénétré de ce qu'il disait, et convaincu de la nécessité d'aller droit au peuple, par la Presse, s'était fait journaliste. Plus tard, en 1843, après une expérience personnelle de près de vingt années, il réfutait avec un rare bonheur d'expressions, aussi justes que pittoresques, l'opinion de ceux qui veulent, reléguant le clergé au fond de son église, en faire une caste inutile et partant sans influence :

« Frédéric II, roi de Prusse, disait un jour à un de ses amis : « Pour en finir avec l'Eglise catholique,

---

(1) Lettre à M. Foisset. Paris, 25 avril 1826.
(2) *Lacordaire journaliste*, vol. in-18. Delhomme et Briguet, éditeurs.

» savez-vous ce qu'il faut faire? Il faut en faire un
» hibou... » Vous savez, messieurs, cet oiseau solitaire
et triste qui se tient dans un coin avec un air rechigné. »

» Voilà le secret, continuait Lacordaire : nous isoler
de tout, de la politique, de la morale, du sentiment,
de la science ; nous suspendre entre le ciel et la terre
sans aucune espèce de point d'appui, pour nous dire
un genou en terre : « Vous avez Dieu, qu'avez-vous
» besoin du reste ? »

» Nous n'acceptons pas cette situation. Nous tenons
à tout parce que nous venons de Dieu, qui est en tout ;
rien ne nous est étranger, parce que Dieu n'est étranger
nulle part (1) ».

Et je conclus que la Presse, moins que toute autre
chose, ne doit rester étrangère au prêtre.

*
**

Mgr de Ketteler, l'énergique et savant évêque de
Mayence, disait un jour : « Si saint Paul revenait sur
terre, il se ferait journaliste ». Cela est hors de doute.
L'apôtre dévoré du zèle des âmes, qui se faisait tout à
toutes, pour les gagner toutes à Jésus-Christ, n'aurait
certes pas hésité un seul instant à se faire journaliste,
si, ce faisant, il eût pu attirer les âmes à son divin
Maître.

Ce qu'il n'eut pas l'occasion de mettre en pratique,
d'autres, plus heureux, l'ont eu.

On a fait de Théophraste Renaudot le fondateur du
journalisme en France. On s'est peut-être trop hâté.

---

(1) LACORDAIRE. 20ᵉ *Conférence*. De la raison catholique et de
la raison humaine dans leurs rapports.

Cet honneur, me semble-t-il, doit revenir à un curé, et ce curé est un saint, saint François de Sales.

Envoyé par son évêque dans le Chablais, que la prédication calviniste et plus encore la brutalité des Bernois avaient arraché à la vraie foi depuis quelque soixante ans, saint François de Sales, arrivé à Thonon en 1594, prêcha littéralement dans le désert. Presque personne ne voulait ou n'osait l'entendre. Les uns obéissaient à un sentiment d'aversion, de haine à l'endroit du catholicisme ; les autres se tenaient à l'écart par peur.

Que faire ?

En de telles conjonctures, un missionnaire ordinaire se fût découragé et eût abandonné la partie, attendant un avenir meilleur. Il n'en fut pas ainsi de notre indomptable apôtre. Son zèle fertile en ressources lui fit entrevoir et saisir le moyen de triompher des difficultés de la position et d'atteindre, malgré eux, les auditeurs récalcitrants.

Que fit-il donc ?

« Il saisissait, dit son historien, les moments rares et interrompus dont il pouvait disposer, écrivait à la hâte, et, un morceau fini, on en faisait force copies qu'on répandait dans les familles ou qu'on affichait sur les places publiques et dans les rues. De ces feuilles éparses, composées ainsi à moments perdus, pendant l'espace de quatre années, et recueillies ensuite en un corps d'ouvrage, se forma le livre des Controverses, le premier écrit sorti de la plume de saint François de Sales (1). »

Plus tard, le même saint, écrivant au Souverain Pon-

(1) *Vie de saint François de Sales*, par M. le curé de Saint-Sulpice, 4ᵉ édit. tom. I, p. 159.

tife, lui disait : « Le péril, Très Saint-Père, est tout entier dans la diffusion d'infâmes libelles ; à ce mal immense, je ne vois qu'un seul remède : la fondation d'une imprimerie placée sous le patronage du Saint-Siège, de façon que, nos réponses ne se faisant pas attendre, nous puissions descendre dans l'arène avec avantage et répondre avec un succès certain aux provocations des apôtres de l'erreur. »

Eh mais ! le bon saint François, ce saint dont la douceur est proverbiale, n'y va pas de... plume morte ; il parle tout bellement de « descendre dans l'arène ». Le voilà classé parmi ces abbés folliculaires ! Mon Dieu, oui ; aussi l'a-t-on choisi pour être le patron de la Presse catholique.

*
* *

Sans doute François de Sales ne dissimulait pas qu'il eût mieux aimé parler qu'écrire, « car les paroles en bouche sont vives : en papier elles sont mortes ». Il s'en consolait pourtant : « L'escrit se laysse mieux manier, il donne plus de loysir à la considération que la voix : on y peut penser plus « creusement ».

Que voilà un mot bien profond ! La parole disparaît, la mémoire seule la rappelle ; tandis que le journal est là, constamment là, sur la table, dans la poche, on le lit, on le relit, on le creuse. Puis, François ne pouvait faire autrement : les Réformés ne venant pas à lui, il lui fallait aller à eux. Il y allait sous la forme du journal.

A l'époque où le saint évêque de Genève écrivait, la société était bouleversée par les erreurs de Luther ; le protestantisme combattait avec acharnement la religion catholique. Aujourd'hui notre société est profondément travaillée par la franc-maçonnerie qui essaye de détruire parmi nous toute idée religieuse. La presse est l'arme dont se servent nos ennemis.

La presse est l'arme que nous devons aussi employer pour les combattre. C'est le conseil que nous donne Léon XIII : « Il ne se tromperait guère, dit-il, celui qui attribuerait principalement à la mauvaise presse l'excès du mal et le déplorable état de choses auquel nous sommes arrivés présentement. L'usage universel ayant cependant rendu la presse en quelque sorte nécessaire, les écrivains catholiques doivent s'employer de toutes leurs forces à la faire servir au salut de la société. » Déjà quand il n'était encore qu'archevêque de Pérouse, Léon XIII écrivait : « Je considère le journal catholique comme une mission perpétuelle dans mon diocèse. »

Si je consulte un évêque à qui l'on ne refusera certes pas la vaillance dans la défense des droits de la Religion, et qui pourtant ne fut pas considéré comme un de ceux qui étaient le plus favorables au mouvement moderne, soit républicain en politique, soit démocrate en sociologie, Mgr Freppel, il me dira : « Nous ne saurions avoir trop d'éloges pour les écrivains courageux qui se tiennent constamment sur la brèche pour défendre nos saintes croyances contre les attaques de l'hérésie et de l'incrédulité; ils remplissent dans la presse un véritable apostolat (1).

Demanderai-je le témoignage de Louis Veuillot? Il me répondra : « Le journaliste catholique est un citoyen armé pour la cause publique, et le dernier reste de la chevalerie. »

Sans doute, aucun ne dit que le prêtre doit se faire

---

(1) Freppel. Œuvres. Tome IV. Œuvres pastorales, I, p. 175.

journaliste, mais cette conclusion est facile à tirer.

Qui donc doit avant tout veiller au salut des âmes et de la société corrompues par la mauvaise presse? Le prêtre.

Qui donc doit être comme un missionnaire perpétuel? Le prêtre.

Qui donc doit être l'apôtre défendant les saintes croyances contre les attaques de l'hérésie et de l'incrédulité? Le prêtre.

Qui donc doit être le chevalier armé pour la cause publique? Le prêtre.

Et s'il peut être apôtre, missionnaire, chevalier par le journal, pourquoi ne le serait-il pas?

Il le peut, donc il le doit.

Toujours, en *répandant* le journal catholique; parfois en *faisant* lui-même le journal catholique, quand Dieu lui en a donné les moyens et la force.

Il a charge d'âmes : et lorsqu'elles ne viennent pas à lui, comme saint François de Sales il doit aller à elles, par cette feuille volante du journal qu'il fera faire ou qu'il fera.

Et pourquoi ne serait-il pas ce que l'apôtre du Chablais s'est permis? Et Dieu sait si jamais on a songé à le lui reprocher! Au contraire. Ses *Controverses* furent d'un grand poids dans sa cause de canonisation.

Et puis, serait-il bien juste que, dans cette corporation de journalistes catholiques dont le bon saint est déclaré le patron, il n'y eût pas un seul prêtre?

**

Dans une série de conférences qu'il prononça en 1874 à la Chapelle de l'Oratoire, et que l'on a, il me semble, trop oubliées, car il s'y trouve de merveilleuses choses et fort pratiques. Mgr Isoard, évêque d'Annecy, et alors simple auditeur de Rote pour la France, traita du Sacerdoce. En parlant de l'Ordre du Diaconat, il s'arrête à la question de la Presse. « Le monde, dit-il, est régi par les journaux et par les journalistes. » On ne pense plus que d'après son journal; les choses de l'Eglise elles-mêmes, que l'on ne va plus chercher à leur source, c'est-à-dire au pied de la chaire, sont apportées à domicile par le journal.

Mgr Isoard manifeste alors la crainte que des journalistes, même religieux, même les mieux intentionnés, ne fassent quelque écart de doctrine ou de discipline : « Il semble, continue-t-il, que l'on peut calmer d'un mot ces inquiétudes ; que le prêtre se fasse journaliste! Sa mission est d'annoncer la vérité, de présenter aux fidèles et au monde l'enseignement de l'Eglise : si le journal est devenu l'instrument le plus actif, le plus énergique de la propagation des idées, si même il est en beaucoup de lieux et pour beaucoup d'hommes le seul prêcheur qui puisse se faire écouter, le devoir du prêtre est tout indiqué : qu'il prêche par le journal! »

Voilà qui s'appelle bien poser la question, et tout ensemble la résoudre. Que le prêtre se fasse journaliste.

Eh bien! non, conclut Mgr Isoard, il ne le peut pas. Et pourquoi cela? Parce que le journal est un champ de bataille, et que le prêtre, dans la mêlée, peut donner des coups trop vigoureux ou les mal diriger. Pourquoi encore? Parce que le prêtre, ayant ainsi troublé la sérénité de son âme, ne peut plus décemment monter au Saint-Autel.

Mais j'aime mieux citer le morceau ; il en vaut la peine :

« Le journaliste, c'est le soldat d'autrefois ; il est dans la mêlée. Vingt combattants le menacent, le visent, le manquent, le touchent. Lui, il fait front de toutes parts. Il n'a pas le temps de calculer sur qui sa lame va tomber, ni la force des coups qu'il va porter ; il frappe incessamment. Son affaire, c'est d'atteindre quelqu'un. Ce sera un ennemi déclaré ou un allié douteux, ou même un ami ; il n'a pas le temps de distinguer, de discerner, de regarder : il frappe. S'il est vraiment journaliste, chaque jour il frappera plus fort, chaque riposte aura une énergie double du coup qui la provoque. S'arrêter, réfléchir, calculer, pondérer, se dire : « Suis-je juste envers cet homme ? Ma parole » rend-elle bien ma pensée ? Ma pensée est-elle bien ma » pensée ? Ma pensée est-elle encore d'accord avec la » vérité ? » Ah ! il n'a point le temps de se dire tout cela ! Il a formé au début son intention, il s'est dit : « Je défendrai la bonne cause. » Une fois lancé, arrive que pourra !

« Voyez-vous maintenant ce rédacteur en chef, ou ce combattant du premier rang, quittant le bureau du journal l'œil animé, le sourcil menaçant ? Mille pensées se heurtent dans son cerveau ; voyez-vous ce visage qui trahit toutes les passions, sur lequel passent et se succèdent le sarcasme, l'indignation, la fatigue, le dégoût, le découragement ? Il se dirige vers une église, entre à la sacristie ; il en sort quelques minutes après ; il est revêtu de la chasuble, il monte à l'autel et célèbre la sainte Messe. Ne faisons pas d'analyse ; ce que vous éprouvez en le voyant immoler la sainte victime, les bonnes femmes des églises de Paris le rendent en

un mot. Elles disent : « Je n'aime pas avoir la messe de
» ce prêtre-là. »

« — C'est votre pensée. Le ministère de la charité et
cette attitude du combattant, cet acte éternel et cet
esprit battu incessamment par les impressions de ce
qui n'a qu'un temps, qu'un instant, qu'une seconde ;
l'Agneau qui donne la paix porté par cette main qui
fait d'irrémédiables blessures : ces rapprochements,
nous ne pouvons pas les éviter, et ils nous sont pénibles. Le prêtre ne peut pas être journaliste (1) ! »

Je ne voudrais pas avoir l'air de faire de l'opposition
aux idées de Mgr Isoard ; cependant, je me permettrai
de lui dire, me faisant précéder du *Salva Reverentiâ*
que nous employions dans nos disputes philosophico-
théologiques alors que nous répondions à quelqu'un
de nos supérieurs, je me permettrai de lui dire que ses
idées me semblent notablement exagérées.

Son portrait du rédacteur composant et ayant composé son article, n'est pas réel, il est fait de *chic*; c'est
un morceau d'élocution oratoire, ce n'est pas une photographie. Quiconque a été journaliste et a vu des
salles de rédaction sera de mon avis.

Qu'est-ce que ces vingt combattants qui menacent,
visent, manquent, touchent le prêtre journaliste, et
auxquels celui-ci est obligé de faire front sans avoir le
temps de savoir où ses coups vont porter. Eh! mon
Dieu ! quelle que soit la hâte de la réponse on a toujours bien ses douze heures de jour ou de nuit pour
la faire, et certes, il y a de quoi « s'arrêter, réfléchir,
calculer, pondérer ». Je ne dis pas que, malgré tout,
il ne lui arrivera pas de se tromper — qui donc est in-

---

(1) Mgr Isoard. *Le Sacerdoce*, t. I, p. 272.

faillible? — mais les blessures de presse ne sont pas « d'irrémédiables blessures ».

Hélas! on en fait bien d'autres, dans la vie, sans être journaliste, et qui sont vraiment irrémédiables, celles-là.

Vingt fois, cent fois, il m'est arrivé de prendre à partie un adversaire, de le houspiller, de le larder, et en fin de compte et par conclusion, de l'étrangler de mes propres mains, métaphoriquement s'entend, et dans un article : je n'ai jamais songé, cette exécution faite, à me regarder en un miroir; mais je doute fort que je m'y fusse vu « l'œil animé, le sourcil menaçant ». Je ne crois pas que ceux qui étaient devant moi, à la même table, écrivant, aient jamais vu passer tour à tour sur mon visage « le sarcasme, l'indignation, la fatigue, le dégoût (1) ». L'écrivain marque moins que l'orateur par l'expression de ses traits, les sentiments de son âme. Comment font donc les curés savoyards qui travaillent sous la houlette de Mgr Isoard? Est-ce que tonnant contre les vices individuels ou publics, ils ne manifestent pas sur leur visage « le sarcasme, le dégoût, l'indignation », et d'autres sentiments encore. Mais ils ne seraient pas orateurs, alors, et leurs sermons ne porteraient pas! Croyez-vous que, leur prône fait, ils ne remontent pas à l'autel avec la plus grande sérénité?

Tenez: Quand le Christ, arrivant au temple de Jérusalem, le trouva envahi par les vendeurs de toutes sortes, il fut pris d'une sainte mais furieuse colère; sa

---

(1) Si l'on veut avoir en raccourci le tableau représentant un journaliste dans l'exercice de ses fonctions d'« éreintement », que l'on relise le chapitre XXVII de l'*Honnête femme*, de Louis Veuillot. C'est assez ça.

main s'arma d'un fouet et fouailla cette canaille. Croyez-vous que ses disciples furent scandalisés ensuite de le voir s'approcher du sanctuaire et prier? Croyez-vous que son âme loin d'être bouleversée, ne fut pas, au contraire calmée, comme ayant accompli les ordres de son Père?

Mgr Isoard ne veut pas que le prêtre soit journaliste; mais il veut que la presse soit dirigée par des ecclésiastiques. Qui sera-ce?

Mgr Isoard répond lui-même :

« Qui le sera donc? Qui aura la direction supérieure du journal religieux, du journal qui parle pour l'Eglise, qui nous transmet la parole de l'Eglise? Qui portera la responsabilité de cette prédication nécessaire, mais pleine de périls, qui doit être si utile et qui peut devenir si fatale? Ce sera un homme d'Eglise, et ce ne sera point un prêtre. Nous l'avons devant nous : c'est le diacre! c'est le successeur de saint Etienne qui, à peine revêtu de cet ordre « disputa (1), » nous disent les Actes, avec tout venant. « Ceux qui l'entendent
» sentent bondir leur cœur dans leur poitrine et grin-
» cent des dents contre lui. Ils poussent de grands
» cris, se précipitent d'un seul bond sur lui, le jettent
» hors de la ville, et l'écrasent sous des pierres (2). »

» Nous avons trouvé la troisième fonction que l'avenir réserve au Diacre : il est rédacteur en chef du journal, et la Sainte Ecriture vient de nous montrer comment il vit, combat et peut finir (3). »

Certes voilà bien une idée qui n'est pas banale; elle

---

(1) Actes des apôtres, chap. VI, V, 9.
(2) Actes des apôtres, chap. VII, V. 54 et suivants.
(3) Mgr Isoard. *Le Sacerdoce*, t. I, p. 274.

revêt même une certaine originalité. Mais elle me semble d'une exécution assez difficile.

En somme, pourquoi des abbés n'ayant que l'ordre du diaconat ne seraient-ils point journalistes? Pourquoi même n'y aurait-il pas une sorte d'Institut où on les formerait, une Ecole normale de la presse religieuse? En soi, rien d'impossible... Mais, mais, mais... Et Mgr Isoard, depuis le jour où il prononça ces paroles, il y a vingt-trois ans, est devenu le chef d'un diocèse : il n'a pas, que je sache, mis cette idée à exécution. Sa *Revue* qui est ma foi fort bien dirigée, reçoit l'impulsion directe de Sa Grandeur; on y a même vu paraître des articles d'une verdeur et d'une acuité extrêmes, auxquels il ne manquait que la signature de Mgr Isoard.

Mais nous sommes à une époque où l'on n'a pas le temps d'attendre. Les ennemis chaque jour accélèrent leurs attaques, les brèches se font nombreuses et grandes à l'édifice religieux et social. A défaut du diacre, le prêtre s'est mis à les réparer. Comme les Hébreux jadis, d'une main il manie la truelle et de l'autre l'épée. Un peu de mortier tombe sur sa robe et la blanchit, mais les brèches se réparent et le mur se solidifie.

⁂

Au reste, jetons un regard par la trouée des Vosges. Qu'a fait le clergé allemand pendant le *Kulturkampf*? Il s'est emparé de la presse, il a fondé et dirigé des journaux. Il s'est jeté, c'est le cas de le dire, en plein dans la mêlée.

L'abbé Kannengieser, dans son livre les *Catholiques*

allemands a, là-dessus, des pages fort instructives, dans lesquelles il cite des chiffres et des noms très nombreux.

« L'effet de cette activité prodigieuse du clergé ne se fit pas attendre. Le *Presskaplan* — vicaire journaliste — devint la terreur des bureaux et de la bureaucratie. On n'avait pas prévu que la persécution pourrait aboutir à ce résultat. Dès 1880, c'est-à-dire pendant huit années du *Kulturkampf* aigu, le nombre des journaux catholiques prussiens s'éleva de cinquante à cent neuf. Il est aujourd'hui de cent cinquante.

» La presse catholique est la gloire du clergé allemand, sa force aussi et son espérance ! En tracer le tableau exact, c'est expliquer les événements religieux des vingt dernières années, la fin du *Kulturkampf*, et l'échec partiel du socialisme (1).

Il faut dire que les prêtres allemands jouaient, à ce jeu, leur liberté et leur vie.

« A ce développement rapide de la presse catholique devait correspondre — la chose était inévitable — une décadence parallèle de la presse neutre ou hostile à l'Eglise. Les centaines de mille abonnés qui venaient au clergé renonçaient par le fait même aux journaux qu'ils avaient tenus jusqu'alors. Plusieurs de ceux-ci moururent d'inanition, d'autres subirent des pertes sensibles. Ce revirement excita chez les libéraux une haine féroce contre le Presskaplan. Ni injures ni déboires ne lui furent épargnés. Dans l'espoir de le perdre, ils l'appelèrent Hetz-kaplan, — vicaire instigateur, — essayant ainsi de jeter le discrédit sur sa

---

(1) KANNENGIESER. — *Les Catholiques allemands*, chapitre II. Le rôle politique du clergé.

personne et sur son œuvre. Rien n'y fit. Comme ils avaient le pouvoir de leur côté, la violence fut appelée au secours de la ruse et des manœuvres clandestines. Les procès-verbaux pleuvaient dans les salles de rédaction où le vicaire rédigeait tranquillement et courageusement ses articles et ses manifestes. Les amendes étaient devenues son pain quotidien, et la prison le guettait au détour de chaque colonne de son journal. Si l'on connaissait le nombre de mois que les vicaires journalistes ont passé sous les verrous on serait stupéfié. « Nos rédacteurs, disait l'abbé Schaedler au congrès de Coblentz, sont allés en prison. Hiver et été on leur a fait goûter la fraîcheur de Plœtzenser (1) et d'autres endroits charmants. Ils y ont fabriqué des cornets de papier et épluché des pois et des haricots ; mais ils n'ont pas courbé le front, pas même devant l'homme qui faisait plier tout le monde. C'est là notre amour et notre joie ! Toute notre reconnaissance aux vicaires journalistes ! » Il y a eu de ces vaillants qui chaque année revoyaient plusieurs fois la cellule que dans d'autres pays on réserve aux voleurs et aux assassins. Malgré ce régime d'une sévérité inouïe, ils n'ont pas tu une seule vérité qu'ils croyaient bonne à dire, ni étouffé une critique qui leur semblait nécessaire ou simplement utile. Quelques-uns y ont laissé la vie ; j'en connais d'autres qui y ont ruiné irrémédiablement leur santé. Mais du moment qu'il s'agissait des intérêts de la religion, aucun sacrifice ne coûtait au Presskaplan, et il répétait chaque matin au gouvernement — fût-ce au péril de sa vie — le *Non licet* de l'Evangile (2). »

(1) Célèbre prison.
(2) KANNENGIESER. — *Les Catholiques allemands.* Ibidem.

Il n'est donc pas contraire à son caractère sacerdotal que le prêtre se fasse journaliste, puisque nous voyons dans les pays étrangers, en Allemagne — et je pourrais dire la même chose des Etats-Unis, de l'Angleterre, de l'Italie, de la Hollande — des prêtres entrer dans cette voie aux grandes et louangeuses acclamations des peuples.

Pourquoi le prêtre français ne le ferait-il pas? D'aucuns l'ont fait, non sans profit pour la religion et la société. Et dernièrement encore, nous lisions une lettre de félicitations et d'encouragement que Son Eminence le cardinal Langénieux adressa à deux de ses prêtres qui, depuis de longues années, dirigent habilement un grand journal de Reims.

La trouée est faite. Elle s'élargira, et la parole du prêtre pénétrera par le journal dans les familles où on ne la connaissait plus.

« Le clergé de France ne doit pas s'endormir ; il a mille raisons de croire qu'il est appelé à une grande mission ; et les mêmes conjectures qui lui laissent apercevoir pourquoi il a souffert, lui permettent aussi de se croire destiné à une œuvre essentielle (1). »

---

(1) J. DE MAISTRE. *Considérations sur la France*. Chap. II.

CHAPITRE VI

DE LA DÉFENSE RELIGIEUSE ET SOCIALE

Le grand mal du siècle, c'est la peur, fille du respect humain, petite-fille de l'égoïsme et du manque de Foi — j'entends de convictions, autant religieuses que politiques et sociales.

Il y a dix-huit cents ans, Cicéron le constatait dans son discours *Pro Sextio*. « ... Un signe suffit pour soulever les gens pervers et audacieux ; que dis-je ? ils n'ont pas besoin qu'on les excite : ils se soulèvent d'eux-mêmes ; tandis que les bons citoyens ont, je ne sais pourquoi, moins d'activité ; ils négligent les premières atteintes du mal, et n'agissent qu'au dernier moment. Aussi qu'arrive-t-il ? A force d'hésitation et d'indolence, pour vouloir conserver le repos aux dépens de l'honneur, ils perdent l'un et l'autre. Parmi ceux qui voulaient défendre la République, les uns se désistent par inconstance, les autres s'abstiennent par timidité ; ceux-là seuls restent fermes, et souffrent tout pour elle, qui sont des hommes tels que votre père, ô M. Scaurus ! que l'on a vu résister à tous les factieux (1). »

C'est, en particulier, le mal des honnêtes gens, de tous les temps et de tous les pays. Faut-il dire, hélas ! que ce mal se fait sentir surtout dans les temps et dans les pays qui sont à leur déclin ?

Mgr Foulon, l'auteur d'une *Vie de Mgr Darboy*, a retrouvé dans un cahier de théologie, écrit en 1841 par le futur archevêque de Paris, martyr de la Commune, une page que l'on croirait destinée à notre époque. Elle traite de l'*Apathie des gens de bien* :

« Qui sont ceux qui parlent, écrivent et exécutent ? s'écriait-il. Qui est-ce qui prie, s'indigne, menace et reproche ? Qui ourdit les intrigues ? Qui a une volonté de fer ? J'en suis affligé, mais c'est vrai : les hommes du mal nous surpassent. La presse est à leurs gages ; ils envahissent la tribune, ils circonviennent les dépositaires du pouvoir ; ils recourent à l'urne électorale ; ils sentent qu'ils ont des droits et s'associent pour les défendre. Mais parmi les gens de bien, s'il y en a trois qui unissent leurs pensées et leurs efforts, les autres disent: « C'est une spéculation, » et ils se retirent. Si quelque obstacle entrave leur marche, ils prennent pour la paix un repos ignoble, et leur lâcheté pour la prudence. Si le succès les trahit une fois, ils s'imaginent avoir fait suffisante preuve de dévouement et que le ciel n'en demande pas davantage. Ils semblent porter cette devise sur leur front pétrifié : « Plus les temps seront mauvais, plus nous serons timides. » Hommes de peu de foi, qui donc leur apprend à désespérer, et que le royaume de Dieu se trouve dans l'inertie ?...

(1) Disc. *Pro Sextio*. XLVII.

Mais que faut-il donc faire? Il faut prendre aux pervers les inventions de leur infernale sagesse, car les enfants des ténèbres dépassent en prudence les fils de la lumière. Eh bien! ils distribuent à vil prix d'infâmes brochures et donnent la corruption quand on ne veut pas l'acheter : répandez à vos frais les bons livres sur toute la surface de la France. Ils s'empressent d'arriver aux affaires publiques pour y soigner les leurs : vous, ne craignez pas d'occuper des postes quand c'est pour vous sacrifier. Ils réclament la tolérance et ils entendent par là le droit de nous opprimer ; vous, épargnez leurs personnes, mais démasquez sans pitié leurs fraudes et combattez ouvertement leurs ténébreux projets.

« Ils crient à la liberté : demandez-en votre part. Pour la conquête de vos droits méconnus et usurpés, recourez à des pétitions couvertes de cent mille signatures ; mais il faut agir tant que justice ne vous sera pas faite : « le secret de la plus grande force que Dieu ait donnée aux hommes est dans la persévérance. »

Hélas ! ce mal de la peur engendrant l'inertie, s'était appesanti sur la France après le Seize-Mai, d'une façon plus tenace, j'allais dire plus morbide que jamais. L'Opportunisme franc-maçon, dont les idées étaient sinon plus, du moins tout aussi avancées dans l'anticléricalisme que le Radicalisme révolutionnaire de nos jours, occupait toutes les avenues du Pouvoir, et le Pouvoir lui-même, naturellement. Il fallait, pour vivre, avoir marqué sur le front le signe triangulaire que d'aucuns regardaient comme le signe de la Bête annoncée dans l'Apocalypse.

Les anciens partis politiques à qui leurs chefs ne donnaient qu'une direction platonique s'effritaient pierre à pierre. Beaucoup d'entre leurs membres, gens fort honorables par la noblesse de leur vie comme par la noblesse de leur naissance, gardiens dévoués du trône et de l'autel, mais élevés dans l'idée de l'alliance indissoluble de ces deux choses vénérables, voyant le trône broyé ou vermoulu, ne sentaient plus leurs bras assez énergiques pour défendre l'autel.

Le découragement était partout.

.*.

L'Oise n'y avait pas échappé. Et, comme dans tous les départements circonvoisins de Paris, le découragement des conservateurs — c'était le nom des modérés à cette époque — était rendu plus intense et plus visible par l'audace des révolutionnaires.

On a vu plus haut que Mgr Dennel, qui était évêque de Beauvais, avait été transféré à Arras, au moment où la lutte s'annonçait plus vive.

Il eut pour successeur Mgr Péronne, dont la nomination parut au *Journal officiel* du 2 juillet 1884.

Dans un article assez fantaisiste et où de nombreuses inexactitudes se mêlent à de sérieuses appréciations, un grand journal de Paris disait alors : « L'entente au sujet des évêchés vacants vient de se faire, et c'est une bonne fortune pour le diocèse de Beauvais d'avoir Mgr Péronne à sa tête. C'est un homme sage, dédaigneux de la politique, respectueux de tous les gouvernements qui permettent d'accomplir sa mission parce qu'il a le sens profond des besoins de notre époque. »

Grâce à son expérience et à ce diagnostic sûr que lui donnaient ses études et son long usage de la vie,

Mgr Péronne avait su deviner ce mal qui ronge notre siècle, et pendant toute la durée de son trop court épiscopat, il s'efforça d'y porter remède.

Dès sa première Lettre pastorale (1885), il se trace un plan qu'il développera chaque année et qui se résume en ce mot : « Soyez apôtres ! » A l'apostolat par la prière (1885) il joint (1886) l'apostolat par l'exemple, en 1888, l'apostolat par la charité, en 1889, par l'enseignement chrétien. En 1890, sa Lettre pastorale traite des *Combats de la foi chrétienne*. « La lutte est vive et générale, dit-il, c'est donc l'heure pour tous les chrétiens de se lever, de s'assembler, de se concerter pour le combat, combat par la prière, combat par la pratique de toutes les vertus chrétiennes, combat par la plume pour les uns, par la parole pour les autres, et pour tous par une action généreuse sous toutes les formes et de tous les instants. »

Puis, en quelques pages nettes, incisives, il indique les conditions de combat, les gages de la victoire.

Ces conseils, Mgr Péronne les réitéra dans sa dernière Lettre pastorale (1891) sur la *nécessité pour les chrétiens d'affirmer leur foi dans les temps présents* où il dénonce « un péril plus grand que la violence des attaques, c'est l'absence ou la faiblesse de résistance, c'est la complicité plus ou moins consciente de ceux-là mêmes qui font profession d'attachement au christianisme ».

Pour lui, on ne peut lui reprocher d'avoir tremblé, d'avoir pallié la vérité, d'avoir tu ce que son cœur d'apôtre lui commandait de dire. Et si les attaques de certains journaux radicaux ont été si tenaces, et ne l'ont point épargné; même au lendemain de sa mort, on peut en trouver la raison dans l'énergie avec laquelle il avait mené la lutte contre la franc-maçonnerie et la libre-pensée.

∴

Il n'est rien qu'il ne mît en œuvre pour réveiller l'esprit d'apostolat parmi ses diocésains, et pour les défendre contre l'ennemi.

Au commencement de l'année 1891, il fit venir à Beauvais un homme dont le nom est synonyme d'apôtre, et qui déjà, par sa parole, avait remué les masses : j'ai nommé l'abbé Garnier.

J'étais alors au *Journal de l'Oise*. Je ne manquai pas d'annoncer au public la venue du vaillant conférencier.

Je le fis en des termes qui n'ont rien perdu de leur vérité aujourd'hui, ni de leur intérêt. Au surplus, pourquoi ne les reproduirais-je pas ? Ne sont-ce pas quelques pages de l'histoire de ces dernières années que j'esquisse ?

« C'était en 1889. L'assemblée générale des provinces, due à l'organisation de l'*Œuvre des Cercles catholiques*, tenait ses grandes assises à Paris. La commission des intérêts religieux et sociaux poursuivait, comme les autres, ses séances sans trop de houle, comme il sied à toute commission qui se respecte, et où les gens sont à peu près du même avis.

» A un moment, on en vint à poser cette question : « Devait-on inscrire en tête de la déclaration nouvelle » que l'on forgeait le nom de Jésus-Christ et la consé-» cration de la France au Sacré-Cœur ? » Quelques esprits plus prudents, et non certes des moins intelligents, opinaient pour la négative, en se basant sur une foule de raisons très plausibles, mais qui sentaient leur centre gauche d'une demi-lieue.

» Soudain, un homme, un prêtre se lève comme un ressort, et bondit — c'est le mot — jusqu'au milieu de la salle, et dominant de son regard perçant et de son geste impératif la foule assise, il s'écrie : « Messieurs! » vous n'avez pas le droit ! » Et pendant quelques minutes, avant que l'on fût revenu d'une surprise bien justifiée, assurément, il avait démoli tous les arguments contraires, avec un ton d'autorité qui imposait, et il termina, comme il avait commencé, par son fameux ; « Messieurs! vous n'avez pas le droit !... »

C'était l'abbé Garnier.

Voici comment un journaliste parisien faisait, l'an dernier, son portrait : (1)

« L'abbé Garnier est un Normand de haute taille, à encolure de lutteur; la vie qu'il mène le préserve de tout embonpoint. Et c'est bien du muscle qui emplit ses larges épaules, faites pour porter le poids de la souffrance humaine. Je le dis très respectueusement, — car les expressions du visage sont singulièrement différentes — la forme du crâne de l'abbé Garnier, toute la structure de sa face, m'ont fait songer à Barnum : c'est le front, ce sont les bosses de l'*organisateur*. Les cheveux, qui commencent de grisonner, reculent par devant jusque sur le sommet du crâne; la figure est large, ouverte, comme un bon livre; les yeux, entre le brun et le vert, ont un regard tout ensemble chaud et obstiné.

» Cet homme est bien de sa race batailleuse ; l'instinct de conquête est en lui, l'audace impétueuse à qui

---

(1) Le *Figaro*, article signé : *Un Badaud* (1890).

rien ne résiste. C'est en vain que vous opposez à sa foi un argument ou une contradiction ; il ne vous écoute pas, ne vous entend pas, il ne prête pas plus d'attention aux objections qu'aux approbations. Il ne suit que sa pensée. Il va sa route comme un boulet. Et aussi bien à quoi bon s'attarder à discuter des vérités dont on est sûr? L'affaire importante, c'est de les enfoncer dans la tête des hommes, jusque dans leurs cœurs. Pour cela, le meilleur procédé est celui du charpentier qui frappe sur la cheville, toujours dans le même sens, d'un geste large et fort. »

« Je ne serais pas loin de souscrire entièrement à cette peinture : un trait, cependant, ne me semble pas entièrement juste, ou bien il est mal indiqué. Sans doute l'abbé Garnier va droit son chemin, comme un boulet de canon ; mais il ne fait pas fi des objections, des contradictions. Je dirai même qu'il cherche à les susciter, à les voir surgir sous ses pas... mais il ne les laisse pas debout. Comme un boulet de canon qui serait animé d'un mouvement de va-et-vient, il passe à droite, à gauche, et broye et pulvérise contradictions et objections.

» C'est un apôtre convaincu de ce qu'il enseigne; il procède par voie d'affirmation et impose la doctrine de la vérité comme un homme qui a la puissance et le droit pour lui.

» Depuis plus de quatre ans il circule ; il sillonne la France, de Dunkerque à Marseille et de Brest à Nancy, parlant quinze fois par jour, dans les églises, dans les usines, dans une cour, dans un atelier, partout où il peut atteindre les ouvriers, et il leur dit : « Mes bons
» amis, vous voyez l'habit que je porte. Je suis prêtre,
» c'est-à-dire un homme qui veut gagner des âmes à

» Dieu. C'est pour faire cette moisson que je viens parmi
» vous. Le Dieu que je viens vous prêcher est celui qui a
» dit : « J'aime le peuple je suis rempli de compassion
» pour ses maux. » C'est un Dieu qui s'est fait ouvrier
» lui-même, un Dieu qui a voulu résoudre la question
» ouvrière et qui l'a tranchée ; la solution qu'il lui a
» donnée il y a deux mille ans est toujours bonne. Notre
» devoir à nous autres prêtres, c'est donc de vous aider
» à sortir des maux où vous êtes par le seul chemin
» qui soit droit. »

» Et il va ainsi, l'apôtre, pendant des heures, citant des chiffres précis, sortant de ces généralités banales dont l'esprit de l'ouvrier se défie. Il met le doigt sur les véritables plaies, il finit par arracher des larmes à ceux qui l'écoutent. Il les emporte dans son tourbillon.

» Le bien qu'il a déjà fait est immense : les ouvriers l'aiment, car ils sentent que dans cet homme il y a un grand cœur, large ouvert pour leurs souffrances ; que ses paroles ne sont pas un vain souffle, mais l'expression d'un esprit convaincu et croyant, et qu'entre lui et les faux économistes philanthropes à la bouche mielleuse, il y a la distance de la charité la plus vive à l'égoïsme le plus étroit. »

*
* *

L'abbé Garnier vint et eut beaucoup de succès. Et puisque j'ai rappelé ce que je pensais déjà de lui avant son arrivée, je redirai l'appréciation que j'en fis à son départ.

Je l'emprunte au *Bulletin religieux* dont j'étais le directeur :

« Je ne sais plus qui disait, un jour, après avoir entendu l'abbé Garnier : « Non, cet homme-là n'a qu'une idée ! » Ce mot semblait être la critique d'un auditeur, comme il s'en rencontre parfois, venu pour entendre des paroles retentissantes, la plus parfaite — et inutile — rhétorique. Mais pour nous, chrétiens encore, ce qui a été jeté comme un blâme doit être relevé comme un éloge. Et si la vérité est au fond de cet adage latin : « *Timeo hominem unius libri:* Je crains l'homme d'un seul livre,* » à plus forte raison en est-il ainsi de l'homme qui n'a qu'une idée, surtout quand cette idée est la plus haute, la plus généreuse, la plus noble qui puisse germer dans l'esprit, animer la conduite, diriger la vie d'un homme, d'un prêtre. Tout homme de génie, d'ailleurs, d'après une définition célèbre, est celui qui a pu condenser toutes ses idées en une seule.

» Oui, l'abbé Garnier n'a qu'une idée : rappeler l'Évangile aux peuples qui l'ont oublié, rétablir Jésus-Christ à la base de l'édifice social, et la croix au sommet ; en un mot *christianiser* à nouveau la France glissée vers un paganisme d'autant plus abject qu'il est la corruption d'une civilisation raffinée à l'excès.

» Cette idée est — si je puis m'exprimer ainsi — entre les mains de l'abbé Garnier, comme un diamant à mille facettes, qu'il fait tour à tour briller aux regards de notre intelligence, et dont il nous explique les reflets et les feux variés à l'infini.

» Maître adroit, habile, il sait diriger toute son argumentation par une suite de raisonnements si serrés que l'on est obligé fatalement d'en arriver à la même conclusion que lui, par une suite de raisonnements si clairs, si frappants, que l'on s'imagine avoir soi-même tiré la conclusion qu'il vous impose. N'est-ce point là être passé maître dans l'art de connaître et de manœuvrer cet esprit humain, si susceptible et si fier qu'il ne veut admettre rien de ce qu'il n'a pas lui-même découvert?

» L'action oratoire, chez lui, est sobre, mais juste, lente, mais énergique, continue, mais sans relâche, sans fatigue, et s'élevant souvent avec la pensée qu'elle doit exprimer jusqu'aux mouvements d'éloquence les plus hauts et les plus saisissants. Et quelle variété d'expressions dans le jeu de la voix et de la physionomie s'adaptant merveilleusement à la pensée, soit qu'il parle aux hommes, soit surtout qu'il s'adresse aux enfants! J'oserais même dire qu'il se met d'une façon absolument parfaite à la portée de ces derniers. Vous tous qui l'avez entendu tonner de sa forte voix, dans la chaire de la cathédrale, contre les prévaricateurs de l'ordre divin et social, vous seriez-vous douté qu'il savait tirer de son cœur des accents capables de faire pleurer les enfants?

» Rien d'étonnant à cela pour quiconque n'ignore pas que le cœur de l'apôtre doit être, comme celui de saint Paul, la reproduction du cœur de Jésus-Christ. Apôtre, M. l'abbé Garnier l'est dans toute la force du terme. Se dépenser sans calculer, telle est sa devise; et quand certains journaux affirment qu'il lui arrive de parler jusqu'à quinze fois par jour, ils n'outrepassent nullement la vérité. Il est resté cinq jours à Beauvais, et, durant ce laps de temps, il a trouvé le moyen de visiter écoles, pensions, usines, partout de parler; de faire, en outre, des conférences aux femmes, aux hommes, aux enfants, d'une durée moyenne de une heure à une heure et demie; de faire chaque soir la lecture spirituelle au grand séminaire, et une fois au petit séminaire de Saint-Lucien ; de réunir, après les conférences du soir, dans quelque chapelle de la Cathédrale, vers neuf heures et demie, les jeunes gens et les hommes pour les grouper d'une façon durable, et d'aller, entre deux réunions, jusqu'au village de Ferrières (près Maignelay), pour évangéliser les usines.

« Il est juste de relater ici l'accueil bienveillant que l'abbé Garnier a reçu dans toutes les usines qu'il a visitées ; dans toutes, de quelque esprit qu'on les dit animées ; dans certaines même, les directeurs ont fait arrêter les métiers, grouper les ouvriers dans un atelier, pour qu'ils entendissent la parole du vaillant missionnaire, et je dois dire, à leur honneur, que cela se passait dans des usines que la voix publique accusait de dispositions les moins cléricales.

« Tant il est vrai que tous, sans distinction de parti, savent rendre hommage au dévouement de l'abbé Garnier, je n'en veux pour preuve que cette appréciation du journal républicain l'*Indépendant de l'Oise*. Je la reproduis avec bonheur :

« Les conférences de l'abbé Garnier sur la situation économique de la classe ouvrière en France attirent chaque jour à la cathédrale une foule nombreuse. L'orateur n'est pas à dédaigner ; il a le timbre sonore, le geste énergique, sa pensée a de l'ampleur, son argumentation est serrée ; il possède à fond la statistique ; mais le socialisme chrétien, tel qu'il le préconise, ne soutiendrait pas toujours la discussion. Cependant, il y a beaucoup à retenir dans les leçons du prédicateur : outre qu'il est convaincu, il a beaucoup vu, beaucoup entendu et, partant, beaucoup appris. Son auditoire a été fort nombreux à ses deux premières conférences.

» On ne saurait trop recommander aux ouvriers de notre ville d'aller écouter sa parole vibrante; car, malgré la température un peu basse de la cathédrale, on n'en a pas moins le cœur échauffé par les bonnes paroles entendues en faveur de ceux qui souffrent. — *Un assistant.* »

» Est-il vrai que des catholiques, assurément en petit nombre, se sont plaints de ce qu'ils appellent l'âpreté de certaines paroles? Ils ont reproduit, sans doute à leur insu, le *durus est hic sermo* des Juifs. Il est vrai que si Jésus-Christ revenait ici-bas et, armant son bras du fouet vengeur, flagellait tous ceux qui trafiquent et abusent de la Religion, ils crieraient encore plus fort. L'Evangile est l'Evangile; et M. l'abbé Garnier ne peut pas, plus que d'autres, faire une édition corrigée et considérablement diminuée du Livre-Saint, à l'usage de nos chrétiens modernes. Si la blessure leur a été cuisante, elle ne leur en sera que plus profitable, s'ils le veulent bien. »

Je n'ai rien à retrancher à ces lignes. J'y ajouterais plutôt.

∴

Et maintenant, me dira-t-on quel fut le résultat de l'évangélisation de l'abbé Garnier à Beauvais?

Nous sommes, nous autres Français, de singulières gens. Nous transportons en tout et partout cette *furia* qui a fait notre universelle réputation. Prendre une ville d'assaut n'est pour nous qu'un jeu; s'agit-il d'entamer un long siège, notre valeur semble s'éteindre.

Cette importance du succès final s'est, maintes fois, manifestée dans le cours de cette période de luttes qui dure depuis plus d'un quart de siècle ; et j'entends parler ici des catholiques en général, comme de certains catholiques en particulier.

Nous jetons, le soir, une semence dans un terrain rocailleux, plein de ronces, depuis longtemps en friche, et nous sommes étonnés, stupéfaits, irrités que, le lendemain, la moisson ne soit pas arrivée à maturité.

Concrétisons cette réflexion.

Nous faisons venir un Orateur de renom, habile à saisir et à remuer les masses ; il parle, deux, quatre, dix fois, et court à d'autres peuples ; nous lançons à profusion un journal dans nos populations, pendant des semaines, des mois. Aussitôt l'orateur parti ou le journal distribué, nous regardons, anxieux ; nous n'apercevons pas immédiatement les fruits de la parole écrite ou parlée, et nous en concluons... qu'il n'y a rien à faire, quand nous ne rejetons pas la faute de cet insuccès — ou prétendu tel — sur l'orateur ou le journal.

Mon Dieu ! oui, j'ai entendu dire parfois qu'il ne restait rien — on le croyait du moins — du passage de l'abbé Garnier. On l'a dit d'autres aussi.

Qui ne connaît cette scène des Évangiles ? L'ange descend dans la fontaine qui se trouve sous le portique du temple ; il remue l'eau, et le premier malade qui se jette dans la piscine ainsi agitée est guéri. Or, il se trouva un pauvre paralytique qui, depuis sa naissance ou presque, gisait près de la fontaine et n'était pas guéri, parce que son infirmité le retardant, il était toujours devancé par quelque autre qui bénéficiait du passage de l'ange. « Je n'ai personne pour me porter », dit-il à Jésus. Et Jésus le guérit.

La comparaison que je veux faire suit d'elle-même.

Comme l'ange, l'abbé Garnier passe dans les villes, les campagnes, y crée cette agitation salutaire, ce mouvement régénérateur dont peuvent profiter les populations. Certaines en profitent immédiatement. Mais combien d'autres restent gisantes sur les chemins, et pourquoi? Eh! tout simplement parce qu'il n'y a pas là, auprès d'elles, l'homme qui les fasse bénéficier de l'agitation créée.

Mon langage, je crois, est assez facile à comprendre sans qu'il soit plus amplement expliqué.

Si vous le voulez encore : l'abbé Garnier jette la semence. A ceux qui restent, de lui préparer d'abord le terrain, d'éloigner ensuite l'homme ennemi qui sèmerait l'ivraie, d'arroser, de sarcler, de faire enfin comme le cultivateur qui veut avoir une bonne récolte, de ne point ménager sa fatigue et ses sueurs.

J'ajoute qu'il ne faut pas être trop impatient. Nous traçons les sillons, nous jetons la semence : d'autres viennent après nous qui récolteront. Parfois, la graine enfouie semble morte ; mais, plus tard elle produira un grand arbre. Nos petits-neveux croiront que ce fut un germe déposé au hasard, alors qu'il l'aura été par nous, et qu'on l'aura oublié.

Et puis, enfin, voudrions-nous que notre parole fût plus fructifiante que celle du Christ? Combien n'en a-t-il pas, Lui, jeté de ces mots divins aux quatre vents de la Judée, et qui n'ont pas porté de fruits?

.·.

Je reviens au séjour de l'abbé Garnier à Beauvais. Fut-il inutile? Eh bien! non.

Sans doute, toutes les œuvres qu'il a préconisées pour la régénération religieuse et sociale n'ont pas subsisté, il s'en faut même. Mais à qui la faute? Aux gens et aux choses, comme toujours.

L'abbé Garnier avait insisté sur l'observation du dimanche par les commerçants et les industriels. On se mit à l'œuvre ; mais on échoua devant les fins de non-recevoir d'un notable commerçant catholique (?) qui ne voulut pas fermer son magasin. Les autres, de moindre importance, refusèrent aussi, naturellement, tandis qu'ils auraient suivi s'il avait commencé. C'était, du reste, convenu.

Une conférence de jeunes gens fut fondée. Elle tomba faute de direction. Mais, parmi ceux qui en firent partie, et que je n'ai pas perdus de vue, je vois un père de famille, industriel honnête et foncièrement catholique, qui s'est dévoué pour les œuvres ; un autre est devenu Frère de Saint-Vincent-de-Paul ; un troisième a continué ses études littéraires et a conservé des sentiments très chrétiens. Croit-on que la parole de l'abbé Garnier fut sur eux sans influence?

Le passage de l'abbé Garnier fit naître un bureau des œuvres, ainsi qu'il appert de cet extrait du *Bulletin religieux* : « A la suite des prédications de M. l'abbé Garnier, Monseigneur a décidé la création d'un bureau diocésain pour promouvoir et aider les œuvres diocésaines et l'action religieuse parmi nous (1). » Ce bureau diocésain, après quelques tâtonnements et malgré l'hétéroclicité forcée de sa composition, était appelé à rendre de grands services, lorsqu'il tomba à la suite de la mort de Mgr Péronne, en février 1892.

(1) *Bulletin religieux de Beauvais*, 7 mars 1891.

Mais ce fut surtout la diffusion des bons journaux qui reçut un vigoureux élan. C'était une des grandes forces de la propagande. M. l'abbé Garnier l'avait bien compris ; aussi ne se passait-il pas de réunion sans qu'il recommandât avec énergie la presse catholique et la *Croix* en particulier. On peut dire que, à Beauvais, comme partout d'ailleurs où il a passé, la *Croix* lui a dû le meilleur de son succès. Le mouvement créé par l'abbé Garnier fut continué, avec une persévérance digne des éloges de tous, par un ancien percepteur qui consacra à cette œuvre tout son temps et le reste de ses forces.

La *Croix*, c'était très bien, mais elle ne suffisait pas à nos ouvriers et à nos paysans qui trouvent, dans les nouvelles locales, un charme que tout provincial sait apprécier. Comment faire ? Nous nous entendîmes avec le *Journal de l'Oise* — c'était tout naturel, puisque c'était le meilleur et que j'en étais — et nous le fîmes distribuer avec la *Croix* au prix de *cinq centimes les deux*. Nous eûmes un certain succès ; la chose marcha bien pendant quelque temps, mais ne pouvait toujours durer, vu les allures monarchiques du *Journal de l'Oise*.

C'est alors que Mgr Péronne songea, d'une façon plus positive, à la fondation d'un journal qui répondît davantage aux vues du Souverain Pontife.

*
* *

On a pu voir, dans cette rapide esquisse, quelques traits du rôle de l'abbé Garnier. Je ne serais pas complet, si je n'ajoutais ceci :

Un des premiers, l'abbé Garnier a montré, par un exemple incessant de chaque jour, que la lice où se traitent les questions vitales des peuples n'est pas et ne doit pas être fermée au clergé. Il a montré par sa parole, par sa plume, que le prêtre, autant et mieux qu'un autre, pouvait se mettre au courant de la science sociale contemporaine et s'en servir pour le plus grand bien des âmes. Il a fait voir le premier sa robe noire dans les clubs de Paris et d'ailleurs, et les ouvriers, étonnés d'abord, l'ont ensuite accueilli avec joie, regrettant que le prêtre ne se mît pas davantage en contact avec eux.

Bref, il a commencé, en prenant pour lui les fatigues et en consentant à recevoir les horions d'une presse inique, à battre en brèche ce préjugé implanté chez tous les francs-maçons et chez quelques catholiques pour diverses et différentes raisons : « que le prêtre doit rester confiné dans ses sacristies et ne peut paraître au grand jour des questions modernes ».

Grâce à lui, il appert aujourd'hui que la religion catholique n'est pas bonne seulement pour *les dévotes*, mais aussi qu'elle est utile aux peuples en tant que nations vivant sur cette terre, ce qu'on avait un peu trop oublié.

Depuis, d'autres l'ont imité, l'ont suivi. Ils ont mis au jour certains points qu'il avait laissés dans l'ombre, ils ont tracé des sentiers qu'il n'avait pas indiqués, mais c'est à lui que tous doivent, en grande partie, de pouvoir faire ce qu'ils font. Il a été l'initiateur.

Celui qui, dans l'histoire de la défense religieuse et sociale à la fin du dix-neuvième siècle, ne ferait pas à l'abbé Garnier une place très large, ne serait ni dans la justice, ni dans la vérité.

CHAPITRE VII

DE LA FONDATION D'UN JOURNAL DE COMBAT

On m'avait dit : « Marchez ! » Je marchais.

Lorsque l'on est jeune, on ne doute de rien ; on ne doute même de personne. Nous avons, nous autres prêtres surtout, dans ceux qui sont au-dessus de nous et ont le droit de nous commander, une confiance illimitée. Comme saint Pierre à la parole du Christ, nous jetons nos filets, sur l'ordre de nos chefs. C'est la loi, c'est juste, c'est parfait.

Cependant, oserais-je bien dire que, parfois, un peu de prudence humaine ne messiérait pas ; qu'il serait bon de faire plus souvent appel à ce *rationabile obsequium*, à cette obéissance raisonnée dont parle saint Paul? Car, il ne faut pas oublier que nul homme n'est immuable dans ses idées, hélas ! ni surtout que nul homme n'est immortel. Pierre donne des ordres dont Jacques son successeur se hâtera d'arrêter l'exécution et tous deux, n'en doutons pas, auront en vue, ce faisant et faisant des choses contraires, de réaliser le plus grand bien possible.

Aussi, avant d'obéir, — en certains cas s'entend —

ferait-on bien d'envisager, comme l'on dit, le pour et le contre, et de se mettre en garde contre les changements et la mort.

Pour moi, je pense souvent à ce vieux dicton picard dont j'aurais dû tenir plus grand compte : « *Gins de Beauvais, avant de casser vos ués (œufs), taillez vos mouillettes.* » C'est-à-dire, avant d'entreprendre quelque chose, prenez vos précautions. »

∴

Le 19 août 1891, il se tint à l'évêché de Beauvais un conseil extraordinaire auquel j'assistai. Les principaux membres du clergé de la ville étaient présents, et Mgr Péronne lui-même présidait.

On y décida la fondation d'une sorte d'école professionnelle de garçons et la création d'un journal.

J'emprunte au procès-verbal officiel du conseil épiscopal ce qui concerne le journal.

... « A cette œuvre (l'école professionnelle) on adjoindra la création d'un journal, la *Croix de l'Oise*, dont le programme, calqué sur les paroles de S. S. Léon XIII, est adopté unanimement, et qui aura son imprimerie propre dans le patronage.

» A ce sujet, Monseigneur démontre la nécessité de l'action catholique sociale qui devra se traduire, plus tard, au point de vue religieux, par des élections chrétiennes. C'est pour atteindre ce but que Monseigneur déclare ne pouvoir, ni en conscience, ni en justice s'opposer à la fondation d'un journal catholique *avant tout*, qui descende plus que le *Journal de l'Oise*, catholique *après tout*, dans les masses ouvrières.

» Après la démonstration de la nécessité d'un journal exclusivement catholique, de combat, et avant même d'examiner le mode et les moyens d'exécution de ce projet, on a fait observer qu'en supposant qu'on ne réussisse pas dans l'entreprise, la religion n'aura pas à souffrir de l'essai.

» ... La rédaction sera confiée à M. Fesch, mais en lui créant une position indépendante. On ne se dissimule pas qu'il y aura une vraie conjuration contre lui, qu'un prêtre en exercice serait trop discuté et qu'il est indispensable qu'il ne fasse plus partie du clergé paroissial dont les fonctions, du reste, sont incompatibles avec celles de journaliste. Il a été décidé que M. Fesch donnerait sa démission de vicaire pour rester prêtre habitué à la cathédrale et remplirait toutefois son ministère jusqu'à son remplacement, sans négliger non plus le « Bulletin religieux (1). »

C'est à la suite de ce conseil que l'apparition de la *Croix de l'Oise* fut fixée au 14 septembre suivant, et qu'une circulaire fut envoyée au clergé. Elle était signée par un des vicaires généraux, président du comité, et les adhésions devaient lui être adressées personnellement.

Elle était ainsi conçue :

« Sa Sainteté Léon XIII, écrivant aux évêques de l'empire d'Autriche, s'exprimait ainsi le 3 mars dernier : « Une foule de journaux sont au service de nos ennemis, qui, grâce à leurs richesses, les propagent

(1) M. Jean de Bonnefon s'appuyait donc sur des renseignements erronés, lorsqu'il écrivait dans l'*Eclair* du 27 décembre 1894 : « M. Fesch, vicaire de la cathédrale de Beauvais, fut mis à la tête de la *Croix de l'Oise*, journal qui ne défendait pas la politique du Pape; au contraire. » Eh! c'est justement parce que nous suivions la politique de Léon XIII que la *Croix de l'Oise* et son rédacteur furent si violemment attaqués.

plus facilement et en plus grand nombre. Il est donc absolument nécessaire, pour lutter à armes égales, d'opposer les écrits aux écrits; ainsi l'on pourra repousser les attaques, dévoiler les perfidies, empêcher la contagion des erreurs et persuader le devoir et la vertu. C'est pourquoi il serait salutaire et convenable que chaque contrée possédât ses journaux particuliers, qui seraient comme les champions de l'autel et du foyer, institués de façon à ne s'écarter jamais du jugement de l'évêque avec lequel ils s'appliqueraient à marcher justement et sagement d'accord; le clergé devrait les favoriser de sa bienveillance et leur apporter les secours de sa doctrine, et tous les vrais catholiques les tenir en haute estime et les aider suivant leurs forces et leur pouvoir. »

» Il n'est personne, en France, qui ne soit intimement convaincu de la vérité de ces paroles du Souverain Pontife, et de la nécessité de les mettre en pratique. Aussi, de tous côtés, s'est-on empressé de propager un vaillant petit journal, *La Croix*, qui lutte avec le plus grand succès contre les feuilles impies de la franc-maçonnerie et de la libre-pensée.

» On a regretté cependant, et non sans raison, que *La Croix* ne contînt pas assez de nouvelles particulières à chaque pays ; aussi, dans beaucoup de diocèses, lui a-t-on adjoint un supplément local. C'est ce que nous nous proposons de faire en publiant la *Croix de l'Oise*.

» Nous n'aurons garde d'oublier, que, suivant la parole de S. Em. le cardinal Rampolla, l'Eglise catholique n'a rien, ni dans sa doctrine, ni dans sa constitution, qui répugne à une forme quelconque de gouvernement. Nous nous rappellerons, avec l'illustre archevêque de Paris, que le pays a besoin de stabilité gouvernementale et de liberté religieuse et que les catholiques doivent apporter un loyal concours aux affaires publiques.

» Nous envisagerons toutes choses à la claire lumière de la foi catholique, nous mettant au-dessus de tous les partis politiques, respectant toutes les opinions justes et respectables, mais défendant énergiquement, suivant l'expression de Léon XIII, l'autel et le foyer.

» Nous espérons, monsieur le Curé, que vous nous aiderez dans la diffusion d'un journal qui ne peut être que d'une grande utilité à votre ministère et à la religion.

Pour le Comité de la *Croix* :
Le Président,
H. BLOND,
Vicaire général.

∵

On aura sans doute remarqué, à certaines expressions du procès-verbal du Conseil épiscopal, que mes supérieurs ne se dissimulaient pas la violence des attaques auxquelles j'allais être en butte. Ce fut, de fait, une « vraie conjuration » qui s'ourdit contre le journal d'abord et contre son rédacteur ensuite.

J'ai déjà expliqué dans un chapitre précédent combien est dure pour les journaux de province la lutte pour la vie.

Je me présentais, officiellement envoyé, afin de prendre part, si j'ose m'exprimer ainsi, à un festin déjà bien exigu; ma portion devait être faite de la portion des autres. Il fallait donc empêcher d'arriver cet intrus qui, certes, on le savait, était décidé à jouer des coudes; les convives se resserrèrent et donnèrent tous ensemble de la voix. Eh! mon Dieu! qui donc saurait leur en vouloir? Que l'on se mette à leur place.

De plus, il ne faut pas oublier que l'on était à l'origine de la politique du « Ralliement », et certains journaux réfractaires de Paris donnaient le *la* à leurs succédanés de province. C'est ainsi que le *Moniteur de l'Oise* (déjà nommé) et l'*Ami de l'Ordre* se mettaient au diapason de l'*Autorité*, tandis que l'*Écho de l'Oise* suivait volontiers la mesure battue par la *Gazette de France*. Quant au *Journal de l'Oise*, il gardait le silence.

Ils commencèrent sur un ton modéré: « Il est certain, disait l'un, que l'apparition de la *Croix de l'Oise* est de nature à jeter encore la désunion dans les rangs catholiques et royalistes. Quel vent souffle donc en ce moment? Tout cela est-il sage, politique et chrétien? » Un autre accentuait : « La création de la *Croix de l'Oise* est une injure gratuite faite à la presse conservatrice tout entière du département, et c'est de plus une insigne maladresse. Nous ne sommes pas les seuls à penser ainsi. »

Tandis que les journaux adverses parlaient ouvertement, leurs partisans écrivaient. Ce que j'en ai reçu des lettres anonymes!

D'autres s'adressèrent à la *Croix* de Paris ; évidemment, ils signèrent, puisque la *Croix* jugea bon de s'émouvoir de ce qu'ils dirent. Comme nous devions être supplément à la *Croix* de Paris, on fit des tentatives pour que, de ce côté, on nous arrêtât.

Voici, en effet, la lettre que je reçus du secrétaire de ce vaillant petit journal :

« Après la conversation que vous avez eu dernièrement avec le R. P. Bailly et les déclarations si loyales que vous lui avez faites, de donner au supplément du journal *la Croix* de Paris pour l'Oise l'allure d'un véritable supplément, c'est-à-dire de vous borner aux nouvelles locales et de suivre la politique générale de l'œuvre qui est catholique avant tout, sans s'occuper de favoriser l'un ou l'autre parti, nous croyons de notre devoir, et en même temps nous pensons à vous rendre service en vous mettant au courant de ce qui se dit relativement à vos projets.

» On nous met en garde contre la création d'un journal quotidien à quatre pages pour Beauvais. On prétend que vous ne pourrez pas arriver à alimenter un journal qui débute dans des conditions aussi vastes.

» On remarque que votre circulaire, tout en annonçant que la *Croix de l'Oise* sera un supplément de la *Croix* de Paris, présente néanmoins le nouveau journal comme devant être une publication générale.

» Dans ces conditions, nous dit-on, la *Croix de l'Oise* court à un échec. Diviser les forces catholiques, c'est courir volontairement le risque de se faire battre en détail. Une chose manque à la *Croix*, de Paris, dans les départements : ce sont des nouvelles locales. Les suppléments doivent se borner à cela. Ils auront là une matière à fournir.

» Nous ne vous eussions pas écrit à ce sujet, monsieur l'abbé, si les observations qui précèdent étaient isolées. Mais comme elles nous parviennent de différents côtés, nous pensons ne pouvoir mieux faire pour leur imposer silence que de vous demander de nous confirmer les déclarations que vous nous avez faites de vive voix. »

Comme il est facile de reconnaître, à travers les phrases de cette lettre aux contours arrondis et ouatés, les objections qui étaient faites par les journaux ! On eût voulu que nous ne fussions qu'hebdomadaire, que nous nous en tinssions absolument aux vols de lapins et aux chiens écrasés. Mais, alors, comment aurions-nous pu lutter contre les journaux francs-maçons, qui étaient quotidiens et ne se gênaient pas pour faire de la politique générale ? C'était mourir avant de naître ; au surplus c'était ce que l'on voulait.

.·.

Malgré toutes les mauvaises fées qui entouraient son berceau, la *Croix de l'Oise* naquit le 14 septembre.

Dès son premier numéro, je reçus de mon évêque, Mgr Péronne, la lettre suivante :

« Beauvais, le 13 septembre 1891.

» Mon très cher abbé,

» C'est de grand cœur que je vous accorde la bénédiction la plus large et la plus paternelle pour l'œuvre que vous entreprenez, œuvre que j'appelle sans crainte *l'œuvre de Dieu*, parce qu'elle a pour but d'établir son règne sur la terre, *adveniat regnum tuum*.

» C'est par la *Croix* que ce règne s'est établi, c'est par la croix qu'il reprendra toute son extension, qu'il pénétrera partout où l'impiété et les efforts réunis de la Franc-Maçonnerie cherchent à supprimer et à détruire ce signe auguste de la Rédemption et des victoires que N. S. J. C. a remportées sur le démon, *Regnavit a ligno Deus*.

» Je vous envoie ci-joint le montant de mon abonnement annuel à la *Croix de l'Oise* (1).

» Recevez, mon cher rédacteur, tous mes encouragements et l'assurance de mon affectueux dévouement.

» Joseph MAXENCE,
» *Ev. de Beauvais, Noyon et Senlis.* »

Je n'avais aucun motif de publier cette lettre en ce moment. On savait pertinemment que je n'agissais pas sans ordre ; cela me suffisait.

Cela suffisait aussi à ceux que la *Croix de l'Oise* gênait pour différentes raisons. Je ne parle pas ici des journaux radicaux contre qui nous marchions, et qui haussèrent de quelques notes, ma foi je pourrais dire de quelques gammes le ton de leurs diatribes ; je parle des journaux prétendus conservateurs et dont j'ai plus haut donné les noms.

Après avoir déblatéré sur un mode qui recevait les félicitations et les encouragements des Francs-Maçons, contre l'entrée du prêtre dans la vie publique, ils en vinrent à des attaques personnelles. Ils se gênèrent d'autant moins que leur polémique était à double fin. Au fond, ce n'était pas à mon humble personne qu'ils en voulaient ; c'était à mon évêque, le promoteur de l'œuvre. Mais le prendre à partie, face à face, c'était un peu osé de la part de journalistes qui voulaient continuer de se poser en défenseurs de la religion et qui criaient très fort que c'était une injustice de leur contester ce rôle. Leurs coups étaient d'autant plus fréquents et violents qu'ils devaient m'atteindre tout le premier, et par choc en retour, mon supérieur.

(1) A la lettre, était joint un billet de cent francs.

Deux ou trois fois à peine j'y répondis et je terminai enfin par cette phrase :

« Une charge plus haute que ma défense personnelle m'a été confiée; je n'y faillirai pas, malgré les menaces, les insultes ou la calomnie ».

Et je ne m'occupai plus d'eux, quoiqu'ils continuassent leur conjuration (1).

*
**

Ce n'est pas une mince besogne que de lancer un journal, même en province. — Il ne suffit pas, en effet, de le rédiger, il faut le faire accepter, lire, acheter. La chose est plus malaisée encore, lorsqu'il s'agit d'un journal de combat, dont la diffusion peut apporter, à ses propagandistes, des horions de toutes sortes.

Naturellement, notre premier zélateur devait être le curé de chaque commune.

Mais on ne peut s'imaginer quels obstacles d'inertie, d'indifférence il lui faut vaincre — en lui-même quelquefois — plus souvent dans les autres chez qui on rencontre, de plus, la mauvaise volonté.

Un an auparavant, alors qu'il ne s'agissait pas encore d'un journal catholique local, un curé plein d'ardeur voulant combattre l'influence des mauvais

---

(1) Que sont devenus aujourd'hui ces fougueux royalistes ou bonaparto-boulangistes? Le *Moniteur de l'Oise* est la propriété de notre charmant confrère de la *Liberté*, M. Avonde, qui en a fait un journal républicain modéré; l'*Ami de l'Ordre*, qui voyait dans le « Ralliement » le germe de toute anarchie religieuse et sociale, est lui-même rallié. L'*Echo de l'Oise*, qui demandait à Mgr Péronne de réfréner mon zèle néo-républicain, est aujourd'hui un défenseur de la politique de Léon XIII. Tous ont fini par où j'avais commencé... Mais alors ?... Ah! oui, mais les temps changent comme les hommes et avec eux, et la force des choses et des idées finit bien par toujours l'emporter.

journaux exposait ainsi les difficultés qu'il rencontrait :

« Depuis plusieurs mois, je songe à répandre la *Croix* dans ma paroisse qui offre des chances de succès. J'en parle à plusieurs confrères, et loin de trouver un seul encouragement, je ne récolte que des objections dont plusieurs sont pitoyables, comme celle-ci : Rien n'arrive sans que *Dieu le veuille ou le permette*... Nous sommes des *serviteurs inutiles*, Dieu n'a pas besoin de nous... Dans ces sortes de questions, l'amour-propre est toujours engagé, donc ne faisons rien... L'œuvre de la bonne presse peut réussir dans les villes, dans les campagnes il n'y a rien à tenter... Les lecteurs d'un mauvais journal aiment et dévorent les romans *salés*, la *Croix* ne saurait en présenter de semblables, donc, rien à faire, etc., etc.

» A mon avis, continuait le bon curé, au fond de toutes ces objections et oppositions il en est une autre que l'on n'ose pas toujours formuler. La voici : pour essayer d'opposer le bien au mal, de défendre les intérêts de Dieu et des âmes, il ne faut pas avoir peur de se compromettre ; au besoin il faut savoir risquer son supplément de traitement, en cas d'insuccès, sans souci des principes, il faut consentir à passer pour un imprudent, pour une tête brûlée ; peut-être même faut-il s'attendre à un blâme de la part de ses supérieurs... »

Qui ne reconnaîtra, dans les objections présentées en premier lieu, celles qui ont été faites souvent, quand nous avions l'audace de gourmander certains hésitants ? Combien exactes, aussi, sont-elles les raisons alléguées en second lieu. Et ce n'est pas dans l'Oise seulement que tout cela est réel !

Il faut dire, comme circonstances atténuantes, que les braves curés ne sont pas toujours libres de faire ce que leur zèle leur commanderait. Ils sont à la merci d'un maire radical, d'un instituteur avancé, du conseiller général franc-maçon, du député révolutionnaire ; or, pour tous ces gens-là vouloir propager un journal catholique est un crime.

Dans la circonstance, néanmoins, il est une objection qui, si elle est parfois valable en certains endroits, ne l'était plus chez nous : à savoir le blâme de la part des supérieurs.

Ceux-ci, au contraire, qui avaient fondé l'œuvre, ne négligeaient rien pour la propager.

C'est ainsi que Mgr Péronne recommandait la *Croix de l'Oise* d'une façon officielle au clergé du diocèse, dans une lettre dont je reproduis le passage relatif à ce sujet. La lettre était adressée aux Doyens :

« Beauvais, le 17 septembre 1891.

»... Nous profitons de cette occasion pour vous prier, monsieur le Doyen, ainsi que messieurs les curés de votre doyenné, de vouloir bien favoriser de tout votre pouvoir et de toute votre influence la propagation du journal catholique qui vient de paraître à Beauvais, sous le titre de *Croix de l'Oise*, supplément à la *Croix de Paris*.

» Ce journal, fondé pour défendre exclusivement les grands intérêts catholiques si violemment attaqués aujourd'hui, n'est inféodé à aucun parti politique. Il les respecte tous dès lors qu'ils sont honnêtes, mais il est avant tout et par-dessus tout un journal catholique et ne se propose qu'une chose : seconder dans le diocèse le grand mouvement de défense catholique qui s'organise dans toute la France.

» Il a pour but de descendre dans les masses et de lutter contre les publications impies et obscènes qui vont porter tous les jours les poisons de l'athéisme et de l'infection morale jusque dans les derniers hameaux du diocèse. »

Ces appels ne restèrent pas sans réponse. Les adhésions m'arrivèrent, non pas unanimes, mais nombreuses. Je reçus une foule de lettres m'apportant des encouragements, des offres d'aide, des protestations de dévouement, des conseils, que sais-je encore? Bien curieuses elles sont, certaines tout au moins, dans l'idée qui les a suggérées et que je ne cherche pas à deviner; on serait étrangement surpris de voir, en fin de celles-là, les signatures de gens qui depuis... mais alors... A quoi bon les donner? On remarquera que, dans ces lignes, je ne défends personne, pas même moi; je n'attaque personne, pas même ceux qui m'ont abandonné ou attaqué. Je raconte, pour l'édification et l'instruction de ceux qui seraient tentés d'affronter par la suite les mêmes chemins; les noms importent peu, par conséquent : les idées seules ont de la valeur.

Mais, quel singulier baromètre — et bien variable — que l'esprit de l'homme!

Dans certain coin du département, ils furent dès l'abord, comme l'on dit, tout feu tout flamme; pour un peu il eût fallu faire pour eux une édition spéciale. « Allez de l'avant, m'avait-on écrit de là-bas; nous vous soutiendrons! » Je partis de l'avant, avec les documents que l'on me fournissait, et qui ne faisaient pas défaut. Le terrain était d'ailleurs favorable. La polémique marchait, et la propagande aussi. Mes adversaires écumaient et s'en prenaient à moi de la virulence des attaques que souvent je ne faisais pas moi-même, mais dont naturellement, en ma qualité de rédacteur en chef, j'endossais la responsabilité.

Tout à coup, ordre d'arrêter le feu. « Cessez, me dirent mes correspondants; en haut lieu, chez nous, on trouve que l'on va trop loin... Supprimez tout... Ne parlez plus de notre pays que pour enregistrer les actes de l'état civil et les faits divers... Et encore... faites bien attention que dans la rédaction des vols de lapins, rien ne puisse insinuer que nos *grosses légumes* civiles... etc., etc. » Et patati... Et patata...

D'où venait ce revirement si soudain? L'explication m'en fut bientôt fournie.

L'administration municipale du pays — mettons que c'était l'administration municipale — dont le chef avait des visées législatives, ahurie, agacée de voir ainsi dévoiler ses actes de partialité ou d'injustice, ne trouva rien de mieux que de s'en prendre au curé. En le dénonçant? En l'attaquant? Que non pas, au contraire, en le mettant dans son jeu. Et comment cela? On lui fit espérer du ministère des cultes un secours pour son église, et on lui fit entendre qu'il serait gentil, mais là, bien gentil, d'essayer, par ses influences, de faire mettre une sourdine à la polémique de ce journal qui... que... dont... Et voilà pourquoi l'on m'écrivit ce que j'ai dit plus haut. Je dois ajouter que le secours promis fut accordé (1).

Dire que cela m'étonne outre mesure, serait exagéré. Néanmoins, je ne puis pas m'empêcher de songer à ces temps héroïques où les évêques et les pasteurs

(1) Le moyen, paraît-il, avait du bon, car il fut employé, avec même succès, dans une autre région.

vendaient jusqu'aux vases sacrés pour racheter les captifs de l'esclavage.

Mais, ce ne fut là qu'un épisode particulier. Presque partout ailleurs il en alla autrement. Curés et vicaires se mirent à l'œuvre et payèrent de leur personne, de leur bourse. C'est justice à leur rendre.

Et combien étaient pauvres pourtant !

Le fait le plus caractéristique se passa dans une région ouvrière dont la réputation, au point de vue religieux, est assez mauvaise : je veux parler de Creil, Montataire et Nogent. Le milieu, on l'avouera, n'est guère propice à la propagation des idées soutenues par la *Croix*. Le clergé, qui certes s'y dépensa beaucoup, avait un brave homme, bon chrétien, qui voulut bien se consacrer à cette diffusion du journal catholique.

Il commença par le répandre parmi les Frères du Salut de ces pays — sorte de confrérie d'hommes. Puis il s'en vint frapper aux portes des maisons qu'il connaissait ; le cercle peu à peu s'agrandit, et il alla presque partout proposant la *Croix*. De sorte que la *Croix* qui, au commencement de septembre, n'avait là-bas que cent vingt-deux adhérents, comptait, en mars suivant, deux cent trente abonnés (1).

On avouera que c'était merveilleux, vu le pays. Mais, la propagande y avait été active, et l'on y avait mis en pratique le vieux et vrai dicton : « Aide-toi, le ciel t'aidera. »

.·.

J'arrêterai là ces traits relatifs à la fondation de notre journal de combat, la *Croix de l'Oise*. Les diffi-

(1) Au 9 mars 1892, il avait été distribué, dans ce pays, 27,065 numéros de la *Croix de l'Oise*.

cultés n'ont pas manqué, ni les adversaires. Mais c'était prévu. Ils vont encore augmenter, car à eux se joindront ceux dont j'ai déjà parlé, les peureux, les indifférents, voire même les envieux.

Quand, en effet, quelqu'un a de lui-même ou par ordre commencé une entreprise, il n'est point rare de voir surgir autour de lui des gens que cela gêne ou ennuie. L'attaquer! leur malice ne va peut-être pas jusque-là. Mais ils guettent le moment, ils l'espèrent, où le novateur, le lutteur, dans son esprit d'aventure, pourra faire quelque faux pas, choir ou déchoir. Comme les fils des Prophètes, quand l'ange ravit Habacuc dans les airs, ils se disent : « Allons voir si l'Esprit de Dieu ne le laissera pas tomber dans quelque vallée profonde! »

C'est bien humain, n'est-ce pas? Mais ce n'en est pas plus beau pour cela.

CHAPITRE VIII

AUX PRISES AVEC GUSTAVE-ADOLPHE HUBBARD
DANS UNE SALLE DE BAL

Il est rare qu'un parti n'ait à sa disposition, pour propager ses idées, qu'un homme, un seul homme ; le fait peut exister pour une période relativement courte, car si le parti a de la vie, si l'homme qui le représente a de la valeur, les prosélytes ne manquent pas de surgir au souffle chaleureux de sa parole.

Mais que, durant quelque dix ans, on ne voie et on n'entende, du Nord au Midi, de l'Orient au Couchant, que le même homme auquel les mêmes idées énoncées dans les mêmes termes donnent l'aspect d'un orgue de Barbarie qui n'aurait dans sa caisse qu'un seul rouleau ; qu'autour de cet homme nul ne se lève et ne l'accompagne pour le seconder dans la diffusion de la bonne parole, voilà qui est singulier et donne une piètre opinion de l'homme ou de la doctrine, à moins que ce ne soit des deux à la fois.

Il en est ainsi pour le parti révolutionnaire anticlérical. Lisez les journaux, aux approches des élections ; à part M. Léon Bourgeois, l'ancien ministre, que l'on entend depuis un mois ou deux (1), vous ne voyez, appelé de divers côtés par les anti-cléricaux, que M. Hubbard, député de Pontoise, l'homme du monde qui, selon un malveillant portrait, « s'évertue le plus ardemment à paraître quelqu'un ». De fond, point ; de talent, aucun ; de la facilité, beaucoup, mais de cette facilité spéciale que l'on appellerait volontiers du bagout. Il n'est pas étonnant qu'avec ce peu de moyens, il ne gagne guère de partisans à sa cause, à moins que l'anticléricalisme ne soit pas plus aujourd'hui un article d'importation qu'il n'était, autrefois, d'exportation, suivant le mot de Gambetta.

.·.

Le 1ᵉʳ décembre 1891, je reproduisais sans commentaires un article de la *Croix de Bordeaux*, commentant et louant l'acte courageux de l'abbé Naudet, faisant une conférence publique dans l'Alhambra. Il y était dit, entre autres choses : « Puisque le peuple ne va pas au prêtre, que le prêtre aille au peuple. »

Les journaux francs-maçons daubèrent sur cette théorie et annoncèrent qu'ils ne seraient pas surpris de me voir, moi aussi, bientôt, dans une salle de bal ou de théâtre, « parler politique ou commenter l'Evangile ». Je considérai l'invitation comme une de ces mille choses que l'on dit dans un journal et auxquelles on ne pense plus le lendemain.

Mais, dès le commencement de janvier 1892, les mêmes journaux annoncèrent, à grand renfort de réclame, pour le 7 février suivant, une conférence

(1) Ceci était écrit au mois de janvier 1893.

publique ayant pour sujet : « *Quirinal et Vatican. Le péril clérical,* » par M. Hubbard, député de Seine-et-Oise. Pendant un long mois que dura l'annonce, ils se gardèrent bien de m'inviter à venir prendre la parole. Pensez donc, il s'agissait de préparer les élections et ils n'avaient souci d'appeler chez eux quelque trouble-fête.

Ma décision, néanmoins, fut bientôt prise ; mais je la gardai absolument secrète. La veille seulement j'en parlai à mon unique collaborateur, un jeune homme qui m'aidait dans ma tâche avec un grand dévouement.

.·.

Il est différents motifs pour lesquels on s'en vient assister à une conférence : écouter, répondre ou faire du bruit. — Je mets immédiatement de côté les simples auditeurs.

Il en est qui prétendent que l'obstruction est la tactique la meilleure à employer envers un adversaire. « Empêchez-les de parler, disent-ils, c'est ce qu'il y a de mieux ! » Erreur profonde, à mon sens. Soit ; par vos clameurs ou le bruit, vous arriverez à imposer silence, à faire fermer la salle, aujourd'hui, sans que le conférencier, lui, ait pu ouvrir la bouche. Mais, demain, il prendra des précautions plus habiles, et vous en serez pour vos frais. Et ne craignez-vous pas qu'à leur tour ils n'usent du même procédé ? Si vous les réduisez au silence aujourd'hui, sous prétexte qu'ils prônent l'erreur, demain ils agiront ainsi envers vous qui voulez annoncer la vérité. Et alors, votre but est manqué.

Pour moi, je trouve plus loyal de laisser parler un adversaire, quelque opposées et violentes que soient ses opinions. Et il sera bien étonnant que si vous l'écoutez avec attention, il n'obtienne pas de ses partisans qu'ils vous rendent la pareille. Sans doute, il faut toujours faire la part des exceptions ; mais, en général, le fait est vrai. Et vous répondrez.

Et comptez-vous pour rien la force de la vérité ? On exagère trop l'influence de l'erreur : sa force vient de ce que l'on ne la combat pas assez, ni assez vigoureusement.

Dans un article où il s'occupe particulièrement de la liberté de la presse, Lacordaire émet des réflexions que l'on pourrait appliquer à la liberté de la parole. Il prétend que la liberté vaut mieux que tout, car la liberté c'est l'ordre voulu de Dieu. « Quoique l'ordre soit détruit par le libre combat de l'erreur contre la vérité, c'est ce combat même qui est l'ordre primitif et universel. Rien, dans les desseins de Dieu, n'a été accompli par voie de censure et tout l'a été par voie de répression. L'enfer n'existe que parce que la censure est impossible à Dieu même : il a préféré du moins, au régime de la censure, le régime de l'enfer. Car si l'enfer fait des damnés, il fait aussi des hommes et des saints, au lieu que la censure n'eût peuplé le monde que d'idiots immortels. » D'ailleurs, « il n'est pas vrai, dans aucun sens, que le mal soit plus fort que le bien, et que la vérité combatte, sur la terre, avec des armes dont l'inégalité ait besoin d'être réparée par le secours du pouvoir absolu... La vérité persécutée a triomphé partout de l'erreur protégée et triomphante : voilà l'histoire. Et aujourd'hui l'on vient nous dire que, si la vérité est réduite à combattre l'erreur par ses seules armes, en plein air, librement, tout est perdu. Insensés!... Les jours ne tuent pas les siècles; la liberté ne tue pas Dieu! (1) »

Tout cela me semble fort juste; mais aussi faut-il aller là où l'erreur est annoncée, afin de la combattre et de la réfuter.

Voilà pourquoi je suis allé assister aux conférences faites par des opposants, voilà pourquoi j'y suis allé seul. Au moins, j'étais sûr qu'aucun de mes amis n'enfreindrait l'ordre d'écouter en silence.

*
* *

Donc, le 7 février, au jour fixé, la conférence eut lieu, dans une immense salle qui contenait au moins 1,200 personnes, bien triées sur le volet radical et libre-penseur. A l'une des extrémités, le bureau et la tribune; à l'autre, l'entrée: il fallait donc traverser toute la salle.

J'arrivai; la salle était comble. A ma vue, les assistants restent pendant quelques secondes plongés dans une profonde stupéfaction; les conversations s'arrêtent... silence. Enfin, les bravos éclatent de tous côtés, et augmentent lorsque, parvenu auprès de la tribune, je m'assieds. Quelques instants après surviennent M. Hubbard, M. Boudeville, député de l'Oise, conseillers généraux, et d'autres personnages, journalistes radicaux compris. La conférence n'était pas contradictoire, je n'étais pas invité; aussi, me crus-je obligé de faire passer ma carte à M. Hubbard. Elle était ainsi libellée:

(1) *Avenir*, 12 juin 1831, *De la liberté de la presse*. Cf. *Lacordaire journaliste*, pages 41 et 234.

« L'abbé Paul Fesch, directeur du *Bulletin religieux*, rédacteur en chef de la *croix de l'Oise*, a l'honneur de demander à M. Hubbard l'autorisation de prendre, le cas échéant, la parole après lui. »

Je ne vous dépeindrai pas l'espèce d'ahurissement des membres du bureau quand ils eurent entre les mains ce bout de carton. M. Hubbard, lui, n'en manifesta rien. Il me chercha des yeux et me fit signe de la tête et de la main que c'était chose convenue.

M. Hubbard se mit à faire, sur le thème si connu du péril clérical, thème banal s'il en fut, des variations qui ne réussirent pas à lui donner un caractère nouveau d'originalité.

J'écoutai en silence, prenant des notes.

Quoiqu'ils aient dit que mon intervention leur faisait plaisir, ils essayèrent de me jouer un tour de leur façon pour m'empêcher de parler. A la fin du discours du conférencier radical, ils proposèrent une suspension de séance permettant aux auditeurs et au bureau de sortir de la salle. Vous voyez d'ici ce qui se serait passé. La salle évacuée et tout le monde dehors ou entré dans les cafés, personne ne serait revenu. Et j'eusse été, comme dit l'autre, obligé de croquer le marmot.

Je pris l'offensive. Le président n'avait pas encore achevé sa dernière phrase, que j'escaladai la tribune. « Messieurs, dis-je en substance, je n'ai à présenter que quelques brèves observations ; il est donc inutile de suspendre la séance, etc., etc. » Et je commençai.

Je ne reproduirai de ma riposte qu'une courte partie ; elle répond à ce que disait M. Hubbard du péril que fait courir à la République l'adhésion du clergé. Ces idées sont encore de saison. Je cite avec les interruptions.

« Je suis venu seul au milieu de vous, sans avoir qui que ce soit pour m'accompagner confiant dans la courtoisie des habitants de Méru ; et ma présence à la tribune prouve que je ne me suis pas trompé.

» On prétend parfois, même dans notre parti, qu'un prêtre ne peut pas, sans danger, se présenter dans une assemblée d'ouvriers ; j'ai tenu, pour ma part, à protester sans cesse contre ce que j'appelle une calomnie, car je suis intimement persuadé que l'ouvrier, quoi qu'on en dise, reste toujours et partout l'ami du prêtre.

» Je tiens d'abord à manifester à M. Hubbard combien je suis enchanté de son discours. Il nous prouve, en effet, que, nous les prêtres, le clergé, sommes une puissance avec laquelle il faut et il faudra compter... (*Bruyantes interruptions.*)

M. L'ABBÉ FESCH. — Mais laissez-moi donc expliquer ma pensée.

» Oui, le clergé est une force, une puissance avec laquelle il faut compter. Croyez-vous donc, en effet, que s'il n'en était pas ainsi, M. Hubbard userait son intelligence, épuiserait ses forces à aller du Nord au Midi, de l'Est à l'Ouest, faire des conférences sur un péril imaginaire? Croyez-vous qu'il voulût se donner le rôle ridicule de Don Quichotte partant en guerre contre des moulins à vent?

» Depuis un siècle, depuis vingt ans surtout on s'efforce de nous réduire à l'impuissance, de nous anéantir ; peine perdue, nous nous obstinons à vivre, à parler, à marcher ; et malgré les attaques et les efforts de nos adversaires, il en sera, grâce à Dieu, toujours ainsi : nous ne nous rendrons pas.

» J'en arrive, maintenant, messieurs, au discours

même de M. Hubbard. Débarrassé d'une foule de digressions où le temps limité qui m'est forcément accordé ne me permet pas de le suivre, on peut, ce me semble, le résumer ainsi :

» M. Hubbard a prétendu vous prouver que l'entrée du clergé dans la vie sociale moderne, dans la République, comme il dit, est, pour cette République, un péril au point de vue politique, au point de vue extérieur ou diplomatique, au point de vue social.

» M. Hubbard se trompe.

» Et d'abord, il a oublié de nous expliquer de quelle République il voulait parler.

» Entend-il, par là, la République de 93, la Révolution...

M. BOUDEVILLE. — Mais parfaitement.

M. L'ABBÉ FESCH. — La Révolution qui conduisait à l'échafaud prêtres et nobles, ouvriers et paysans? Veut-il nous ramener au règne de la guillotine?

» Entend-il par République une caste fermée à double tour à l'usage exclusif des libres-penseurs et radicaux, où l'on ne peut entrer qu'en montrant patte blanche ou plutôt patte rouge? (*Murmures prolongés.*)

M. VERMONT, *assesseur*. — Citoyens! laissez parler l'orateur; ayez la patience d'écouter avec calme des choses qui vous paraissent peu agréables. Croyez-vous que le prêtre n'a pas dû, lui aussi, tout à l'heure, en entendant M. Hubbard, faire des efforts pour se contenir? Soyez tolérants! (*M. l'abbé Fesch remercie M. Vermont et continue.*)

» Ces républiques-là, nous les repoussons, parce qu'elles sont le règne de l'oppression, de la tyrannie et du sang.

» Pour nous, nous entendons, par République, cette

forme de gouvernement qui est véritablement celui de la chose publique, accessible à tous, où tous peuvent prétendre, qu'ils portent la blouse de l'ouvrier comme vous, ou la soutane du prêtre comme moi, qu'ils aient reçu une simple instruction primaire comme beaucoup, ou fait des études relevées comme ces messieurs qui sont ici sur cette estrade; une forme de gouvernement où chacun ait la liberté de suivre, pour lui et pour les siens, les inspirations de sa conscience, où toutes les faveurs ne soient pas pour les uns et les persécutions pour les autres, où le nom de catholique ne soit pas, comme maintenant, une raison pour être insulté, la soutane du prêtre un prétexte pour être injurié. (*Longs murmures.*)

» Donnez-nous cette République, ce gouvernement de la chose publique, où règne la véritable liberté ; je connais suffisamment le clergé pour avancer qu'il ne refusera pas d'y entrer de plein cœur. (*Protestations.*)

» Ah ! oui, je sais bien que c'est là ce qui vous gêne. Vous ne voulez pas que le clergé y entre, et vous appelez cela le parti clérical. Vous affectez de douter de la sincérité de nos affirmations.

» Qui donc vous a donné le droit de nous insulter, de nous traiter de menteurs, d'hypocrites, de traîtres ? Nous disons tout haut : « Oui, nous donnons notre » adhésion à la forme actuelle du gouvernement ! » Pourquoi ne nous croyez-vous pas ! »

» Vous dites en ricanant que nous voulons embrasser la République pour mieux l'étouffer.

» Qui vous l'a dit ?

» Est-ce notre passé ?

» Mais notre passé est justement un sûr garant de l'avenir, car il vous dit que le clergé ne s'est jamais préoccupé de la forme gouvernementale et qu'il n'a jamais eu en vue que le bien de la Religion et des âmes.

» On veut nous faire un crime d'avoir prié pour tous les régimes : preuve irréfutable que nous n'en détestons et nous n'en combattons aucun. Pourriez-vous en dire autant, vous autres?

» Nous avons chanté le *Domine salvum fac imperatorem*, sous Napoléon Ier; est-ce nous qui l'avons jeté sur les rochers de Sainte-Hélène?

» Nous avons chanté le *Domine salvum fac regem*, sous Louis XVIII et sous Charles X; est-ce nous qui avons fait les journées de 1830 ?

» Nous l'avons chanté encore sous Louis-Philippe : est-ce nous qui avons élevé les barricades de 48 ?

» Nous avons chanté le *Domine salvum fac imperatorem* sous Napoléon III : est-ce nous qui avons suscité la guerre de 70 et la Commune de 71 ?

(*Violentes interruptions.*)

Un interrupteur. — Oui, c'est les curés qui ont fait la guerre et la Commune.

M. l'abbé Fesch. — Comment ! C'est nous qui avons fait la guerre ! A quoi pensez-vous donc, malheureux ?

» J'étais trop jeune, moi, pour prendre part à la défense de notre pays. Mais avez-vous oublié qu'une foule de séminaristes ont alors quitté le séminaire, armé leur bras d'un fusil et volé sur la frontière ; que d'autres en grand nombre ont servi dans les ambulances et en soignant les blessés, sont, comme les premiers, tombés sur les champs de bataille?

» Ne vous souvenez-vous donc plus de cette pléiade de prêtres généreux fusillés par nos ennemis?

» Et vous osez dire que le clergé a fait la guerre?

» C'est lui aussi qui aurait fait la Commune?

» Mais rappelez-vous donc qu'il en a été la première victime, et que les prêtres et les religieux ont été massacrés par les insurgés.

» Nous ne reconnaissons à personne le droit, ici comme ailleurs, de suspecter notre patriotisme. Je ne vous dirai jamais que en votre qualité de libres-penseurs, vous n'êtes point patriotes : mais je ne tolérerai jamais que l'on nous dise en face que notre nom de catholiques, notre titre de prêtres nous défend d'être bons Français.

(*Applaudissements.*)

» Quoi qu'en dise M. Hubbard, nous ne demandons ni faveurs, ni privilèges; nous voulons pour nous, prêtres, comme pour tous, l'application du droit commun, le régime de la liberté. Et M. Hubbard s'abuse quand il prétend avoir trouvé dans le manifeste des Cardinaux le retour à la justice ecclésiastique d'autrefois.

» Le droit commun et la liberté : nous demandons et nous exigerons ce minimum, car nous y avons droit autant que vous, autant que tous.

» Au point de vue humain, nous sommes aussi intelligents et honorables que d'autres ; au point de vue politique, nous sommes citoyens comme les autres, nous payons nos impôts autant et mieux que d'autres : au point de vue patriotique, nous ne nous laissons surpasser par personne dans l'amour de la Patrie.

» Au reste, je le répète une fois encore, la forme des gouvernement nous importe peu; ce n'est pour nous qu'un vêtement qui recouvre un être sacré, la Patrie.

» Que la France ait au front le diadème de la Royauté avec les fleurs de lys, ou sur ses armes le coq gaulois ; dans les plis de son manteau l'aigle impériale ou sur sa tête le laurier républicain : nous ne voyons en elle que celle qui nous a donné le jour, qui nous a élevés, qui nous aime et que nous aimons ».

.·.

La séance après réplique de M. Hubbard, se termina par la *Marseillaise* que tout le monde écouta debout, comme il convient.

Je laisse à penser le beau tapage que tout cela fit dans la presse. Les journaux parisiens les premiers partirent de l'avant ; ils avaient évidemment reçu un communiqué de mon adversaire ou de ses amis (1). *La Lanterne, le Matin, le XIX⁰ Siècle* disaient en terminant : « La *Marseillaise* a été écoutée debout par toute l'assistance et l'abbé lui-même a dû se découvrir. » Ce à quoi mon collaborateur qui fit le compte rendu répondit très justement : « M. l'abbé Fesch et l'auteur de cet article, en hommes bien élevés, étaient découverts depuis trois heures, c'est-à-dire depuis leur entrée dans la salle ; de plus ils s'étaient levés au moins dix minutes avant que la musique eût commencé l'exécution de la *Marseillaise*, et causaient avec deux assistants. »

Du fait on passa à la théorie, et l'on discuta s'il était

(1) J'ai entre les mains près de 200 coupures de journaux sur cette réunion de Méru et qui me furent envoyées par le *Courrier de la Presse*. Les journaux étrangers eux-mêmes s'en occupèrent.

AUX PRISES AVEC GUSTAVE-ADOLPHE HUBBARD

bon que le prêtre parût dans les réunions publiques. Les arguments pour et contre rentrent un peu dans la même catégorie que ceux apportés pour l'entrée du prêtre dans le journalisme ; j'en ai parlé plus haut, je n'y reviendrai pas. Je ne citerai que l'*Autorité*, parce que son entrefilet affecte un calme qui ne lui est pas habituel.

« Gustave-Adolphe Hubbard appartient, on le sait, au barreau de Pontoise. Peut-être même est-il bâtonnier de l'ordre des avocats de cette jolie petite cité qui, malheureusement, jouit d'une réputation peu avantageuse.

» Gustave-Adolphe Hubbard, au surplus, ne trompe pas son monde. Dès qu'on l'aperçoit, on se dit : « Il revient de Pontoise. »

» Et il en revenait hier en allant à Méru, mais pour y retourner le soir, puisqu'il faut toujours qu'il revienne à Pontoise.

» Un incident s'est produit à la réunion de Méru, où, comme bien l'on pense le clergé, la religion catholique et les catholiques ont été fortement mis à mal par... l'aigle de Pontoise.

» Un brave prêtre, M. Fesch, a cru devoir répondre au discours de Gustave-Adolphe.

» Il l'a fait, certes, en excellents termes et avec une énergie qui lui fait honneur ; mais sans grande utilité, malheureusement, car c'est jouer un rôle de dupe que de chercher à discuter avec un auditoire trié sur le volet par des farceurs pour qui la démocratie n'est qu'une exploitation.

» L'abbé Fesch a revendiqué pour les prêtres le droit de faire de la politique, et il a défini la République dans les termes suivants. »

Ici l'*Autorité* donne la définition que l'on a pu lire plus haut, et continue :

» Cette définition est excellente.

» Seulement elle n'a pas été du goût de l'auditoire formé par les amis de Gustave-Adolphe Hubbard.

» M. l'abbé Fesch a donc perdu son temps dans cette caverne.

» N'ayant aucune chance de faire entendre le langage de la raison, de l'équité, du droit, de la justice et du patriotisme à des gens qui se réunissent pour insulter de parti pris la Religion, peut-être M. l'abbé Fesch aurait-il mieux fait de ne pas exposer l'habit qu'il porte en un pareil endroit.

» Il n'est pas toujours prudent de s'aventurer parmi les mangeurs de prêtres.

» Il y a des moments où ils ont faim (1). »

N'en déplaise à l'*Autorité*, je me suis rencontré — et bien de mes confrères aussi — en d'autres réunions où les mangeurs de prêtres avaient les dents plus longues qu'à Méru, et ils ne m'ont pas mangé. Je crois qu'il suffit de bien appliquer la vieille règle de grammaire : *Teneo Lupum auribus* (2).

Malgré l'importance et l'intérêt qu'elle peut avoir, la presse de Paris me préoccupait peu, j'étais surtout curieux de savoir ce qu'allaient dire nos bons confrères locaux.

La *République de l'Oise*, le journal franc-maçon, sembla faire contre mauvaise fortune bon cœur. Elle était enchantée, disait-elle ; mais elle riait jaune.

Elle commence par dire : « On a vu se produire un

---

(1) L'*Autorité*, 10 février 1892.
(2) Je tiens le loup par les oreilles.

fait étrange, unique dans ce département de l'Oise. Un prêtre, l'abbé Pesch, est venu *tout exprès* assister à la conférence, a pris la parole pour répondre à M. Hubbard. »

Voilà déjà qui sent l'homme mécontent. Mais, lisez la suite :

« Nul ne s'attendait à ce coup de théâtre, à cette intervention d'un prêtre dans un débat purement politique, mais le clergé nous a, depuis peu, habitués à bien d'autres singularités.

» Les « chaires de vérité, » du haut desquelles il peut parler sans être contredit, ne lui suffisent plus et il descend sur la voie publique, il s'aventure dans les réunions publiques, pour y relancer les électeurs qui dans ses églises et ses cathédrales lui font défaut.

» Le prêtre, lui aussi, tient à être fin de siècle. Jadis sa journée se partageait en divers exercices pieux : la méditation, la messe, la confession, la lecture du bréviaire et des ouvrages des Pères de l'Eglise; à présent il faut y ajouter la participation active aux réunions publiques, aux luttes profanes, la lecture des journaux politiques — voire même la collaboration auxdits journaux. La religion est ainsi reléguée au second plan, le spirituel passe après le temporel, on ne se contente plus de prêcher l'amour de Dieu, d'enseigner la morale, de commenter l'Evangile, on fait de la politique, on fait appel aux passions, aux passions mauvaises, aux faiblesses de l'humanité, dans l'espérance de les utiliser au profit d'une cause d'ordre tout politique, tout matériel; le clergé de nos jours ne prêche plus la paix, il sème la guerre, parce qu'il veut mettre la main sur le pouvoir, avide qu'il est de domination.

» Il semble que ce soit à un mot d'ordre qu'il obéit,

et l'abbé Fesch, en venant dans cette réunion publique de Méru, arborer sa soutane sur l'estrade, n'a fait qu'agir avec l'assentiment sinon sur l'ordre de son évêque, le militant M. Péronne.

» La première phrase de son discours a été une déclaration belliqueuse : le clergé, a-t-il dit, est une force avec laquelle il faut qu'on compte. »

Je ne ferai pas l'injure, à ceux qui me liront, de débrouiller pour eux et de réfuter le fatras des arguments qui précèdent. J'étais donc un provocateur puisque, prêtre, j'étais allé dans une réunion où on attaquait la Religion, mon chef le Pape, et mes confrères du clergé. Le soldat est-il donc un provocateur, lorsqu'il défend les frontières de la Patrie?

Cependant la *République de l'Oise* avoue que j'avais le droit d'y aller, mais que... ce n'était pas ma place. Comprenne qui pourra.

« Ainsi donc c'est de parti pris, avec une intention provocatrice bien arrêtée — son attitude à la réunion nous donne le droit de le dire — que M. l'abbé Fesch est venu hier dans une réunion où il n'avait que faire.

» La réunion était publique, c'était son droit d'y venir peut-être, mais ce n'était pas sa place. »

Et elle termine ainsi :

« Quel fruit le clergé a-t-il retiré de cette intervention d'un des siens? A cette question il nous est facile de répondre.

» C'est avec plaisir que nous voyons la nouvelle tactique inaugurée par le clergé.

» Qu'il vienne discuter pied à pied les questions politiques dans toutes nos réunions, l'accès de la tribune les républicains s'efforceront toujours de le lui faciliter, car si à parler du haut de la chaire sans qu'on puisse l'interrompre pour le contredire le clergé a tout à gagner, (de là pour une large part son influence, sa force), qu'au contraire, il descende dans l'arène politique, qu'il discute dans la presse ou dans la tribune, qu'il s'expose à des démentis et à des ripostes victorieuses, et ainsi il se diminue, il perd tout l'avantage qu'il avait sur ses contradicteurs. »

Et l'on m'invitait à venir assister aux prochaines conférences.

Il est facile de l'avouer, tout cela sent plus le dépit que le contentement.

Je ne m'attendais pas à recevoir des éloges des journaux conservateurs qui, jusqu'alors, m'avaient, on l'a vu, peu flatté. Je n'en eus pas, sauf d'un seul, l'*Écho de l'Oise*, encore eut-il bien soin de les délayer dans quelques gouttes de vinaigre.

« L'assemblée, dit-il, composée de la fine fleur radicale, a beaucoup applaudi le citoyen Hubbard; elle a moins applaudi M. l'abbé Fesch directeur de la *Croix de l'Oise* qui, avec une énergie que l'on voudrait plus fréquente chez les conservateurs, s'est présenté très carrément à la tribune, et a rétorqué, fort bien d'ailleurs, les arguments de l'orateur franc-maçon.

» On a un peu hué, un peu sifflé, parfois applaudi M. Fesch dont l'initiative est très courageuse et très virile.

» Quoi qu'il en soit, on commente quelque peu l'acte de M. Fesch; de bons esprits estiment que le prêtre déchoit quand il quitte le marbre de l'autel pour les tréteaux de la politique; d'autres jugent que si l'on veut amener un jour dans le Parlement une majorité religieuse, il faudrait commencer par rechristianiser la France et user de l'apostolat religieux beaucoup plus que des cymbales politiciennes; moraliser et non ergoter; prier et non crier. »

Quant au *Moniteur de l'Oise*, lui, il fut on ne peut plus haineux : il ne pouvait pas moins, étant le porte-paroles de mécontents de toutes sortes.

Des autres feuilles locales je ne dirai rien ; elles reflétaient des idées similaires suivant leur parti.

Il y avait encore à Beauvais un autre journal dont je n'ai pas encore parlé : *l'Indépendant de l'Oise*. Républicain modéré, il n'entrait pas dans les querelles des organes extrêmes. Il se contentait en bon spectateur jovial de regarder, de juger les coups et de distribuer d'une main indulgente, les éloges et les blâmes, avec un sourire sceptique.

Je rapporte ce qu'il dit, parce qu'il a une façon à lui de constater que suivant que vous êtes ami ou ennemi de tel ou tel journal, vous serez bon ou mauvais orateur ou écrivain.

L'Indépendant s'exprime ainsi :

« Il paraît — c'est toujours l'avis de la *République* et du *Moniteur de l'Oise* — que M. l'abbé Fesch n'a cessé de patauger. La chose n'est pas impossible. Si nous saisissons bien la *Croix*, il est clair que M. Hubbard en a fait autant. La chose est aussi très possible.

» Mettons qu'ils ont pataugé tous les deux et n'en parlons plus (1). »

(1) Est-il vrai, mes chers confrères de la presse, que nous n'apportons pas dans nos comptes rendus toute l'impartialité désirable ? C'est peut-être un bien gros reproche. Mettons que parfois nous usons de termes mitigés, de restrictions mentales. Ecoutez ce que dit un écrivain de notre temps : « Un accident de voiture, non plus qu'un livre ou un discours même non politique, ne saurait être mentionné en des termes identiques ou similaires lorsqu'il s'agit d'un adversaire et lorsqu'il s'agit d'un ami : un

Je n'ai pas besoin de dire que mes supérieurs n'eurent pour moi que des éloges. Quand au lendemain de ce que certains appelaient une *escapade*, j'allai rendre visite à Mgr Péronne, il me félicita chaleureusement, et, quelques jours après, me fit encore transmettre ses encouragements par un de ses vicaires généraux (1).

Les lettres de félicitations ne me manquèrent pas non plus : je n'en citerai qu'une, parce qu'elle émane d'un éminent religieux, supérieur d'une maison d'enseignement secondaire de Beauvais, que l'on a voulu, à plusieurs reprises, représenter comme un de mes adversaires les plus acharnés. Il est aujourd'hui assistant du supérieur général de sa congrégation.

Son nom importe peu à ceux qui ne le connaissent pas; ceux qui l'ont connu le devineront facilement.

Telle est cette lettre :

« Voilà la journée passée, cher monsieur l'abbé, sans

cheval républicain ne se couronne pas comme un cheval conservateur; — les fanatiques prétendent même qu'il ne se couronne point. »

Henri Rabusson,
Un homme d'aujourd'hui, VII.

(1) Et pourtant, on a dit, on a écrit dans les journaux que c'était à tort que je m'autorisais de Mgr Péronne pour aller dans les réunions publiques parce que Mgr Péronne « était dans la tombe depuis longtemps » (sic) la première fois que je parus dans ces réunions. Or, cette conférence contre M. Hubbard eut lieu le 7 février; le dimanche suivant, 14 du même mois, je parlai, encore dans une salle de bal, — contre un avocat libre-penseur bien connu, et Mgr Péronne n'est mort que le samedi 20 février. Je n'ajoute même pas que je fixai la date de deux autres réunions futures.

Il y a des gens vraiment faits tout exprès pour confirmer la réalité de cette définition étrange de la mémoire : « La mémoire est une faculté qui oublie. »

Tout cela soit dit, mon Dieu, sans récrimination, et pour faire la guerre aux erreurs et mensonges historiques.

que j'aie pu trouver un moment pour aller vous serrer la main et vous féliciter de votre discours de Méru. Permettez-moi au moins de vous envoyer ces quelques lignes pour vous dire toute mon admiration et toutes mes sympathies. Vous êtes un brave, je vous applaudis sans réserve. Nos Pères se joignent à moi dans l'expression unanime des mêmes sentiments. L'article venimeux du... *Moniteur de l'Oise* ne mérite que le mépris. J'espère que le *Journal de l'Oise* ne s'en tiendra pas à son silence d'aujourd'hui ; je n'hésiterais pas à lui faire savoir que nous attendons mieux de lui... »

De telles paroles peuvent-elles avoir été écrites par un ennemi ? Ce serait vraiment à désespérer de la loyauté humaine !

.·.

On a pu voir dans la *République de l'Oise* et en d'autres feuilles, l'*Echo* en particulier, que se rendant aux conférences publiques, le prêtre faisait de la politique, s'immisçait dans les luttes politiciennes, etc., etc.

Faire de la politique : n'est-ce pas là une de ces expressions à laquelle on donne les sens les plus divers et les plus contraires, et sur laquelle, faute d'être définie, on peut épiloguer des années durant ?

Je voulus, un jour, en avoir le cœur net.

C'était, précisément, à l'occasion de cette réunion de Méru. Je m'adressai à la *République de l'Oise* et je lui posai les questions suivantes :

« Qu'est-ce que la politique ?

» Qu'est-ce que faire de la politique ?

» Quand une réunion est-elle politique ?

» Quand ne l'est-elle pas ? »

Savez-vous ce que la *République de l'Oise* me répondit? Je vous le donne en mille.

Le voici : « La *Croix de l'Oise* demande ingénument : Qu'est-ce que la politique? Si dans les bureaux de la *Croix* on l'ignore, à quoi bon perdre notre temps à le lui enseigner? Les leçons particulières se paient à part. »

Voilà bien qui s'appelle se reconnaître vaincu d'avance.

Eh bien! posez les mêmes questions à tous ceux qui prétendent que le prêtre ne doit pas faire de politique, vous obtiendrez les mêmes réponses, c'est-à-dire rien.

Ce reproche n'est pas nouveau. On le fit au P. Lacordaire qui y répondait de la façon suivante :

« Je ne sais pourquoi vous revenez sans cesse sur cette idée que je fais de la politique, ou que je dois m'en garder. La vérité est que mon crime est de ne pas faire de politique, c'est-à-dire de demeurer en dehors de tous les partis, et de leur dire à tous, dans l'occasion, les grandes vérités sociales de l'Évangile. Il n'y a aucun prédicateur voulant se tenir sur cette ligne qui ne suscite des mauvais vouloirs, parce que rien ne déplaît plus à l'homme que l'indépendance évangélique, et que la force intérieure par où l'on résiste aux passions de son temps. Si j'avais été légitimiste ou orléaniste, on m'aurait comblé d'éloges, j'aurais eu des journaux pour me louer et me soutenir; au lieu qu'en butte à toutes les coteries, je n'ai jamais trouvé pour appui que des âmes rares, et une sorte de sympathie vague qui s'attache aux hommes isolés de tout. Ce qu'on appelle de la politique en moi, c'est de dire la vérité, la vérité la plus générale, aux riches, aux pauvres, aux croyants, aux incroyants.

» Je n'ai même pas fait de politique dans l'*Avenir*, car ce n'est pas de la politique que de réclamer la liberté de l'Eglise; ce n'est pas de la politique que de dire aux incrédules de respecter les droits de l'institution religieuse et aux croyants de consentir à ce que l'erreur lutte contre eux à ciel ouvert (1). »

Et plus loin il ajoutait : « Toutes mes idées politiques se réduisent à ceci : en dehors du christianisme il n'y a point de société possible, si ce n'est une société haletante entre le despotisme d'un seul et le despotisme de tous. Secondairement, le christianisme ne peut reprendre son empire dans le monde que par une lutte sincère où il ne soit ni oppresseur ni opprimé. »

Qui ne reconnaîtra que ces pensées sont très judicieuses et encore toutes d'actualité?

(1) LACORDAIRE. Lettre à madame de Prailly, 18 janvier 1850.

CHAPITRE IX

SUR LES TRÉTEAUX AVEC M. CAMILLE PELLETAN

Que de reproches n'a-t-on pas faits aux prêtres qui s'aventuraient dans les réunions publiques? Que de fois ne les a-t-on pas rappelés, dans les journaux, au respect de leur dignité et de leur habit! Comme si vraiment, — et cette réflexion suffirait au besoin — les insulteurs de toutes sortes avaient attendu l'entrée des prêtres dans les théâtres et les salles de bal transformés en clubs, pour jeter sur leur dignité et leur habit les insultes et la boue!

Ces mêmes Aristarques avaient-ils donc oublié que souventes fois auparavant, et dans un autre but, ils ne se firent pas faute de montrer au clergé, comme modèles à imiter, les Apôtres et les religieux du moyen âge? Ah bien! il ferait beau voir le clergé agir et parler comme dans les temps apostoliques et au moyen âge! Ils ne se préoccupaient guère, les prédicateurs de ces temps héroïques, du lieu où ils parlaient : tribunaux, temples des idoles, marchés ou places publiques! Peu leur importait que leur chaire momentanée fût un tonneau ou une borne du chemin, le revers d'un fossé ou la berge d'une rivière ; ils ne demandaient qu'une chose, un auditoire, et là où ils devaient le trouver, ils allaient.

Depuis le Grand Siècle, depuis le Jansénisme surtout, par suite de cette doctrine que le prêtre n'était pas du « monde », ne devait pas se mêler au « monde », le prêtre s'est peu à peu retiré dans son église, près de l'autel, dans la sacristie. Alors, les encyclopédistes, les rationalistes, les anticléricaux sont venus et, s'adressant au peuple, ils lui ont dit : « Tu vois cet homme habillé de noir au fond de son église, c'est ton ennemi ; prends garde de te laisser prendre à ses paroles. Il ourdit, dans l'ombre, des trames contre toi. Regarde comme il reste enfermé près de l'autel ; il se croit un dieu, et toi, peuple, il te considère comme trop bas, pour se mêler à toi... »

Alors, le prêtre a vu le vide se faire autour de lui ; il s'est entendu insulter quand il passait dans les rues. Et pourquoi ? Parce qu'on ne le connaissait plus. Suivant la pittoresque expression de Lacordaire, citée plus haut, on avait fait de lui un « hibou », mais un hibou vorace, carnassier, sanguinaire.

Il est facile, dès lors, de comprendre les clameurs qui durent l'accueillir quand il s'avisa de sortir de son trou pour paraître à la grande lumière des réunions publiques. Et remarquez-le bien, ce ne fut pas le peuple qui le hua : ce furent les sophistes, les meneurs de tout bord, ceux que la présence du prêtre allait gêner, parce qu'ils redoutaient son influence.

A certains conservateurs qui me blâmaient de me rendre ainsi aux conférences, sous prétexte que j'y ferais manquer de respect à ma soutane, je répondais : « Mais, allez-y, vous ! » Ils refusaient, ne voulant pas, disaient-ils, se commettre avec ces gens-là.

Je crois, moi, que le prêtre a raison, quand il le peut, d'affronter les réunions publiques. Il se fait connaître ; il montre qu'il a autant de science et d'amour du peuple que les socialistes, sociologues, démocrates et démagogues de tout genre ; il diminue, par ses réponses, la violence des attaques faites contre la Religion — quand il ne les annihile pas entièrement ; et puis, en somme, sur le nombre, n'arriverait-il qu'à convaincre — sinon convertir — une seule âme, que la chose vaudrait bien, ce me semble, les risques problématiques qu'il pourrait courir.

.•.

Il est inutile d'énumérer, même d'une manière sommaire les différentes réunions auxquelles j'ai pris part ; les incidents s'y représentent bien souvent les mêmes, comme, du reste, le genre des orateurs. Je n'en relaterai plus qu'une seule, parce qu'elle donna lieu à une polémique assez vive.

Je me rencontrai un jour avec M. Camille Pelletan. Ce fut au théâtre de Beauvais, le 21 mars 1892.

Je n'ai pas à faire le portrait du farouche député des Bouches-du-Rhône ; il était aussi connu par l'exubérance de sa chevelure par l'exubérance de sa parole. Nul, du reste, ne saurait lui contester la compétence particulière qu'il a acquise en certaines questions, par exemple, en la question des tarifs de chemin de fer.

Aujourd'hui, sa notoriété semble un peu tombée, comme aussi sa chevelure : nous vieillissons tous. Mais, à l'époque dont je parle, il était dans toute sa splendeur.

C'était l'époque du bloc, vous savez, ce fameux bloc révolutionnaire dont le père était M. Clémenceau, directeur de la *Justice*, et dont M. Pelletan, en sa qualité de rédacteur en chef du même journal, devait être l'oncle, ou tout au moins le parrain.

M. Pelletan est un manœuvrier habile dans l'art de la discussion. A la Chambre, il s'était fait une certaine réputation comme « tombeur » des ministères. Il s'y montrait dans toute la virulence de son radicalisme révolutionnaire, n'avait point peur d'arborer et d'agiter son rouge drapeau. Mais lorsqu'il était mandé en province, le fougueux Jacobin devenait tout bellement opportuniste bénin, bénin ; comme Jupiter dans *Énée aux Enfers*, il laissait ses foudres dans l'armoire. Quant à son drapeau, il n'y allait pas par quatre chemins, il le mettait bravement dans sa poche.

Ainsi fit-il lors de la susdite réunion. Le sujet annoncé était : *La situation de la République*. Connaissant l'orateur et ses idées, je m'attendais à une sortie contre le péril clérical, mais faite sous une autre forme et avec des arguments plus sérieux que ceux présentés par M. Hubbard. Et M. Pelletan ne parla que de la réforme des impôts ; vers la fin de son discours, cependant, et sur une interruption de ma part, il aborda réellement son sujet et traita bravement de l'ingérence du clergé dans les affaires publiques.

Cela suffisait pour que je prisse la parole. Je le fis en ces termes (1) :

« Je commencerai par protester contre une parole

---

(1) Mon discours, tout haché qu'il fut par les interruptions et les cris de toutes sortes, a été reproduit par une grande partie de la presse religieuse de province, et, à Paris, par les *Questions actuelles*.

de M. Camille Pelletan qui semblerait nous faire une concession, nous accorder une grâce, en permettant aux prêtres de parler dans les réunions publiques. Il prétend que l'égalité n'existe pas, parce que l'on ne peut répondre au prêtre dans son église.

» Cette idée, je l'ai entendue émettre déjà par M. Hubbard, à Méru ; mais elle n'en est pas plus vraie pour cela.

» L'église, c'est comme la Chambre des députés ; n'y peuvent prendre la parole que ceux-là seuls qui en ont reçu le mandat. Si je m'avisais de vouloir intervenir dans les débats de la Chambre, M. Pelletan, lui-même, ne serait-il pas le premier à me faire imposer silence ? De même dans l'église.

» Mais ici, dans les réunions publiques, nous autres, prêtres, nous avons, comme tout citoyen, le droit de nous faire entendre. »

Quand se furent apaisés les murmures et les protestations qui accueillirent ces paroles, je continuai, après avoir dit à M. Pelletan que je souscrivais volontiers et des deux mains aux réformes qu'il réclamait ; mais je lui reprochai de nous avoir parlé de la République, sans définir ce qu'il entendait par ce mot.

» Qu'entendez-vous par la République ?

» Est-ce la République actuelle qui a pour président M. Carnot, ou est-ce la Révolution ? Vous avez oublié de nous le dire. A la Chambre, dans vos articles de la *Justice*, vous êtes plus affirmatif.

» Est-ce une République honnête, sage, accessible à tous, sauvegardant les libertés de tous, comme en Suisse, par exemple, ou dans certains États de l'Amérique du Sud ?

» Si donc M. Pelletan entend par la République une

démocratie libérale, le vrai gouvernement de tous, je lui tends la main.

» Si, au contraire, sa République est celle de 1793, s'il est partisan de la guillotine et de la fusillade, je ne l'accepte en aucune façon. (*Tumulte.*)

» M. Pelletan dira peut-être que je me trompe ; je ne demande pas mieux que de reconnaître que je me suis trompé. Mais, jusqu'à preuve du contraire, je suis en droit de croire que la République de M. Pelletan n'est pas autre chose que la Révolution. (*Interjections et murmures sur la scène, derrière l'orateur.*)

M. L'ABBÉ FESCH. — J'entends des oh ! derrière moi. J'avoue que je n'en saisis pas la portée.

» Voici donc comment je comprends le progressisme de M. Pelletan et de son groupe.

» Ils arrivent au pouvoir. Or, d'après M. Pelletan, il n'y a plus ni monarchistes, ni impérialistes. Il ne reste plus que le clergé.

» LE CLERGÉ, on commencera par supprimer les traitements ecclésiastiques, on dénoncera le Concordat et on arrivera à la séparation complète de l'Église et de l'État.

UNE VOIX SUR LA SCÈNE. — C'est la même chose.

M. L'ABBÉ FESCH. — Pas tout à fait.

» Cela fait, on exhibera certains articles organiques, d'après lesquels le prêtre doit s'habiller comme les autres citoyens.

» Puis, comme il faut toujours progresser, on coupera la tête des curés (*Bruit.*) et enfin celle de ces citoyens qu'on appelle catholiques. (*Interruptions et tumulte.*)

» Voilà, pour moi, le but des républicains progressistes; sinon, leur programme ne signifie plus rien.

» Si je me trompe, M. Pelletan me répondra.

» D'un autre côté, M. Pelletan prétend qu'il fait appel à toutes les bonnes volontés : nous en sommes. Il s'est plu à reconnaître l'action bienfaisante de l'Église qui a été le principal agent de la civilisation dans les siècles passés. Rien n'est plus vrai.

» C'est l'Église, en effet, qui, bien avant la Révolution, a enseigné à lire aux petits et aux humbles ; c'est elle qui a bâti les hôpitaux et donné à manger aux pauvres.

Une voix. — Ce n'est pas vrai.

M. L'ABBÉ FESCH. — N'allez-vous pas me dire, par exemple, qu'avant la Révolution les pauvres mouraient de faim ?

Une voix. — Oui, parce que cela ne coûtait rien aux curés.

M. L'ABBÉ FESCH. — Ce rôle de civilisatrice et de directrice des peuples qu'elle a rempli pendant dix-huit siècles, pourquoi l'Église ne serait-elle plus capable de le remplir de nos jours ?

» Voilà ce que nous demandons pour elle.

» M. Pelletan, tout à l'heure, nous a dit qu'il croyait à la sincérité de tous; mais il a ajouté que lorsqu'il s'agissait du clergé, adhérant à la République, il fallait s'en défier.

» Pourquoi cette défiance ! Ne sommes-nous donc pas aussi sincères que les autres !

» Qu'est-ce que nous voulons? Nous ne voulons ni places, ni préfectures; nous ne briguons ni la présidence de la Chambre, ni de la République. Nous ne cherchons même pas à renverser les ministères. M. Pelletan et son groupe pourraient-ils en dire autant? Ils sont toujours à l'affût des intrigues et ne se font aucun scrupule de jeter bas les ministres, même pour des vétilles, sans penser que, derrière, la France a besoin de tranquillité.

» Pour nous, nous ne voulons qu'une chose, la tranquillité, la liberté.

Une voix. — C'est pas vrai.

M. l'abbé Fesch. — Dites donc plutôt que j'en ai menti...

» Non, vous n'avez pas le droit de nier notre sincérité quand nous adhérons à la République.

» Ce n'est donc pas la forme gouvernementale qui serait capable de nous diviser.

Nous acceptons la République. Mais si vous entendez, par République, la Révolution, nous ne l'acceptons pas, car la Révolution, c'est le règne de la canaille. »

A ce mot, un bruit épouvantable éclate, accompagné de vociférations de tous genres : « A la porte! Enlevez-le! A l'eau! A la chaudière! Des excuses! Retirez: « Canaille! » et autres épithètes que j'omets. Pendant près de dix minutes, le tumulte est indescriptible. Le président fait de vains efforts pour obtenir le silence et menace de lever la séance. Pendant ce temps, moi, je me promenais sur la scène, regardant les poings qui se tendaient vers moi et qui auraient bien voulu être au bout de bras extensibles, pour m'atteindre.

Enfin, dans un moment d'accalmie, la voix du président se fait entendre : « Faites silence, l'orateur va présenter des excuses! » — « Ah! pardon, répliquai-je; des explications, oui; mais pas d'excuses! »

Au bout de quelques instants, un calme relatif se produit et je poursuis ainsi : « Messieurs, si vous ne m'interrompiez pas à chaque instant, vous ne vous seriez pas mépris sur le sens de mes paroles. Il n'est pas dans mes habitudes d'insulter qui que ce soit : aux vivants on doit le respect; aux morts, l'histoire ne doit que la vérité.

» Or, je parlais de la Révolution de 1793, et c'est aux hommes de cette époque que j'ai appliqué le mot de CANAILLE, et je le maintiens.

» Si vous voulez que j'appelle honnêtes gens ceux qui conduisaient à l'échafaud, ceux qui massacraient des Français leurs frères, dites-le, je le répéterai après vous. »

A cet endroit, je fis une pause d'assez longue durée, pour attendre la réponse à ma question. Un silence de mort régna dans la salle ; mais nul n'osa élever la voix. Et je terminai ainsi :

« M. Pelletan a prétendu que les arbres de la liberté étaient morts, parce que les curés les avaient bénits avec de l'eau bénite empoisonnée.

» M. Pelletan se trompe.

» Les arbres de la liberté, vous en avez planté en 1793, en 1830, en 1848, en 1871. Pourquoi n'ont-ils pas poussé? Tenez, voici l'effet qu'ils me font, vos arbres de la liberté. Ils me représentent ces huttes de sauvages autour desquelles pendent des têtes sanguinolentes, tristes souvenirs des carnages passés, tandis que leurs fondations sont inondées de sang.

» Les arbres de liberté de toutes vos Républiques sont morts parce que leurs racines, jusqu'ici, plongeaient dans le sang des citoyens français, répandu par d'autres citoyens français. (*Applaudissements.*)

» C'était dans un moment d'égarement, je vous l'accorde, mais cet égarement n'était que le résultat de vos fausses doctrines.

» Pour nous, nous sommes aussi bons Français que ces messieurs. (*L'orateur désigne les personnages officiels de la scène.*) Nous venons, avec l'Evangile et la parole du Pape, et nous disons à tous : « Vous êtes frères ! quand les frères luttent entre eux, la famille périt, à la honte de cette famille. Aimez-vous donc les uns les autres ! » Et nous prêchons à tous la concorde et l'union.

» Si c'est aussi cela que vous voulez, il ne s'agit plus, entre nous, que de nous entendre.

» Mais, pourrons-nous nous entendre ?

» Nous n'accepterons jamais les théories de M. Pelletan, le radical socialiste, parce qu'elles tendent à diviser la France en deux parties, et à ne faire dater que d'un siècle le commencement de notre histoire.

» Or, suivant le mot du poète :

Un peuple sans mémoire est un peuple perdu.

» Pour vous, la France n'a que cent ans d'existence ; elle est née à l'ombre de la guillotine sur laquelle des Français mouraient, massacrés par leurs frères dans des luttes fratricides.

» Pour nous, la France a quinze siècles de plus ; elle a pris naissance sur le champ de bataille de Tolbiac, elle est née d'un acte de foi en Dieu, au milieu des luttes héroïques d'un pays contre l'ennemi envahisseur.

» Vous prétendez avoir la vérité : nous aussi. Si vous êtes de bonne foi, nous le sommes également ; nous affronterons la lutte, et l'avenir, j'en suis sûr, ne me démentira pas : l'Evangile l'emportera sur les Droits de l'Homme et sur la guillotine ; car la France, avec son esprit chevaleresque et son cœur magnanime, a toujours préféré les soldats aux bourreaux. » (*Applaudissements. — Tumulte.*)

Après réplique de M. Pelletan et riposte de ma part, la séance fut levée au milieu d'un brouhaha épouvantable.

On pense bien que ce ne fut pas fini ainsi.

Comme il fallait s'y attendre, la *République de l'Oise* partit en guerre et avança que j'avais dit que tous les républicains étaient des canailles. Je ne pouvais laisser s'implanter et se propager ce mensonge énorme, et j'envoyai au journal franc-maçon la lettre rectificative suivante qui précisait bien le sens de mes paroles et les justifiait :

*A M. Lemyre, rédacteur en chef de la
« République de l'Oise ».*

« Beauvais, le 22 mars 1892.

» Monsieur le Rédacteur en chef,

» Dans un article de la *République de l'Oise* de ce matin 22 mars, et portant comme titre : « L'abbé Fesch au théâtre », je trouve des assertions que je ne puis laisser sans réponse. Je les reproduis, pour qu'il n'y ait pas d'erreur : les voici textuellement :

» Vous parlez ainsi :

» Vous avez été piteux hier, et à ces CANAILLES de ré-
» publicains, ainsi que vous les avez publiquement
» qualifiés, rendez cet hommage, c'est que vous leur
» avez dû de pouvoir parler — ils ne craignent pas la
» contradiction, eux ! — et que vous les avez injuriés
» gratuitement, sans que vous puissiez vous vanter
» d'avoir été insulté par eux.

» Vous avez usé de la liberté de la tribune qui vous » a été accordée pour les traiter de CANAILLES.

» Vous vous êtes refusé hier à retirer le mot de » CANAILLES appliqué aux républicains. »

» Libre à chacun, monsieur le Rédacteur en chef, de juger à sa façon mon intervention dans les réunions publiques ; mais je ne reconnais à personne le droit de travestir mes paroles et de leur donner un sens qu'elles n'ont jamais eu, ni dans l'idée, ni dans l'expression.

» C'est ce que vous faites en écrivant que j'ai traité les républicains de CANAILLES.

» Je suis d'autant plus à mon aise pour vous envoyer cette protestation que, absent de la conférence, vous ne pouvez être mis personnellement en cause. Vous avez fait votre article sur des renseignements erronés ; il vous sera donc plus facile de rectifier vos assertions premières.

» Il est faux que j'aie traité les républicains de « canailles ».

» C'était dans ma réponse à M. Pelletan ; je demandais au conférencier ce qu'il entendait par le mot « République ». Et après certaines considérations sur une époque néfaste où la guillotine jouait un rôle prépondérant, je terminai par ces mots : « La Révolution, nous ne l'accepterons pas, car la Révolution c'est le règne de la canaille. »

» Je ne vois pas en quoi, parlant ainsi, j'ai insulté les républicains présents. Et eux-mêmes l'ont bien compris, ce me semble lorsque, expliquant ma pensée et maintenant mes paroles, j'ai dit : « Si vous voulez que j'appelle honnêtes gens ceux qui conduisaient à l'échafaud, ceux qui massacraient des Français, leurs frères, dites-le, je le répéterai après vous. » Pas une voix ne s'est levée pour l'oser dire.

» Ce serait vraiment, monsieur, à désespérer du bon sens français si, à un siècle de distance, on ne pouvait apprécier, comme elle le mérite, une période de notre histoire qui a couvert le sol de notre pays de ruines et de sang.

» D'ailleurs, pourquoi serions-nous plus polis, plus indulgents envers les bourreaux révolutionnaires, qu'eux-même l'ont été pour leurs adversaires ou leurs complices de la veille?

» C'est Marat, criant aux orateurs à la tribune : « Quelle clique! ô les cochons! ô les échappés de Bicêtre! (1).

» Voulez-vous entendre Robespierre, lors de la séance où il fut condamné? En regardant le centre, il s'écriait : « C'est à vous, hommes purs, que je m'adresse, et non pas aux brigands... Pour la dernière fois, Président des assassins, je te demande la parole. »

» Et si je vous citais les paroles de Danton : « Ah! f... bêtes! disait-il du peuple, ils vont crier : Vive la République! quand ils me verront passer (2). »

» Quand on le conduisait à l'échafaud où il avait envoyé tant de victimes, il chanta, sur un air à la mode :

> Nous sommes menés au trépas
> Par quantité de scélérats;
> C'est ce qui nous désole (3).

A un autre moment, à la vue de la foule qui entourait la voiture, « Danton, promenant sur cette troupe

---

(1) Timon. *Le Livre des orateurs*, liv. II, p. 317.
(2) Michelet. *Hist. de la Révolution*, tom. IX, p. 79.
(3) Taine. *La Révolution*, III, p. 180.

un regard calme et plein de mépris, dit à Camille Desmoulins : « Reste donc tranquille et laisse là cette » vile canaille (1). »

» Qu'était-ce donc, que cette foule ? Des gens qui, la veille, acclamaient Danton, et qui, ce jour-là, tenaient pour Robespierre. Et Danton les appelait vile canaille.

» Ai-je outrepassé mon droit en me servant, à l'égard des séides de la Révolution, d'une parole de Danton ?

» En tout cas, ce n'est pas une raison pour dire (ce qui est faux) que j'ai traité les républicains de canailles. Il ne m'est même pas venu à la pensée, en entendant les interruptions de toute sorte qui m'ont accueilli, de rééditer l'épithète malsonnante de Gambetta, un de vos chefs, celui-là : « Esclaves ivres ! j'irai vous châtier jusqu'au plus profond de vos repaires », et, ce disant, il s'adressait à ses électeurs républicains.

» Cette réponse, monsieur le rédacteur en chef, vous semblera peut-être longue; mais je ne crois pas avoir outrepassé les droits que me confère la *Loi sur la Presse*, à laquelle cependant, confiant en votre loyauté, je ne fais pas appel pour vous prier d'insérer cette lettre.

» Daignez agréer, monsieur le rédacteur en chef, l'assurance de ma parfaite considération. »

La *République de l'Oise* ne voulut rien entendre et, par la plume de son rédacteur en chef, me répondit :

« M. l'abbé Fesch ne sera pas surpris que je me refuse à insérer sa lettre. Comme moi, il a un journal à sa disposition; libre à lui de répondre dans son journal aux articles de la *République de l'Oise*, mais

(1) Thiers. *Hist. de la Révolution*, tom. V. p. 412.

les théories politiques ou religieuses de la *Croix* ne sauraient trouver place dans nos colonnes.

» M. l'abbé Fesch s'est refusé à retirer le mot de *canailles*; nous nous refusons, nous, à insérer sa lettre.

» Il invoque la loi sur la Presse ; eh bien, je l'attends ; qu'il me fasse donc sommation par huissier d'abord, et qu'il m'assigne ensuite devant les tribunaux.

» C'est un procès politique qu'il veut; au nom des républicains, je l'accepte. »

Ces paroles m'inspirent une double réflexion.

Il semblerait, de prime abord, que mon confrère radical eût raison. J'avais mon journal à ma disposition ; pourquoi n'y réfutais-je pas les assertions avancées par lui dans le sien ?

Le raisonnement est spécieux. Certes, s'il s'était avisé, par exemple, de démolir le théorème relatif au carré de l'hypothénuse, je n'eusse pas songé à lui demander d'insérer une rectification. J'eusse rétorqué, si bon m'eût semblé, ses arguments dans mon journal, laissant ses lecteurs habituels se débrouiller avec lui comme ils l'eussent entendu.

Mais ici le cas n'est pas le même. Je suis, en somme, diffamé auprès de ses lecteurs. En vain je protesterais dans mon journal, je ne les atteindrais pas. Je ne puis réussir à leur faire connaître la vérité que si je la leur fais parvenir par le même organe qui leur a apporté l'erreur.

Au reste, ce que la logique demande, la loi l'a plusieurs fois résolu.

Le rédacteur en chef de la *République de l'Oise* ne voulut pas céder ; je résolus donc de l'y contraindre en l'amenant au tribunal. On verra plus loin ce qu'il advint de ce procès.

La seconde réflexion est celle-ci :

Avez-vous remarqué, dans la réponse au rédacteur la *République de l'Oise*, cette finale : « C'est un procès politique qu'il veut : au nom des républicains, je l'accepte ? » Et il n'était question que d'un procès en refus d'insertion !

Quelques jours plus tard, un prêtre de mes amis, diffamé par le même journal, lui intenta également un procès ; alors, le rédacteur de s'écrier avec emphase : « La lutte cléricale se poursuit ardente. Je ne faiblirai pas, tous nos amis républicains peuvent en être assurés. »

J'ai toujours admiré la facilité, l'adresse avec laquelle nos adversaires savent transformer une cause personnelle en une cause générale. Attaquez l'un d'eux, c'est tout le parti que vous attaquez. Il se plaint, il crie, comme si dans sa personne vous touchiez à tous ceux qui pensent comme lui. La personne disparaît, il est légion. Et il agit ainsi, de lui-même, sûr qu'il sera soutenu par tous.

Et nous autres, catholiques, que faisons-nous ? Hélas ! il le faut bien dire. Quand un des nôtres est en butte aux tracasseries, aux attaques des révolutionnaires ou des francs-maçons, trop souvent nous nous tenons à l'écart, le laissant seul se débattre. « Qu'il se débrouille, » dit-on. Nous regardons, prudemment abrités derrière nos rideaux, prêts à ouvrir nos fenêtres et à applaudir s'il est vainqueur, mais, par contre, à nous tenir cois, s'il tombe vaincu. Et pourtant, il serait si facile, en manifestant un peu de sympathie, en venant à la rescousse, de faire pencher la victoire en sa faveur ! Nous oublions trop que les défaites individuelles affaiblissent le parti tout entier.

Aux considérations émises en tête de ce chapitre sur les conférences contradictoires, j'ajouterai ceci : malgré leurs airs de bravaches heureux, nos adversaires radicaux ou socialistes ne sont nullement enchantés, au contraire, de l'apparition du prêtre dans les réunions publiques.

Au lendemain de la conférence de Méru, la *République de l'Oise* me donnait rendez-vous pour une série de conférences, entre autres pour la fête solsticiale de la loge *Etoile de l'Espérance* de Beauvais. Quelques jours avant la date fixée, annonçant le nom du conférencier qui était M. Edmond Lepelletier, elle me rappelait encore que l'on m'attendait au théâtre pour lui répondre, ma présence étant plutôt profitable à la secte.

Puis, silence absolu : mystère et discrétion.

La veille, elle annonce que la conférence n'est ni publique, ni contradictoire ; que moi-même je n'ai qu'un moyen de m'y rendre, c'est de me faire recevoir franc-maçon.

C'était plus qu'une mauvaise plaisanterie, c'était une reculade.

D'où cela venait-il ?

Le mot d'ordre avait été donné. Ils avaient peur.

En effet, on pouvait lire à cette époque, dans la *Démocratie*, organe libre-penseur :

« Les militants du parti socialiste qui se prêtent à cette manœuvre (l'entrée du clergé dans les réunions publiques) ne se doutent pas qu'ils servent à leur insu les *intérêts* de l'Eglise. »

L'organe collectiviste le *Tocsin* ne parlait pas autrement. Il constatait, à la fin de mars (1892), dans son article de fond, le fait de l'entrée triomphale du clergé dans les conférences populaires et contradictoires, et il ajoutait :

« Jusque-là nous avons gardé le plus muet des silences...

» Comprenant que notre silence devient de la complicité, nous dirons aux socialistes de toutes les écoles : casse-cou.

» Les anarchistes et socialistes indépendants ont commencé avec l'abbé Garnier ; les marxistes suivent les mêmes errements à Bordeaux et les possibilistes leur emboîtent le pas à Paris.

» Décidément, on croirait que la discussion n'est seule possible qu'avec les théologiens.

» *Discuter en réunion publique contradictoirement avec le Révérend Père n'importe qui, « c'est jouer » avec le feu.* »

Nous avions donc raison, quand nous allions dans les conférences : la peur de nos adversaires nous l'indique suffisamment.

Allons, les pêcheurs d'hommes, sortez de vos cabanes, et jetez vos filets.

CHAPITRE X

QUAND ON VEUT TUER SON CHIEN...

Le complot ourdi contre moi dès l'annonce de la fondation de la *Croix de l'Oise*, par les monarchistes intransigeants et les francs-maçons révolutionnaires, s'était, on l'a vu, manifesté par des attaques de tout genre dont le but non caché était la suppression de mon journal. Le succès ne répondit pas à l'attente des conjurés ; ils redoublèrent d'efforts et s'associèrent.

Je trouvai, en effet, dans la *Croix de l'Aisne*, qui l'avait elle-même emprunté à la *Croix de Reims* (vers le milieu de février 1892), la note suivante :

« Dans une réunion de journalistes conservateurs(?) qui a eu lieu vendredi dernier à Paris, on a voté un ordre du jour de blâme contre la *Croix*.

» Il paraît que la *Croix de Reims* et la *Croix de l'Oise* auraient été surtout prises à partie... »

Je n'eus ni le temps ni l'occasion de contrôler la vérité de cette information ; mais ce que je sais, de source sûre, c'est que, le jour même de la mort de mon vénéré évêque, Mgr Péronne, un conciliabule se tint (c'était jour de marché), dans lequel il fut décidé que l'on pèserait sur son successeur pour qu'il supprimât un journal si gênant pour plusieurs (1).

J'avoue que je ne me faisais guère illusion. En perdant Mgr Péronne, j'avais perdu mon plus ferme appui, le Maître qui m'avait envoyé, le Père qui sans cesse m'encourageait. Je pressentais la tempête ; mais elle se déchaîna plus tôt et plus violemment que je ne l'attendais. Je devais être brisé ; je le fus.

*
* *

On se rappelle ce printemps de 1892 où socialistes et révolutionnaires firent tant parler d'eux par leur irruption dans les églises au milieu des sermons du Carême. Ainsi en arriva-t-il à Paris, dans les églises de Saint-Merri et de Saint-Joseph ; à Nancy, pendant la prédication de Mgr Turinaz lui-même, à Marseille, etc. Et partout, c'étaient des cris, des hurlements, des chansons, des bris de chaises, des coups, etc., etc. Ils avaient commencé et, voyant qu'on ne leur disait trop rien, ils avaient décidé de pousser plus avant leur audace. Leur but était avéré : faire fermer les églises. Le *Temps* lui-même en convenait : « ..... Les révolutionnaires, disait-il, se soucient fort peu des paroles prononcées en chaire (2). Quand ils viendront pour manifester, soyez sûrs qu'ils manifesteront, quoi qu'on dise ou quoi qu'on fasse. S'ils ne peuvent prendre pour prétexte la matière du discours, ils se rabattront sur la

---

(1) Ce n'est pas d'aujourd'hui que je publie cette information. — On la trouverait dans la *Croix de l'Oise* du 15 avril 1892. — Elle ne fut d'ailleurs, jamais démentie.

(2) En effet, à Saint-Joseph, par exemple, le prédicateur traitait de la *Douleur*.

forme, ou même sur l'attitude, ou même sur le physique de l'orateur ; et à défaut d'orateur, une prière, bref n'importe quel exercice du culte leur sera bon : l'essentiel est d'abord de faire du tapage et ensuite de réclamer la fermeture de l'église (1). »

Ce qui se passa à Beauvais démontre la justesse de ces prévisions.

(1) On sait comment cela finit. Devant la faiblesse du gouvernement interpellé par M. Delahaye, député d'Indre-et-Loire, et par Mgr d'Hulst, on supprima les conférences où l'on devait parler de la question sociale.

Il n'en fut pas de même sous toutes les Républiques. En 1849, le socialisme était menaçant, et certains prédicateurs ne craignirent pas d'attaquer, en chaire, les théories subversives de la secte. Le gouvernement était loin de s'en plaindre, comme le prouve une lettre du Ministre des Cultes d'alors. Cette lettre, adressée à l'archevêque d'Auch, vise les sermons du célèbre P. Carbois, dont la parole obtint, depuis, un grand succès populaire à Bordeaux.

Ministère de l'Instruction publique et des Cultes.
« Paris, le 19 décembre 1849.

» MONSEIGNEUR,

» J'ai été informé que M. l'abbé Carbois a prêché une station de trois semaines à Condom, et que, dans ses instructions, qui ont fait de vives impressions sur ses auditeurs, il s'est attaché à combattre l'influence des doctrines socialistes, qui paraissent avoir pénétré dans cette localité. Cet ecclésiastique a rempli sa louable mission avec autant de talent que de courage, sans se laisser intimider par les menaces de ceux dont il combattait les funestes principes. Le bien qu'il a fait est la récompense la plus digne de lui. Je vous prie, néanmoins, Monseigneur, de faire savoir à M. l'abbé Carbois que le gouvernement lui sait gré de son utile concours et de son zèle pour défendre la société contre les attaques des mauvaises passions.

» Agréez, etc.
» *Le Ministre de l'Instruction publique et des Cultes,*
» E. DE PARIEU. »

Les temps étaient bien changés.

Des conférences pour les hommes, annoncées depuis plusieurs jours commençaient à la cathédrale. L'office où le premier discours du prédicateur avait été écouté fort attentivement touchait à sa fin ; l'archiprêtre, au pied de l'autel, récitait la prière du soir, lorsqu'un cri de : « Vive la République ! » retentit, suivi d'un brouhaha assez vif ; et une dizaine d'individus postés à la sortie se sauvèrent en bousculant les chaises. Rien dans les paroles du prédicateur ne motivait cet esclandre qui, du reste, avait été comploté dans un cabaret voisin.

Le lendemain, les perturbateurs revinrent plus nombreux et interrompaient l'orateur. Ce fut une mêlée indicible, agrémentée de cris et de coups de poing.

Les conférences furent supprimées. Cela se passait du 5 au 8 avril ; et c'est le 3 du même mois que s'était tenue la fête solsticiale de la Loge maçonnique, où M. Edmond Lepelletier avait prononcé un discours des plus violents contre l'Église et le Clergé, aidé en cela par le Dr Gérard, ce maire dont plus haut j'ai raconté les hauts faits d'intolérance libre-penseuse et que certains pseudo-catholiques ont voulu — et veulent maintenant encore — faire passer pour un brave homme.

Le Dr Gérard, en présentant le conférencier s'exprimait ainsi : « La *Loge maçonnique de Beauvais* célèbre cette année, dit-il, le vingt-sixième anniversaire de sa fondation.

» La franc-maçonnerie, qui de tous temps a eu le culte du progrès, du travail, de la bienfaisance, de la liberté, après avoir préparé notre immortelle Révolution française, a dû lutter encore, toujours ; aujourd'hui que la République est définitivement et solidement assise en France, il faut que la franc-maçonnerie pare à un autre danger, le danger clérical.

» Le clergé a adopté une tactique nouvelle ; il se fait républicain, comptant bien amener ainsi la République à se faire cléricale. Eh bien, une grande lutte est à soutenir, car on ne saurait tolérer à aucun prix que la France soit gouvernée par les curés (1). »

Quant à M. Lepelletier, il commença par une déclaration ouverte de guerre à l'Eglise : « On n'en aura jamais fini avec elle, dit-il, tant qu'on ne l'aura pas écrasée *politiquement.* »

« Et le conférencier montre le clergé entreprenant de combattre les lois de l'Etat et excitant la masse contre ces lois.

» Les curés, dit-il, enseignent le mépris de l'armée nationale avec le mépris de toutes nos lois non poinçonnées par l'Eglise.

» Bénisseurs et dynamiteurs, prêtres et anarchistes, peuvent être confondus pour cette belle besogne antipatriotique (2).

» L'orateur préconise la lutte contre le clergé dans l'ordre de la famille, dans l'ordre politique et dans l'ordre social. »

(Suivent de très longs développements).

« Qu'on lui rogne les griffes (à l'Eglise), si on ne veut pas qu'elle nous écrase et nous asservisse.

---

(1) Pour qu'on ne m'accusât point de partialité, j'ai emprunté ces extraits au compte rendu de la *République de l'Oise* (6 avril 1892).

(2) Pour comprendre aujourd'hui tout ce qu'il y a de particulièrement et épouvantablement violent dans ces paroles, il faut se rappeler que l'on était encore sous le coup de l'affolement causé par les attentats anarchistes du boulevard Saint-Germain et de la rue de Clichy, dont l'auteur était le fameux Ravachol, arrêté la veille seulement.

» Le clergé qui n'a pas de patrie, puisque son chef est à Rome, et que c'est à Rome que convergent toutes ses volontés, toutes ses espérances, n'a pas non plus de scrupules (1). »

Pour tout homme de bonne foi et un tant soit peu logique, il n'est pas difficile d'établir une corrélation entre ce discours et les troubles de la cathédrale qui en étaient la suite. En admettant même que les libres-penseurs de Beauvais n'aient pas été surexcités par les exemples de leurs coreligionnaires de Paris et d'ailleurs, ils l'eussent été, sans nul doute, par les diatribes du F.˙. orateur délégué du Grand-Orient.

Il est à peine inutile de faire remarquer que ces réflexions ne sont pas celles de la *République de l'Oise*. Pour elle, cette fois comme toujours, c'est la faute au clergé. Elle apprend que le curé de la cathédrale s'est permis d'envoyer une lettre d'invitation à tous les hommes, les convoquant à ces conférences faites spécialement pour eux, aussitôt de s'écrier avec indignation : « Le clergé de Beauvais serait-il jaloux des succès du clergé de Paris et veut-il donc donner lieu à des manifestations dans les églises, lui aussi? Il relance les ouvriers chez eux en leur envoyant des lettres. C'est une provocation directe... »

En parlant ainsi, le journal franc-maçon était dans son rôle.

Mais certains conservateurs trouvèrent mieux. L'un d'eux écrivit à la *République de l'Oise* une lettre — non signée — dans laquelle il disait que les déplorables incidents de la cathédrale étaient « le résultat

---

(1) Les passages rapportés entre guillemets sont également empruntés au compte rendu de la *République de l'Oise* (6 et 7 avril 1882).

fatal des inepties, des sottises verbales ou écrites » de qui donc? Eh! ne l'avez-vous pas deviné? Mais, de moi, de l'abbé Fesch. Cependant, cette fois, je n'étais pas seul accusé. Le conservateur impartial — c'est ainsi qu'il signait — ajoutait : « L'abbé Fesch est personnellement moins coupable ou responsable que tel de ses supérieurs ecclésiastiques... qui l'a poussé au journalisme, à la polémique abracadabrante, l'a encouragé de la voix et du geste à se hisser sur les tréteaux... »

Voilà qui est déjà bien joli.

Un autre — un royaliste celui-là, — écrivait dans l'*Echo de l'Oise* ces lignes que la *République de l'Oise* reproduisit avec une jubilation extrême :

« Il nous sera permis de tirer la morale de ces faits scandaleux :

» On ne saurait trop sévèrement condamner les odieux procédés des perturbateurs. Mais il faut dire que le P. Lefèvre a commis une *imprudence* en citant dans le courant de son sermon sur le *Repos du dimanche*, un article tiré du journal le *XIXᵉ Siècle*, ce qui permet de crier à l'ingérence du clergé dans la politique; mais il faut dire encore que les esprits se fussent montrés *plus calmes*, si, depuis quelque temps, ils n'avaient été excités par les tirades aussi publiques que maladroites de M. l'abbé Fesch (1).

» *Et voilà, en fin de compte, le résultat de cette belle politique que l'on prêche à la « Croix de l'Oise » :* batailles dans les églises, insultes aux choses saintes, chant de la *Carmagnole* et de la *Marseillaise* devant

(1) L'*Echo de l'Oise* oublie les excitations autrement violentes de M. Lepelletier, et les troubles arrivés à Paris et ailleurs, et qui avaient inspiré ceux de Beauvais.

les autels ; charmante réponse, en vérité, des hommes de la République à l'encyclique du Pape et aux risettes du parti catholique-néo-républicain. »

On voit ici percer le bout de l'oreille. C'était parce que je défendais la politique pontificale et que j'étais du « parti catholique-néo-républicain que j'étais ainsi en butte aux attaques des « réactionnaires ».

Et naturellement, c'est moi que l'on chargeait de tous les péchés d'Israël ; il fallait arriver à me faire lapider. Le Dr Gérard avait déjà demandé ma tête ; certains étaient bien aises de contresigner sa requête.

Je répondis en ces termes à ces attaques que je reproduisis intégralement dans mon journal :

« Vrai, disais-je, ça n'est guère flatteur pour moi et on ne me reprochera pas, je suppose, d'encombrer la *Croix* de compliments envoyés à mon adresse. Ainsi donc c'est moi le coupable ; c'est moi qui suis allé trouver les perturbateurs, c'est moi qui les ai excités. Dans deux jours on aura découvert que c'est moi qui les ai payés ; dans trois on aura la preuve que, mêlé à eux, c'est moi qui ai crié au prédicateur : « C'est pas vrai. » Et dans huit jours je serai sur les bancs de la correctionnelle, tandis que M. Vermont, défendant ses coreligionnaires en libre-pensée, fera retomber sur moi toute « la responsabilité morale » de ces pénibles événements. Oui, messieurs, n'en cherchez pas d'autre, le voilà,

    Ce maudit animal,
Ce pelé, ce galeux, d'où nous vient tout le mal.

» C'est encore bien heureux pour moi que la police ait mis la main sur l'auteur des explosions de dynamite, sinon on m'aurait arrêté aux lieu et place de

Ravachol. L'anonyme « réactionnaire impartial » m'attribue une influence bien considérable.

» Ce sont mes « inepties, sottises verbales ou écrites, » autrement dit mon intervention dans les réunions publiques, mes articles de journaux, qui ont amené ce « résultat fatal » à Beauvais ; et ailleurs aussi sinon les assertions de l'*Impartial* tombent d'elles-mêmes. Ainsi, je parais dans une réunion de Méru, je réponds à M. Hubbard ; aussitôt, comme conséquence, éclatent les troubles de Saint-Merri. J'interviens dans la conférence de Sacy-le-Grand — la première — je monte sur les tréteaux de la salle Lefèvre, le lendemain l'église Saint-Joseph est envahie par une foule irritée. Je me hasarde au théâtre en présence de M. Camille Pelletan, comme contre-coup Mgr Turinaz, voit sa propre cathédrale mise à sac et lui-même insulté, tandis qu'à l'opposé une église de Marseille est fermée pour cause de troubles. Je vais une seconde fois à Sacy-le-Grand où je parle sur les corporations, en un clin d'œil le P. Lefèvre traitant de l'influence de la religion et du repos du dimanche est hué, honni, dans la cathédrale de Beauvais.

» Et notez bien que, dans toutes ces circonstances, d'après la *République de l'Oise*, j'ai été faible, piteux ; d'après certains autres, j'ai été quatre fois au-dessous de ce que j'aurais dû être. Que serait-il arrivé, grand Dieu ! si j'avais été éloquent, si j'avais été moi-même au niveau de ce que j'aurais dû être ! Beauvais serait réduit en cendres et la France entière s'abîmerait dans une conflagration totale. Et tout cela grâce à mes « inepties, sottises verbales ou écrites ».

» Quel foudre de guerre suis-je donc ?

» Je ne puis pas ouvrir la bouche, je ne puis même

pas tremper ma plume dans l'encrier sans qu'aussitôt la terre entre en ébullition. C'est pire que le Jupiter olympien qui, d'après le poète, n'avait qu'à froncer le sourcil pour faire trembler l'univers :

Annuit, et totum nutu tremefecit Olympum.

« Jadis, du temps de Tertullien, quand le Tibre débordait, quand le Nil ne débordait pas, quand le Vésuve était en éruption on criait : « Les chrétiens aux lions ! »

» Désormais on changera la formule pour y substituer celle-ci : « L'abbé Fesch à la lanterne. » Je sais bien qu'il ne déplairait pas à certains révolutionnaires, à certains « réactionnaires, » genre *République de l'Oise*, de me voir balancer au sommet d'un bec de gaz. »

J'écrivais ceci le 9 avril; le 15, mon premier article était intitulé : *Le dernier jour de la Croix de l'Oise*.

Il commençait ainsi :

« Ce soir la *Croix de l'Oise* aura vécu. Fondée le 14 septembre 1891, fête de l'Exaltation de la Sainte Croix, elle disparaît le jour du Vendredi-Saint. Entre ces deux époques on ne peut dire qu'elle aura subi des vicissitudes diverses, car son succès a toujours été croissant. Son tirage atteignait, le dimanche, 3,000 numéros et en semaine près de 2,500; et la campagne électorale entreprise déjà de plusieurs côtés nous promettait encore une augmentation sensible. La *Croix de l'Oise* disparaît donc en plein succès.

» C'est de notre part un acte d'abnégation.

» La ligne de conduite suivie par la *Croix de l'Oise* et qui n'est, après tout, que la ligne de conduite tracée par le Saint-Père lui-même dans ses différentes encycliques, n'a pas eu le don de plaire à certains groupes de conservateurs ; nous employons ce terme, puisque c'est le terme consacré.

» Avant même qu'elle fût née la *Croix de l'Oise* avait subi le feu de ceux qui auraient dû être, sinon ses défenseurs, du moins ses aides, ses compagnons, dont le but commun était le triomphe de la religion et de la liberté ! Ces escarmouches qui, après tout mon Dieu, pouvaient être excusables au premier moment, n'ont pas discontinué. Elles n'ont même fait, suivant une expression commune, que croître et embellir, sans que la *Croix de l'Oise* y ait donné le moindre prétexte par des attaques personnelles que l'on ne s'est pas fait faute de diriger contre elle. La *Croix de l'Oise* cesse sa publication le Vendredi-Saint, anniversaire du jour où les politiques juifs, les Pharisiens de cette époque étaient bien persuadés d'avoir tué le Christ ; trois jours après le Christ ressuscitait. Nous ne voulons pas dire que la *Croix de l'Oise* ressuscitera, mais la doctrine qu'elle défendait sera certainement de jour en jour des progrès nouveaux, malgré les efforts des opposants de toutes sortes, car elle a pour elle le Pape, successeur et représentant du Christ ; elle se résume en ce mot :

» *Catholiques avant tout.* »

Plus loin, après avoir publié la lettre que Mgr Péronne m'adressa pour saluer l'apparition de la *Croix*, j'ajoutais :

« Mgr Péronne fut l'inspirateur et le soutien de l'œuvre de la *Croix* ; il lui accorda son appui moral. Sans lui, évidemment rien n'aurait pu se faire. Non seulement il donna la permission mais on pourrait dire l'ordre d'entreprendre ce rude travail. Car il regardait la presse comme un des moyens nécessaires à notre époque pour instruire les peuples et ramener les âmes à la claire lumière de la vérité religieuse.

» On ne saurait nier que la mort de Mgr Péronne dut être fatale à la *Croix de l'Oise*. Déjà, tandis que sa dépouille mortelle reposait encore dans la chapelle de l'Évêché, on se promettait d'influencer son successeur afin de l'amener à supprimer ce journal, gênant pour plusieurs.

» Il ne sera pas nécessaire d'en arriver à ces petits moyens. Le successeur de Mgr Péronne ne trouvera pas cet obstacle sur sa route, il n'aura pas à subir la pression d'autorités plus ou moins constituées, en dignité officielle ou non.

» Si la disparition de la *Croix de l'Oise* peut amener plus tôt dans l'église de Beauvais un Evêque selon le cœur de Dieu nous en serons heureux.

» Pour mon compte personnel, je dois cet aveu qui ne saurait coûter au plus petit des chrétiens en ce jour de Vendredi-Saint : si dans le cours des polémiques journellement engagées, où parfois le coup dépasse le but, j'ai pu blesser qui que ce soit, ami ou adversaire, qu'il en reçoive aujourd'hui l'expression de mes plus vives et sincères excuses. »

Que s'était-il donc passé ?

On aura remarqué, je suppose, plus haut, cette phrase :

« Le successeur de Mgr Péronne ne trouvera pas cet obstacle sur sa route ; il n'aura pas à subir cette pression d'autorités plus ou moins constituées, en dignité officielle ou non (1). »

(1) Il était alors question, pour le siège épiscopal de Beauvais, d'un ecclésiastique de la région dont la candidature fut depuis écartée.

Cela évidemmment devait signifier quelque chose.

De son côté, la *République de l'Oise*, qui était loin d'être de mes amies, écrivait ces lignes suggestives :

« Disparue la *Croix de l'Oise*, tout à coup, morte pour ainsi dire sans agonie.

» Des bruits de suicide sont adroitement répandus, mais nos renseignements nous permettent bel et bien d'affirmer qu'il s'agit d'un assassinat (1).

» La *Croix de l'Oise* n'a pas volontairement mis fin à ses jours — c'eût été contraire à ses principes religieux ! — elle est morte *assassinée*. »

A une autre page, dans un filet intitulé « Les Dessous, » elle disait :

« Cette disparition de la *Croix de l'Oise* n'est pas si inexplicable qu'elle le paraît.

» Il y a des dessous... comme chaque fois que nos petites passions, nos petites ambitions humaines sont en cause.

» Quelque jour peut-être nous reviendrons sur ce point intéressant. »

Que s'était-il donc passé ?

Quelque chose de très simple.

C'est par ordre de mes supérieurs que j'avais entrepris ce dur travail ; c'est par ordre de mes supérieurs que je le quittai.

Mgr Péronne était mort ; M. le Vicaire capitolaire me manda chez lui le 12 avril, et nous eûmes une assez longue et vive discussion qui peut se résumer en ceci :

« On exigera de l'Evêque futur la suppression de la *Croix de l'Oise* ; il est préférable de disparaître avant.

(1) Ce dernier mot était imprimé en caractères majuscules.

— » Mais, répliquai-je, cet évêque n'est pas encore nommé !

— » Il le sera peut-être plus tôt que vous ne croyez. »

Et la *Croix de l'Oise* disparut, assassinée, comme dit si bien la *République de l'Oise*. La « conjuration » de la franc-maçonnerie et du conservatisme intransigeant avait réussi.

Ce n'est peut-être pas encore le moment de rechercher si, autour de cette raison apportée comme la principale, n'ont pas surgi différents motifs nés d'ambitions diverses.

Trois plaintes étaient alors déposées au tribunal : l'une par moi contre la *République de l'Oise*, pour refus d'insertion ; la seconde par un de mes confrères contre le même journal pour diffamation ; la troisième par l'archiprêtre de la cathédrale contre les perturbateurs des offices. Ces plaintes, disait-on, n'étaient pas sans gêner certains membres du parquet. Il y eut des allées et venues, des colloques... Bref, le 20 avril, la *République de l'Oise* annonçait que mon confrère ne donnait pas suite à sa plainte, que l'archiprêtre retirait la sienne. Et elle ajoutait avec un petit air de contentement facile à comprendre : « En quatre mois, voici le troisième procès à la requête du clergé qui n'est pas appelé à l'audience! »

On a voulu, depuis, gloser, épiloguer sur tout cela : mais rien ne contrebalancera la force de la vérité, et la vérité est ce que je viens de raconter.

La *Croix de l'Oise* est tombée sous les efforts réunis de la *Franc-maçonnerie* et du conservatisme peureux, égoïste et réfractaire aux enseignements du Pape.

Et comment fut accueillie cette disparition de mon journal?

La *République de l'Oise* fut correcte : « M. l'abbé Fesch, dit-elle, est un adversaire tombé; nous l'avons combattu de toutes nos forces, mais il se retire de la lutte et nous ne lui gardons ni haine ni rancune. »

Le marquis de Licques, mon ancien directeur d'autrefois à l'*Éclaireur de l'Oise* et qui, depuis notre polémique racontée plus haut, me tirait parfois dans les jambes, eut un article très noble et très digne : « Il n'avait pas été partisan de la *Croix de l'Oise*, disait-il en substance; mais étant donné qu'elle existait, il fallait la soutenir puisqu'elle combattait le bon combat contre la franc-maçonnerie et la libre-pensée. » C'est à la suite de cet article que nous nous réconciliâmes, comme je l'ai dit.

Les autres, les pseudo-conservateurs et catholiques, écrivirent des phrases comme celles-ci : « En ce qui me concerne, disait l'un, j'ai vigoureusement combattu et la *Croix de l'Oise* et son très compromettant rédacteur en chef, M. l'abbé Fesch, parce que — et je l'ai victorieusement démontré — cet organe était on ne peut plus nuisible à la cause du parti conservateur et catholique. Non seulement ma conscience ne me reproche rien, mais j'estime que si j'ai contribué à la disparition de cet organe malfaisant, c'est un résultat très appréciable, dont il m'est permis de me féliciter. »

Je n'apprécie pas, je me contente de reproduire.

Je dois dire maintenant que, parmi le clergé, ce fut une véritable consternation. Et ceux qui à cette époque étaient à même de connaître l'opinion, me rendront cette justice que je n'exagère pas en parlant ainsi. Je reçus, à cette occasion, une foule de lettres. Je n'en citerai qu'une. Elle me fut écrite par un jeune prêtre, pauvre, mais plein de vaillance et de zèle, que plusieurs fois j'avais aidé dans les œuvres qu'il avait entreprises et que j'avais vigoureusement défendu contre certaines attaques :

« Cher Confrère,

» Recevez, je vous prie, l'hommage de ma sympathie la plus grande pour l'épreuve qui vous frappe. Certes, je n'ai pas la sotte prétention de croire que je contribuerai à adoucir votre peine. Mais je tiens à ce que vous sachiez que chaque jour je priais Dieu pour vous. Je vous aimais parce que vous nous défendiez, je vous aimais surtout parce que vous mettiez au service des plus belles causes toute la belle intelligence dont Dieu vous a doué. Je ne parle pas du grand cœur que l'on sentait battre à chaque ligne pour le bien de la Religion et de la Patrie. Cher confrère, si vous avez encore des ennemis et de funestes amis, sachez qu'il y a aussi dans le diocèse des cœurs qui battaient à l'unisson du vôtre, et qui, aujourd'hui que vous déposez glorieusement les armes, vous disent avec fierté et bonheur : « Pour Dieu et pour nous vous avez combattu le bon combat, vous avez été persécuté, odieusement calomnié ; merci. Dans votre retraite vous n'en serez que plus estimé et aimé. »

» Pardonnez-moi, cher confrère, de ne pas savoir mieux vous dire tout ce que j'éprouve de respect, d'estime et aussi, me le permettez-vous, d'affection pour vous. C'était à moi, à qui votre plume a fait tant de bien, à protester très haut contre d'indignes manœuvres et de basses intrigues qui ont abouti enfin! Mais Dieu vous a déjà récompensé, car vous pouvez vous donner ce beau témoignage : « J'emporte avec moi la haine des ennemis de mon Dieu, donc j'ai bien combattu ; j'emporte encore plus l'affection et l'estime de mes *vrais* confrères, donc j'ai réussi... »

On me pardonnera d'avoir donné cette lettre. Je n'ai pas hésité à reproduire les attaques de mes adversaires, je pouvais mettre en face les témoignages d'affection et d'estime de mes amis. Et ils sont nombreux, dans ce clergé de l'Oise auquel j'envoie le souvenir ému d'un cœur qui n'a pas cessé d'être des leurs.

.˙.

Je n'avais qu'une chose à faire : abandonner une lutte devenue impossible. C'est ce que je fis. Aujourd'hui, en me remémorant ces souvenirs d'une époque si pénible, je n'ai même pas l'idée de regretter ces efforts. Je songe que je n'ai peut-être pas été tout à fait inutile. « Il faut des soldats morts emplissant le fossé pour l'assaut de la victoire. Avec des vies manquées se fait, dans la douleur, le génie de l'humanité vivante. » (1)

(1) G. CLÉMENCEAU. *Les plus Forts*.

CHAPITRE XI

DANS LES COULISSES... DU JOURNALISME

L'humanité a vu successivement régner l'âge d'or et l'âge de pierre : on nous l'a fait du moins apprendre dans nos classes. Lorsque d'ici plusieurs milliers d'années, on voudra caractériser notre temps, je doute que l'on puisse l'appeler autrement que l'âge du papier.

Livres et journaux, en effet, règnent en maîtres, les derniers surtout. Nous en faisons notre nourriture; notre pâture serait mieux dit. C'est une fringale, une boulimie de renseignements qui fait subir à notre cerveau ces mêmes tortures qu'éprouve l'estomac atteint de cette affection maladive. Le matin, pour déjeuner, il nous faut un journal; un journal, le soir encore, pour activer notre digestion.

Et voici que, depuis quelques années, notre cerveau s'agite lorsqu'il n'a pas, sur le coup de midi ou deux heures, un journal à se mettre dans les lobes. — Quand je dis « nous » j'entends les Parisiens; car le provincial, heureusement pour lui, n'en est pas encore là.

Mais cela ne dénote-t-il pas un malaise quelconque dans le corps social, malaise auquel participent les individus ?

Les journaux de midi et quelques-uns de ceux du soir, sont les produits d'une époque de perturbation et de trouble, où les esprits enfiévrés, haletants sont dans l'attente ou dans la crainte de quelque événement grave.

La plus belle saison de cette efflorescence est celle qui vit naître la *Cocarde*, il y a dix ans passés. C'était l'époque orageuse du Boulangisme et du Panama, où les scandales poussaient comme des champignons sur le fumier de la politique. A chaque instant on s'attendait à voir le brav' général enfourcher son cheval noir, et s'en aller prendre d'assaut l'Elysée ; et l'on se demandait : « Est-ce aujourd'hui ? » Puis le Panama, l'ère des soupçons, des dénonciations, des révélations, que sais-je ? Et l'on se disait : « A qui le tour ? » Et chaque heure apportant son scandale ou sa crainte, à chaque heure on achetait le journal.

Tant que la crise durait, — et elle s'est prolongée assez longtemps, avec de courts moments d'accalmie et des accès soudains — les journaux de midi vivaient, ou plutôt semblaient vivre, comblant avec l'argent de la duchesse ou des fonds secrets (suivant les opinions) les trous de leur caisse. Car, au prix dérisoire auquel on est obligé de les laisser aux vendeurs et aux camelots, il est impossible qu'ils fassent le moindre profit. D'autant plus qu'ils n'ont pour eux que la vente au numéro, vente très aléatoire et très variable, ces journaux n'ayant que peu ou pas d'abonnés. Quand j'arrivai à la *Cocarde*, en 1894, il n'y avait pas un service de bandes de vingt-cinq abonnés.

Le scandale lavé en justice ou au Parlement, le public, le bon public trouve qu'il n'y a plus rien d'intéressant dans ces feuilles qu'il arrachait naguère tout humides encore de la presse, aux kiosques ou aux camelots ; il les délaisse, et celles-ci, abandonnées, s'en vont, beaucoup du moins, les pauvrettes, chez l' « équarrisseur ». C'est le nom assez communément donné à certains industriels ou à certaines sociétés du faubourg Montmartre, dont le métier consiste à ramasser ainsi, à vil prix, les feuilles qui tombent. Ils en groupent plusieurs ensemble, font chaque jour une composition vaille que vaille qui sert à toutes; le titre seul change. Chaque journal est ainsi imprimé à quelques dizaines ou centaines d'exemplaires ; moyennant quoi, ces trafiquants obtiennent des compagnies de chemins de fer un certain nombre de billets, de commerçants naïfs des annonces, et des subventions de sociétés financières, etc., etc. Ils empochent l'argent, vendent à 50 pour 100 de leur valeur billets de chemins de fer ou de théâtres, et tout le monde est content. J'en ai même connu un qui avait ainsi réuni trois journaux qui à eux trois ne tiraient pas à cent exemplaires et qui émargeait aux fonds secrets. — Ah bah! me direz-vous ? — Mon Dieu oui ! et la chose est fort simple ; avec ses « canards » (1) qui ne battaient que d'une aile, il pouvait faire envoler quelque révélation qui, reprise par toute la presse, n'aurait pas manqué de susciter des difficultés au gouvernement. Je dois ajouter que le même avait en province une quinzaine d'abonnés, lesquels se figuraient vraisemblablement que leur journal,

(1) Je n'apprendrai rien à mes lecteurs en leur disant que le mot « canard » veut dire journal. Je donnerai plus loin l'origine de ce curieux vocable.

lu depuis des années devait être le premier journal du monde (1).

．·．

Le journal n'est plus, maintenant, en trop grande partie, qu'une affaire commerciale, et quel commerce grand Dieu ! Tout y est vénal, même le silence, tout s'y achète, s'y paie, du titre à la signature du gérant.

Telles sont les doléances, et j'en adoucis les termes que l'on peut lire à chaque colonne de l'enquête ouverte par la *Revue bleue*, doléances faites par des journalistes eux-mêmes.

Ces « tares » de la Presse contemporaine sont inhérentes aux journaux du matin comme à ceux du soir; si j'ai pris ceux-ci comme types, c'est que leur état précaire rend le mal plus visible, et que j'ai été plus à même d'en examiner la gravité.

Que de gens, que d'espèces de gens circulent, rôdent, se cachent, dans ces usines bruyantes, dans ces caravansérails immenses du Croissant, qui contiennent tout à la fois, les imprimeries et les rédactions. C'est une poussée farouche autour non pas d'un peu de gloire, mais d'un peu de pain.

Les imprimeurs dont les machines roulent déjà pour un journal ou deux, ne désirent qu'une chose : les occuper davantage, cela n'augmentant pas leurs frais généraux. Ne peuvent-ils arriver directement à obtenir

---

(1) Que de journaux, dont la réputation était universelle jadis, sont ainsi tombés : *Le Constitutionnel, Le Pays*, etc., etc. *La Presse* elle-même, qui fait tant de bruit en ce moment, n'est qu'une résurrection de la fameuse *Presse* de Girardin, morte le 29 mai 1885.

la clientèle? Ils recherchent alors dans l'entourage du directeur ou du propriétaire, un homme influent, secrétaire de rédaction ou administrateur, et lui promettent une « bedide gommission ». — « Tâchez donc de faire venir le journal chez moi, et je vous donnerai une subvention de cent francs par mois. » — « Tope là. » Et l'affaire est dans le sac. Le directeur n'y voit que du feu.

C'est alors le tour des marchands de papier. — « Si j'arrive, par votre entremise à faire la fourniture du papier, je vous donnerai 0,10 centimes, 0,25 centimes par mille de journaux tirés. » Ainsi parlent-ils à celui qui donne les ordres et chiffres de tirage. — S'ils ne réussissent pas de cette manière et que l'on s'adresse à un autre marchand, ils emploient un « truc » particulier pour évincer le concurrent. Ils se faufilent dans l'atelier des machines et « graissent la patte » aux mécaniciens. Ceux-ci, un beau jour, font un tour de vis ou d'écrou et au milieu du tirage, le papier craque, se déchire et cela toutes les cinq minutes. Le journal est en retard, naturellement. Quand la chose se représente plusieurs jours de suite, vous vous plaignez. Le mécanicien jure que c'est la faute au papier, qu'il ne vaut rien. Et, pour ne pas manquer la vente, vous changez votre fournisseur. Si le journal n'a qu'un faible tirage et n'exige pas l'emploi d'une rotative, on le tire sur machine plate; or, dans beaucoup d'imprimeries, on a conservé l'usage de mouiller, auparavant, le papier. C'est une opération qui demande une certaine adresse, un tour de main particulier, car suivant le degré de mouillage, le papier vaut ou ne vaut pas. Le marchand s'entend avec l'employé chargé de la « trempe » et vous devinez ce qui s'ensuit.

Je ne parlerai pas des chefs de vente qui vous comptent moins de feuilles qu'ils n'en ont reçu, qui vous font rentrer plusieurs jours de suite les mêmes « bouillons » (1), etc., etc.

Tout cela se fait au détriment de la caisse du journal, mais au profit des intermédiaires.

On ne m'accusera pas, je suppose, d'inventer. J'ai été témoin, — dirai-je aussi victime — de ces choses. Peut-être même les ignorerais-je, si mon secrétaire de rédaction, auprès de qui des tentatives de ce genre avaient été faites, n'avait eu, dans la circonstance, la loyauté de m'en informer. Je lui conseillai d'accepter, tout bonnement. Autant de pris sur l'ennemi.

.°.

Tout le monde, donc, s'ingénie à gagner le plus d'argent possible. Le journal, dont la vie est pénible fait, suivant la formule, flèche de tout bois.

La vente ne suffit pas; restent les annonces. Que de choses on a fait entrer sous ce nom.

Je ne m'attarderai pas à discuter le plus ou moins de responsabilité d'un journal relativement aux annonces commerciales ou financières qu'il présente à ses lecteurs. La quatrième page est-elle ou n'est-elle pas un mur sur lequel chacun peut venir poser des affiches moyennant finances ? A d'autres de répondre.

La quatrième page, dis-je ? Elle ne suffit plus ; la troisième est envahie. Les réclames s'y étendent sous toutes les formes : la caricature et le quatrain s'y suc-

---

(1) C'est le nom donné aux journaux invendus, et que l'on rapporte à l'administration.

cédent. Vous commencez la lecture d'un fait divers émouvant : vol, assassinat, suicide où bouillonnent ensemble tous les ingrédients de la marmite des sorcières : vous arrivez aux dernières lignes et vous découvrez que ce malheur ne serait pas arrivé à la victime si elle avait fait usage du savon de X ou du parapluie de la maison Y. Aux informations politiques se mêlent des échos relatifs au théâtre ou à la librairie ; vous apprenez que le ministère n'est si solide que parce que tous ses membres boivent du Troun-de-l'air-Quinquina ou de l'Elixir Nimporte-Ki.

Et nous arrivons ainsi à la deuxième page, à la première même.

Qui vous dit que cet article contre l'asservissement des rennes du Kamtschatka, ne s'est pas indigné à tant la ligne ? que cette attaque contre les mines de fourmis rouges ne compte pas autant de mots que de *louis* versés au rédacteur — ou au directeur — ou à tous les deux ?

Tout se vend, tout se paye !

Cependant, ne calomnions pas outre mesure notre dernier quart de siècle. Il a suivi ce qui était commencé avant lui.

Quelle curieuse anecdote nous raconte, à ce propos, M. Virmaître, secrétaire de rédaction de la *Liberté*, au temps où le grand brasseur d'affaires Emile de Girardin en était Directeur.

« En juillet 1866, dit-il, j'étais, comme d'habitude, vers sept heures du matin, dans le cabinet de M. de Girardin, en train de recevoir ses ordres. Il était furieux, agité, il se promenait de long en large (pas le cabinet M. de Girardin) comme l'ours du Jardin des Plantes ; je n'osais l'interroger.

Tout à coup, semblant faire un effort, il me dit :

— L'article sur la *Jeune Turquie* est-il composé ?

— Oui ! répondis-je.

— Avez-vous vu Ganesco (1) ?

— Non !

Il recommença sa promenade, bousculant ses papiers, plus furieux que jamais. Je ne comprenais pas ce qu'il pouvait y avoir de commun entre l'article en question et Ganesco. L'article n'était pas de la main de ce dernier.

Tout à coup, Claude entra et annonça :

— M. Grégory Ganesco !

Avant qu'il eût prononcé la dernière syllabe, Ganesco faisait son entrée, toujours vêtu de la fameuse redingote à collet et à parements de velours, en sautant comme une chèvre ; il embrassa Girardin avec effusion, en s'écriant avec un accent et un geste inimitables :

— Mon ser maître, mon illoustre maître, ze souis le plous heureux des hommes en vous serrant dans mes bras, vous, la loumière des loumières.

Girardin me fit un signe imperceptible qui voulait dire : attention, il est trop poli pour être honnête.

Ganesco se tourna vers moi ; même démonstration de joie :

— Bonzour, mon ser camarade, vous le zecond, vous le bras droit, vous savez si ze vous aime.

Girardin et Ganesco se retirèrent dans l'angle de la fenêtre et parlèrent bas. Néanmoins je saisis ces lambeaux de phrase :

(1) Ganesco était un Valaque ou Roumain quelconque, échappé de son pays, et qui affectait des allures d'homme politique persécuté.

— Avez-vous composé l'article?... Oui !...
— Pourquoi n'est-il pas publié?... — Vous savez, donnant donnant... — Je vous jure que vous aurez les traites ce soir... — L'article passera alors demain... — Non ! il faudrait qu'il passe aujourd'hui, donnez l'ordre à M. Virmaître... — Bien.

Ils se rapprochèrent de la table, Girardin me dit :
— Vous ferez passer en première page la *Jeune Turquie*.

Je pris mon portefeuille ; j'allais partir, lorsque Girardin me rappela.
— Donnez-moi le stock des épreuves, me dit-il, j'ai oublié une ligne dans le « Premier Paris ».

Il écrivit rapidement quelques mots en marge d'une épreuve, il remit le tout dans mon portefeuille, et en me serrant la main, il ajouta :
— Je vous recommande de lire attentivement.

Une fois dans ma voiture, je me dépêchai de lire ce qu'il avait écrit. Voici ce que je lus :
— *Arrangez-vous pour que l'article ne passe pas, si à une heure précise vous n'avez pas reçu de moi un ordre signé.*

De retour à la *Liberté*, je fis demander les épreuves et la copie. Je serrai le tout précieusement. Vers midi et demi, à l'heure de la mise en pages, Ganesco arriva rayonnant. J'étais à la composition. Son premier mot fut celui-ci :
— Et mon article ?
— Il va passer.

Par mon metteur en pages je fis aligner tous les *paquets* sur un ais, je fis placer l'ais sur l'angle du marbre, en équilibre, et je continuai ma besogne, l'œil fixé sur la pendule. Une heure sonna. Aussitôt, par un mouvement imperceptible, en me retournant, je fis tomber l'ais, et, patatras, tous les *paquets* tombèrent sur le parquet. Ganesco ahuri se précipita :

— Malheureux, me dit-il, vous tuez la Révolution !

Il se sauva comme un fou.

Le lendemain matin, il revint et me remit ce seul mot :

« Publiez.

« E. de G. »

Quelque temps plus tard, Ganesco, me plaisantait sur ma maladresse devant Girardin :

— Ce n'est pas sa faute, lui répondit cyniquement ce dernier, s'il avait pu caler l'ais avec des billets de mille, il ne serait pas tombé !! (1)

L'histoire est drôle, et elle est peut-être bien de tous les jours, maintenant que ce ne sont pas seulement des articles que l'on paye, mais le journal tout entier, pour faire *campagne* pour ou contre quelque chose, une idée ou un homme.

On ne déplorera jamais assez de telles mœurs, introduites par le mercantilisme et l'américanisme.

Il ne faut pas croire, néanmoins, que tous ces revenus entrent dans la caisse du journal; je parle surtout des annonces. Les agences de publicité, les « annonciers » de toutes sortes qui les transmettent ont soin de prélever la part du lion; comment les en empêcher? Certains journaux ont bien essayé de se suffire à eux-mêmes, mais le moyen de lutter contre ces sociétés bien et fortement outillées !

*
* *

(1) Ch. Virmaitre. *Paris-Canard.*

Il faut vivre! Devant ce mot fatidique, qui tinte comme un glas aux oreilles des administrateurs ou des directeurs de journaux, on est obligé de passer par les exigences d'une foule de gens, comme aussi, on se croit autorisé à faire une foule de choses.

Ainsi, d'aucuns trouvent tout naturel d'émarger aux fonds secrets, ou même de recevoir de l'argent des gouvernements étrangers (1).

Qui n'a entendu parler, au moment de certaines affaires, dénommées affaires de chantage, des subventions que les journaux demandent ou acceptent : subventions des grandes Compagnies, de sociétés financières ou autres, etc., etc. Elles sont de divers genres et diversement cotées.

D'abord, en règle générale, les Compagnies de chemins de fer ne donnent pas de subventions, mais bien des « passes » ou permis de circulation pour des voyages déterminés, qui vont de douze à vingt par an sur chaque ligne. Elles payent ainsi les réclames ou

---

(1) M. Édouard Ducret raconte, au sujet de la fameuse question Norton, une entrevue qu'il eut avec M. Develle, ministre des affaires étrangères et dans laquelle on parla des journaux.

— « Oh! les relations des journaux avec l'étranger, dit M. Develle. Tenez, j'ai ici dans ce tiroir, et il montrait son bureau, la preuve certaine que tout dernièrement un grand nombre de journaux ont touché de l'argent de l'étranger! et dans des conditions!... »

Et M. Ducret ajoute : « Le chef de cabinet de M. Develle, M. Révoil, avec lequel j'eus une conversation le lendemain, quelques heures avant la séance, conversation dont il sera question plus loin, me dit que le ministre avait fait allusion aux fonds distribués à la presse pour faire une campagne en faveur de la rente italienne! »

(ED. DUCRET. *Comment se fait la politique*, chap. V.)

Que dire de cette abominable campagne en faveur du traître Dreyfus, et que l'on prétend payée par un syndicat international!

annonces qu'elles font insérer en des proportions qui augmentent de jour en jour. On a même fait le calcul que si on évaluait aux Compagnies ces insertions au taux habituel des annonces, elles seraient débitrices des journaux.

Beaucoup d'établissements financiers ou industriels accordent ce que l'on appelle des mensualités, c'est-à-dire une sorte de subvention fixe qui varie suivant les journaux et n'est pas inférieure à cent francs pour dépasser souvent mille. Cela est en dehors des réclames faites au moment des émissions, et qui sont payées à part. Ces mensualités ont pour objet de rémunérer les insertions des listes de tirages ou menues annonces de ces établissements. Mais ne serait-ce pas aussi un moyen détourné d'enlever aux journaux la tentation de critiquer, et non sans raison, certains procédés de Bourse ou d'industrie ?

Sans doute, je veux bien avouer que les journaux sont quelquefois coupables, mais le sont-ils toujours? On accuse la Presse de faire du chantage; il n'y a pas à le nier, le fait est trop souvent réel. Mais ne l'incite-t-on pas aussi à se conduire de cette façon?

Oh! je n'excuse pas, j'étudie, j'explique.

Je sortais un jour des bureaux de la *Cocarde*, pour aller déjeuner, quand, sur le seuil, me fut remis un mot de notre « annoncier » m'informant qu'il avait obtenu pour nous une mensualité d'une compagnie de traction animale ou mécanique, que je m'abstiens de désigner autrement. Le lendemain, à pareille heure, autre mot m'informant, cette fois, que la mensualité nous était retirée. Que s'était-il donc passé? Le voici : La veille, je n'étais pas rentré à la rédaction; et mes collaborateurs avaient seuls terminé le journal. L'un d'eux, trouvant dans les dépêches le récit d'un accident arrivé aux chantiers de cette compagnie, l'avait relaté tout au long, et, je crois aussi, insinué que l'accident n'aurait pas eu lieu si la compagnie nourrissait mieux ses bêtes ou nettoyait ses machines avec un soin plus grand.

Comment trouvez-vous le procédé... de la Compagnie, s'entend ? Ne se livrait-elle pas, à notre égard, à une certaine pression, pour ne pas employer le mot de chantage ?...

Que faut-il penser de la compagnie fermière des jeux de Monaco qui propose d'elle-même des subventions, pour qu'il soit fait silence autour des suicides des pauvres diables ruinés, affolés par leurs pertes dans ses salons. Il ne se passe pas d'année qu'il n'y ait plusieurs de ces malheureux qui se brûlent la cervelle. Notez les journaux qui le diront à leurs lecteurs. Les agences, elles-mêmes, en parlent-elles ?

Singulières mœurs, n'est-ce, pas de part et d'autre ?

*
* *

Il est bien curieux le défilé de ceux qui se présentent dans le bureau d'un directeur de journal.

Entre un Monsieur. — « Monsieur le Directeur, je viens au nom de telle société : ne parlez jamais de nous, vous aurez tant ! »

Il sort.

Entre un autre monsieur : — « Monsieur le Directeur, je viens au nom de telle société : parlez souvent de nous, vous aurez tant ! »

Il sort.

Et le défilé continue.

Non pas qu'elles soient bien nombreuses, les sociétés : mais, c'est que, en dehors de leurs représentants autorisés, il est une foule de gens aux ressources plus ou moins connues — plutôt moins — que leurs relations, disent-ils, mettent à même de vous rendre service. Tel a ses grandes et petites entrées au ministère de l'Intérieur : vous inscrire sur la liste des fonds secrets n'est qu'un jeu pour lui ; tel est du dernier bien avec Rothschild ; et sous huit jours il vous obtiendra une subvention du gros banquier ; tel autre… Mais je n'en finirais pas, et j'aurais là-dessus de bien curieuses anecdotes à raconter.

Plusieurs de ceux que j'ai vus ainsi me venir faire leurs propositions ont comparu, plus tard, dans les affaires de chantage. L'un d'eux — j'ajoute aussitôt qu'il bénéficia d'une ordonnance de non lieu — me donna un jour un excellent conseil. C'était l'ancien directeur d'un journal élyséen : grand, à l'air distingué, au masque froid, parlant de façon mesurée, chevalier de la Légion d'honneur. Assis devant mon bureau, il avait sous les yeux le texte d'un traité qui m'était proposé et qu'on me redemandait. Je voyais bien que, tout en me parlant, il le lisait, mais je n'en fis rien paraître. Tout à coup : « Monsieur l'abbé, me dit-il, j'ai regardé machinalement le papier que voici : on vous le réclame, mais ne le renvoyez pas avant de l'avoir fait photographier. »

Comme stupéfait, je lui demandais des explications, il me les donna très bénévolement : « L'homme qui a écrit cela, termina-t-il, niera un jour l'avoir fait, et il vous demandera des dommages-intérêts. » Je trouvai l'avis excellent et le suivis. Deux ans plus tard, en effet, la chose arriva comme il l'avait prévu. Et ce fut un vrai coup de théâtre, quand, devant le tribunal, j'exhibai la photographie du traité dont j'avais envoyé l'original à son auteur. Celui-ci ne me savait pas si avisé ! Hélas ! je ne l'avais guère été de moi-même, j'avais seulement profité du conseil d'un homme qui lui ressemblait par la ruse et qui, comme lui, marchait toujours sur la lisière du Code.

⁂

Le journalisme à notre époque est donc avant tout, semble-t-il, une affaire commerciale — bien mauvaise, assurément, dans la plupart des cas. Les abonnements et la vente ne suffisent pas, souvent, à couvrir même les frais généraux. Ainsi, le *Figaro*, journal à quinze centimes, dont les abonnés sont plus nombreux que les acheteurs au numéro, a eu pour l'exercice 1896 un budget de dépenses de 3.030.824 fr. 37 centimes ; or, le chiffre des recettes pour les abonnements et la vente au numéro n'atteignit que 2.695.045 fr. 32 centimes. Il eût forcément été en déficit, si les annonces, les réclames et recettes diverses n'avaient rapporté à elles seules près de deux millions.

Mais que voulez-vous que devienne un pauvre malheureux journal qui n'a pas d'abonnés, comme, je le redis, la plupart des journaux de midi et du soir, dont toutes les recettes consistent dans la vente au numéro, laquelle ne lui rapporte guère que deux centimes par exemplaire.

S'il n'a pas derrière lui quelque gros bailleur de fonds, il est condamné à mourir, malgré les annonces qui ne viennent qu'en proportion du succès et de la vitalité, malgré les subventions et les mensualités qui, somme toute, ne sont pas énormes. Après une agonie plus ou moins douloureuse, plus ou moins longue, il finira par échouer dans l'officine de l'équarrisseur, d'où quelque Panama, quelque Boulangisme, quelque Syndicat juif le fera peut-être sortir un jour — comme on a vu, ces temps derniers, au moment du procès Zola, réapparaître sur le boulevard, mais pour un soir ou deux, certaines feuilles que l'on croyait à jamais disparues, telles que la *Petite Presse* et le *Petit National*.

CHAPITRE XII

LES REPORTERS ET LE REPORTAGE

« Des faits et beaucoup de faits, des noms et beaucoup de noms dans vos articles, et vous serez lu ! » disait un maître en journalisme.

Le fait a tué l'idée ; le nom a tué la doctrine.

On en gémit, aujourd'hui ; on n'a pas assez de force pour crier « haro ! » sur cette maudite Presse que l'on accuse, et uniquement, de tout le mal.

Mais vraiment est-elle bien la seule coupable ? N'a-t-elle pas trouvé dans le public un complice bénévole ?

Il serait évidemment téméraire de dire : « A tel jour, à telle heure, les nouvelles ont remplacé les doctrines dans les journaux. » En cela comme en toutes choses, il y a eu un acheminement, un développement progressif; produit hybride des mœurs contemporaines, et des besoins nouveaux du journalisme.

Mais, nul ne saurait dire qui a commencé.

Devant une avalanche de concurrents, le journal a-t-il cherché à parler plus fort, au risque de parler moins juste ? Est-ce l'effet de la concurrence ? N'est-ce pas plutôt par esprit d'opposition au gouvernement, que l'on voulait battre en brèche par des nouvelles à sensation ? Faut-il y voir l'application de certains procédés importés d'Amérique ?

Est-ce au contraire le public qui a demandé à son journal :

« Mais, pourquoi donc ne parlez-vous pas de telle chose ? » Et le journal de se dire : « C'est vrai, pour-
» quoi n'en parlerais-je pas ? »

Il y a un peu de tout cela, une sorte de compénétration réciproque de désirs ; et, peu à peu, des nouvelles parlementaires on est descendu aux papotages de salons, plus bas même, aux secrets d'alcôve.

Eh ! bon public, pourquoi m'accuser, moi, journaliste ?

Voyons : n'est-ce pas toi qui, dernièrement, es venu m'apporter cette petite aventure amusante arrivée à ton voisin ? Je l'ai narrée, à mon tour, pour te faire plaisir, et parce que cela me semblait intéressant. Aujourd'hui, c'est ton voisin qui te met en scène ; puis-je faire moins pour lui que je n'ai fait pour toi.

Eh ! de quoi te plains-tu ?

Tu me reproches d'avoir compté les meubles de ton cabinet de toilette. Qui donc m'a envoyé une invitation à venir admirer la corbeille de noces de la fille, et m'a copieusement détaillé les rubans et les fanfreluches de ses vêtements les plus intimes. J'ai là cette invitation, elle est signée de ton nom. J'y suis allé : du salon à la chambre à coucher il n'y a que la distance de quelques marches ; je les ai gravies. Le reporter est curieux de nature, et comme tu m'avais demandé des renseignements sur le cabinet de toilette de mademoiselle de Trois Étoiles, j'ai cru que mademoiselle de Trois Étoiles serait enchantée d'en avoir sur le tien.

Eh ! de quoi te plains-tu ?

Comment ! j'ai tort maintenant de m'appesantir sur les scandales qui éclatent dans tous les mondes ? Mais, ne te rappelles-tu donc pas le temps, peu éloigné encore, où tu venais chaque matin me répéter : « Vous savez, votre journal, il est vide ; à la bonne heure, pendant le Panama, pendant le Boulangisme, il était vivant, intéressant ; aujourd'hui, il n'y a plus rien dedans, aussi, je ne l'achèterai plus ! »

Eh ! de quoi te plains-tu ?

On pourrait plus longuement développer le dialogue.

Chacun doit faire son « meâ culpâ », le public tout aussi bien que le journaliste.

J'ajoute, cependant, que le journaliste aurait dû et devrait résister à ce goût du public. La presse est une force et, si elle le tentait, elle réussirait certainement à faire accepter par ses lecteurs un changement, une amélioration dans ses habitudes [1].

∴

Mais je n'ai pas à dire ce qui pourrait se faire ; je raconte ce qui se fait.

Il ne faut pas croire, que les agences, Havas, Nationale ou autres suffisent à renseigner les journaux.

---

[1] Nous avons trop suivi la méthode américaine. D'après un calcul récent opéré sur plusieurs grands journaux de ce pays, la presse a singulièrement changé. Ainsi la *Tribune*, qui en 1881 donnait des articles littéraires dans la proportion de 15, n'en donnait plus en 1893 que dans la proportion de 5, tandis que les « cancans » qui n'étaient que dans la proportion de 1 sont, en 1893, dans la proportion de 23. Le fait est plus appréciable pour le *World*; en 1881, cancans 1, en 1893, cancans 63 et demi !

Pour les faits politiques de l'intérieur ou de l'étranger, pour certaines cérémonies, elles sont nécessaires ou utiles. Mais se contenter de ce qu'elles fournissent serait s'exposer à donner deux pages de papier blanc sur quatre. Chaque journal est donc obligé d'avoir à sa disposition plusieurs collaborateurs attitrés sans compter les collaborateurs de passage qui vont, en son nom, chercher les nouvelles et qui les lui rapportent. Qu'ils soient courriéristes, chroniqueurs ou autres, donnons-leur le titre générique de *reporters*.

Le maître de la presse actuelle, c'est le *reporter*. Sans doute, il y a bien quelques *leaders* dont le rôle est de faire de temps à autre un article de tête; mais ils ne comptent guère, en somme, que comme ornement. Je dirais volontiers qu'ils font « tapisserie, » tandis que les *reporters* conduisent le bal.

A eux les grands rôles! Ils n'en sont pas plus fiers pour cela. Entrepreneurs de bâtisses ou de démolitions, ils n'ont même pas, souvent, la gloire de signer leur œuvre. Ils découvrent les futurs grands hommes de la littérature ou de la politique comme les étoiles nouvelles du théâtre. Grâce à eux les renommées se construisent — ou se détruisent. Ils sauront d'avance ce que tel académicien dira dans son discours, ou l'intrigue de la pièce nouvelle que prépare l'auteur à la mode. Ils sauront tout : le passé, le présent, l'avenir. Ils liront dans l'esprit du diplomate le plus fin, comme l'astronome dans les cieux ; ils devineront les pensées les plus secrètes, comme ils sauront ouvrir les portes les mieux fermées.

A côté de ceux-là, les aristos du genre et qui font ce qu'on appelle le *grand reportage*, il en est de plus humbles, et de non moins utiles, ceux dont on a dit :

« Le reporter gagne sa vie bien plus avec ses jambes qu'avec sa plume. » (1) Ce sont les petits reporters qui s'occupent des faits divers et menus potins, lesquels, souvent, deviennent de grosses affaires à sensation.

Qu'un crime se commette à l'autre bout de Paris, ils y seront souvent avant le chef de la Sûreté; ils devanceront les pompiers sur le lieu des incendies; mêlés à la foule aux temps d'émeute, ils en noteront les protestations et les cris, et en recevront les coups — qu'ils rendront avec usure.

Tous les jours, en dehors des événements extraordinaires qui surgissent, on peut le dire, sous chaque pavé de Paris, ils vont faire le tour des différents ministères, courent à la Préfecture de police, rayonnent dans les commissariats, partout en somme, où ils pensent trouver quelque fait intéressant pour le journal.

Et cela, par tous les temps, et le plus souvent à pied, par les gros froids d'hiver sous la pluie battante, comme par les grosses chaleurs d'été, dans une atmosphère écrasante; obligés d'être sur pied matin et soir, la nuit surtout, il leur faut, avec le don d'ubiquité, celui de rapidité, on peut dire électrique. C'est une fatigue continuelle et sans repos. Et puis, les gains ne sont pas énormes, dans la corporation; alors il n'est guère facile de se nourrir substantiellement, souvent même on n'a pas le temps de manger.

Ils sont, en effet, parfois maigrement payés. Quand ils sont attachés à un journal au fixe, ils peuvent avoir cent, cent cinquante, deux cents francs par mois. Mais s'ils sont à la ligne, ou obligés d'aller de rédaction en

(1) PAUL BRULAT, *Le Reporter.*

rédaction porter leur pauvre copie, c'est la misère (1).

On reproche aux jeunes reporters leur fréquentation assidue des cafés et des brasseries. C'est là, dit-on, qu'ils usent leur santé ! Eh ! que non ! Et puis, est-ce bien leur faute ? Ils n'ont, pour la plupart, qu'un fort modeste chez-soi.

Il leur faut se rencontrer, pour apprendre les nouvelles ou se les communiquer. Où se rencontreraient-ils, sinon au café ? Là, en effet, toutes les opinions se coudoient et se mêlent ; la meilleure, la plus franche camaraderie règne. Mutuellement, tout buvant, tout fumant, ils se renseignent.

C'est une nécessité fort dure du métier, mais c'est une nécessité. La vie est rapidement brûlée à ce régime, et bon nombre meurent de la poitrine.

O lecteur exigeant, ne les blâmez pas, plaignez-les au contraire ; car c'est pour satisfaire vos goûts d'information rapide et variée, qu'ils procèdent ainsi, et qu'ils usent leur vie, et qu'ils meurent, la plupart, sur un lit d'hôpital, jeunes, mais avec la satisfaction du devoir accompli.

En traçant ces lignes, je pense à un de mes dévoués reporters de la *Cocarde*, dont nous conduisîmes un jour la dépouille mortelle au cimetière d'Ivry.

Par une délicate attention dont les amis du pauvre jeune homme lui surent gré, le directeur de l'hôpital

---

(1) Le nombre des *sans-travail* dans le monde des journalistes est relativement plus élevé que dans n'importe quel autre métier. Les deux grandes associations professionnelles de journalistes, l'*Association des journalistes républicains* et celle des *Journalistes parisiens* ont, la première, plus du tiers (sur 372 membres il y en a 134 sans occupation), la seconde plus du quart de ses membres sur le pavé (90 environ sur 296.) REVUE DES REVUES, 1ᵉʳ Juillet 1894.

Saint-Antoine, où il était mort, avait laissé ouvert le cercueil de bois blanc, et il me fut donné de contempler une dernière fois son visage.

Il n'avait pas changé : tel je le vis quand il m'embrassa avant de partir, tel il m'apparut en ce moment, avec son front bombé, ses joues creuses et son teint jaunâtre. Car il était frappé à mort avant même d'entrer à l'hôpital, moins de quinze jours auparavant.

Qui ne se souvient encore, au Croissant, du camarade Le Franger ? Il n'avait que trente-deux ans ; et la phtisie, de son bec crochu, lui fouillait les poumons. Et pourtant, il marchait toujours ; jusqu'à la dernière heure il fit son service, sans vouloir qu'on le remplaçât.

Et maintenant, il gît là-bas, dans la fausse commune, le pauvre reporter, en attendant, lui aussi, la résurrection.

.·.

Ils se dévouent ainsi, les reporters, parce que, au fond, ils aiment leur « canard ».

Elle est bien curieuse, l'origine de ce mot appliqué au journal :

Un journaliste belge, qui poussait le patriotisme jusqu'à trouver ridicules les nouvelles publiées par les journaux des « Fransquillons », imagina d'en fabriquer une qui dépasserait toutes les autres en invraisemblance ; il prit pour thème la voracité du canard.

Vingt de ces volatiles étaient réunis ; on hacha l'un d'eux avec ses plumes et on le servit aux autres qui le dévorèrent gloutonnement ; après quoi on en sacrifia un second, qui eut le même sort, et enfin successivement tous les canards jusqu'à ce qu'il n'en restât plus qu'un seul! qui, dans l'espace d'une journée, se trouva avoir avalé les dix-neuf autres.

Cette plaisanterie eut un succès immense; quand elle eut circulé dans toute la presse d'alors son auteur la démentit. Mais le mot *canard* resta comme synonyme de fausse nouvelle. Il n'est pas difficile de deviner par quelle association d'idées, le contenu a donné son nom au contenant; comment de mot *canard*, fausse nouvelle, on a fait *canard*, véhicule qui la transporte.

Oui, les *reporters* aiment leur canard. On en voit à chaque instant qui, ne recevant pas d'une caisse vide le moindre sou, pendant des mois et des mois, n'en font pas moins leur besogne journalière pour que leur pauvre journal agonisant paraisse néanmoins. Cela est du dévouement ou je ne m'y connais point.

Il n'est pas de fatigue qu'ils n'affrontent, pas de ruses qu'ils n'inventent pour rapporter de la copie au journal. Vont-ils *interwiever* quelque grand personnages ou l'assassin du jour? Chassez-les par la porte, ils rentreront par la fenêtre. Donnez un dîner intime, ils se déguiseront en maîtres d'hôtel, en valets de pied. Qu'un duel ait lieu presque à huis clos dans un bois : deux gardes-chasse sont là comme pour indiquer aux adversaires un endroit favorable... ce sont deux *reporters*. Si l'usage était encore, comme au temps de Molière, que l'on portât les médecines à domicile, ils se métamorphoseraient en apothicaires, le *reporter* deviendrait momentanément M. Purgon. Le jour n'est pas loin où ils soudoieront M. Deibler lui-même afin que, le remplaçant à la guillotine, ils puissent demander au condamné à mort ses dernières impressions. Peut-être aussi seront-ils invités, comme leurs confrères d'Amérique, par les assassins ou les cambrioleurs, à venir assister à leurs travaux nocturnes pour en rendre compte aussitôt dans leur journal.

Tout arrive !

Le fait suivant est à l'actif d'un *reporter* de province.

Certaine nuit, sortant du journal, il croise le juge d'instruction et le procureur de la République. « Tiens, se dit-il, ils ne sont pas ensemble pour étudier les étoiles, je suppose ! » Il les file, les voit monter dans un landau. — « Evidemment, il y a quelque chose ! » Et sans plus ample réflexion, il se cale comme il peut, derrière le landau. Tels les gamins, au derrière des fiacres. Et la route s'allongea pendant vingt-quatre kilomètres. Mais il ne plaignit ni son temps, ni sa fatigue.

Un assassinat avait eu lieu. Arrivé sur le lieu du crime, il s'éclipse, réussit à entrer dans la maison et, caché dans une armoire ou un coffre à bois, il assiste invisible à l'interrogatoire de l'assassin. Il reprend ensuite sa place derrière le landau et... quelques heures après, juge d'instruction et procureur étaient stupéfaits de voir reproduit presque *in extenso* l'interrogatoire de la nuit !

On raconterait mille traits de ce genre, et de plus merveilleux encore.

*
* *

Perrin Dandin, dans les *Plaideurs*, faisant la leçon

à son fils, lui cite l'exemple de sa mère, une maîtresse femme :

> Elle eût du buvetier emporté les serviettes
> Plutôt que de rentrer au logis les mains nettes.

Le *reporter* est un peu comme Babonnette : il faut qu'il rapporte toujours quelque chose.

Et si, dans sa chasse, il a fait buisson creux?

Force lui est d'inventer, car le public n'admet guère la pénurie de nouvelles, sinon il se fâche et n'achète plus le journal.

Oh! alors, tout, plutôt que de laisser le « canard » péricliter... et l'imagination s'échauffe et la plume court.

Une des histoires les plus connues, est bien celle du fameux serpent de mer qui nagea dans les colonnes du *Constitutionnel* aux environs de 1825. Elle naquit dans l'imagination vagabonde d'un reporter fantastique dont l'histoire a conservé le nom : il s'appelait Paillet.

Quand le fait divers venait à manquer, au lieu de se passer à travers le corps sa plume aiguisée, il faisait sortir toute armée de son cerveau fécond la conception de quelque aventure étrange et mystérieuse à laquelle il donnait prudemment pour décor un pays éloigné comme les Pampas ou le Kamtschatka.

Il se risqua pourtant, sur le tard de sa vie, à peupler de ses créations la capitale et la banlieue, et l'on conte qu'il fit, un matin, courir tous les badauds de Paris à la recherche d'une catastrophe dans des quartiers disparus.

On montra longtemps, non sans orgueil paraît-il,

dans la collection du *Constitutionnel*, l'émouvant récit d'un pugilat entre deux porteurs d'eau, publié par lui en 1828, sous ce titre sensationnel : *Le terrible combat de Poulastrol et de Pouhaka*. La police s'en émut et fit activement rechercher les coupables. Inutile d'ajouter qu'elle ne trouva rien.

Nos reporters modernes n'ont pas dégénéré.

Le journal la *Liberté*, en 1866, racontait qu'une nuit de Noël, des farceurs avaient déposé des écrevisses vivantes dans un bénitier de l'église Notre-Dame-de-Lorette et que le sacristain charitable, au lieu de les garder pour faire réveillon, les en avait retirées et les avait délicatement posées sur les marches qui donnent accès à l'église ; que, la messe de minuit terminée, le sacristain était descendu aux Halles pour manger une soupe à l'oignon, au Grand Comptoir, et, chose merveilleuse, qu'il avait rencontré rue Montmartre les six écrevisses retournant tranquillement à la Seine, en suivant le cours des ruisseaux.

Ces écrevisses — quel singulier *canard* — firent le tour du monde ; six mois plus tard, en effet, on pouvait lire le récit de leur escapade dans le *Courrier de San-Francisco*, qui lui-même l'avait emprunté à la *Epoca*.

Souvent il n'est pas besoin d'inventer : quelque reporter d'occasion en peine d'une pièce de cent sous, quelque fantaisiste envieux voulant faire commettre une « gaffe » à un journal, lui envoie une fausse nouvelle dont la vraisemblance néanmoins permette l'insertion.

Ainsi en arriva-t-il certain jour au *Figaro*. Le 22 février 1883, il écrivait en effet ceci :

« Les drames les plus mouvementés ne sortent pas tous de l'imagination des auteurs ; la vie réelle en offre quelquefois d'aussi terribles que le théâtre. En voici un qui vient de se passer en plein Paris.

» Rue... dans un des arrondissements les plus riches, à deux pas du bois de Boulogne, habitait un ménage de riches Américains, M. et madame X...

» Ils paraissaient s'adorer et pourtant, il y a quelques jours, M. X... apprit une terrible chose : sa femme le trompait.

» Et avec qui? avec un de ses nombreux amis de son monde qui fréquentaient la maison? Non. Avec le jardinier.

» Le pauvre mari eût voulu douter. Impossible. Il surprit des lettres établissant non seulement la culpabilité des deux amants, mais encore un projet infâme, criminel...

» Empoisonne ton mari, disait le jardinier, et nous fuirons ensemble en Amérique, où nous vivrons heureux. »

» M. X. ne dit rien, réservant sa vengeance.

» Hier soir, au moment de se coucher, sa femme, comme d'habitude, fit apporter deux verres d'eau, l'un pour elle, l'autre pour son mari : elle les sucra elle-même.

» Le mari la regardait faire :

« Les verres préparés, il pria sa femme de lui passer un objet qui se trouvait derrière elle. Elle se retourna une minute. Cette minute lui suffit pour faire faire volte-face au plateau, de telle façon que le verre qui lui était destiné se trouvait devant sa femme et réciproquement.

» Tous deux burent à la fois.

» Et, comme M. X... reposait tranquillement son verre sur le plateau, madame X... tomba foudroyée.

» Elle avait avait avalé la terrible dose de poison ; de la strychnine, croyons-nous, préparée par elle pour son mari.

» Tels sont les faits qu'on est venu nous raconter. Une enquête est ouverte, nous dit-on ; le mari et le jardinier seraient arrêtés.

» Demain sans doute la vérité sera faite.

« A demain donc des détails plus précis. »

Aussitôt la presse tout entière de « marcher » là-dessus. Mais, chose étrange, le lendemain le *Figaro*, qui avait promis de nouveaux détails, resta muet.

Que signifiait ce silence ? Voici ce que l'on raconte dans les salles de rédaction (1) :

Un secrétaire de commissaire de police, qui avait voulu être désagréable au *Figaro* dont il avait sans doute à se plaindre, avait tout simplement démarqué un feuilleton du journal le *Matin* (Voir le récit qui précède). Les noms des auteurs du drame, leur adresse étaient indiqués avec précision, rien ne manquait à la vraisemblance ; le *Figaro* accueillit ce récit avec une joie que l'on comprend, l'inséra... mais ne se vanta pas de sa candeur.

Il est bon d'ajouter que nul journal n'est à l'abri de pareille mésaventure, surtout depuis que Lemice-Terrieux non seulement invente des histoires, mais contrefait les écritures. Nous l'avons vu depuis une dizaine d'années.

*
**

Mais qui donc fera le tri, mettra de l'ordre dans ce

(1) VIRMAITRE, *Paris-Canard*, à qui j'emprunte l'anecdote.

monceau d'articles, de nouvelles, envoyés, ramassé de tous côtés? Qui les parcourra afin de voir si tout cela est bien dans la ligne du journal? Qui? Le secrétaire de rédaction; à lui incombe le rôle ingrat de faire, comme l'on dit en terme de métier, la « cuisine ».

Il m'échut, un beau jour, et j'en puis parler en toute connaissance de cause. C'était au *Monde*, journal du soir dont le directeur était mon cher maître et ami l'abbé Naudet.

Veut-on une idée de ce que peut-être la journée d'un secrétaire de rédaction qui, dans un journal, fait tout... ne fait rien, ou plutôt ne fait rien d'apparent.

Voici ma journée au *Monde* :

Arrivé à huit heures du matin, je commence à lire les journaux. Le secrétaire de rédaction les doit tous lire, même ceux de province et aussi les *Semaines religieuses* (il s'agit ici d'un journal catholique). Il acquiert dans cet exercice une certaine dose de scepticisme — oh! de doux scepticisme. Mais là n'est point la question.

Huit heures et demie. Nos collaborateurs arrivent : bonjours, salutations.

Neuf heures, conseil journalier dans le bureau du directeur (1). Discussion sur les articles des journaux. Partant, le secrétaire de rédaction les doit avoir tout au moins parcourus. A lui, en somme, d'indiquer ce que l'on pourrait faire, les articles déjà envoyés par

(1) Quand le fameux docteur Véron prit la direction du *Constitutionnel*, M. Thiers lui dit : « Venez me voir le matin, à l'heure de ma toilette : je vous donnerai des sujets d'articles en faisant ma barbe. » Véron n'y manquait pas. C'était comme le conseil du journal. Grâce aux inspirations de cette barbe, le *Constitutionnel* acquit bientôt une grande importance politique.

les collaborateurs divers, ceux qui restent sur le marbre, c'est-à-dire composés de la veille, etc., etc.

On rentre à la salle de rédaction. Le travail repris, le secrétaire demande, assigne à chacun sa besogne particulière du jour, outre celle déjà régulièrement attribuée.

Et, ce disant, il coupe, il tranche, il taille, il colle, il recolle — à la plume ou au pain à cacheter — il marque, il démarque...

Tout entier à sa besogne, il fredonne sur l'air connu de *Faust* :

A moi, mes ciseaux...

Un coup de sifflet retentit à sa droite, strident, impératif. C'est le directeur :

Poser ciseaux ou plume, prendre le tube, l'emboucher :

— Allô ! allô !...
— Ne pas oublier tel article du *Matin*...
— C'est fait, monsieur...

Et je — le secrétaire de rédaction — me mets à la lecture d'un article envoyé par un collaborateur. Vieux royaliste il s'est loyalement rallié, mais... il faut attentivement relire son travail, si l'on ne veut pas y trouver encadré — comme par hasard — un « Vive le Roy ! » qui souvent n'a rien à voir dans la question.

Quelques coups de plume, de ci de là, deux ou trois soudures... autant de ratures...

Et mon bras droit se lève machinalement, tire un cordon de sonnette... Frégard paraît.

Frégard est un garçon de bureau, lent, mais ponctuel...

— Monsieur...
— Frégard, copie.
— Monsieur, mademoiselle des Bas-Bleus désire vous parler....
— Que le bon Dieu...
— Monsieur, elle est déjà venue hier...
— C'est bien, j'y vais.

Mademoiselle des Bas-Bleus est connue du public — oh ! très honorablement — pour ses feuilletons. Elle nous en a présenté un il y a quelque six mois. Elle veut savoir si on l'accepte, — désir très honorable...

Oui, mais, voilà... je ne l'ai pas lu. J'en ai des tas... haut comme cela...

— Monsieur, veuillez m'excuser. Je viens vous demander si...
— Mademoiselle, veuillez m'excuser... Le temps... fait défaut .. dans quelques jours...
— Au revoir, monsieur.
— Mes respectueux hommages...

Sauvé, mon Dieu !

Je rentre juste à temps pour recevoir une plainte langoureuse, qui s'échappe d'un tube.

C'est Eugène, le metteur en pages.

— Monsieur, de la copie... Je n'ai rien à faire.
— Voilà, voilà.

Je me rassieds.

— Qu'est-ce qui a vu le *Gaulois*?

A cette question vingt fois posée par moi, vingt fois il est répondu de même... par le silence.

Je me lève et je tourne autour de la grande table de rédaction cherchant, furetant, jusqu'à ce qu'enfin je trouve le journal demandé. Comme dans les grandes villes, j'ai remarqué que, au *Monde*, les journaux parcourus suivaient un courant vers l'ouest.

Enfin, j'ai mon journal, je l'ouvre...

Paraît Capron, c'est encore un garçon de bureau, vieux médaillé d'Italie, etc.

— Monsieur l'abbé, c'est un monsieur qui demande M. l'abbé Naudet.

— Eh bien ! conduisez-le.

— Mais, monsieur l'abbé est absent.

— C'est bien, j'y vais.

J'introduis le monsieur dans le bureau de notre cher directeur, je lui offre un large fauteuil de reps rouge, j'en prends un second.

Le monsieur. — Monsieur l'abbé, je suis heureux de pouvoir vous rencontrer et de vous féliciter de votre dernier article... Comme ton, il était plein de vie...

Moi. — ???

Le monsieur. — Du reste, votre dernier volume *Vers l'avenir*...

Moi. — Monsieur, je serai heureux de transmettre à M. l'abbé Naudet vos félicitations et vos hommages...

Le monsieur. — ???

Moi. — Car, monsieur, je ne suis que le secrétaire de la rédaction...

Et la conversation continue... pendant que je m'agite sur mon fauteuil... ma copie qui ne se fait pas...

Répétez chacun de ces incidents une fois par heure, ajoutez-en d'autres de même genre vous aurez la matinée d'un secrétaire de rédaction.

Midi. « C'est l'heure, disait jadis un vieux rédacteur du *Monde*, ousque les animaux vont prendre leur nourriture. »

Et nous allons prendre notre nourriture.

Retour entre une heure et une heure et demie.

(Dans certains journaux, à la *Cocarde*, par exemple, qui devait être sous presse à deux heures, on ne pouvait guère manger avant ce temps, à moins de « casser une croûte » sur la table même de la rédaction.)

Changement de décors. Les journaux sont lus, la copie est donnée, ou presque. Et vous croyez que mon travail est terminé. Croyez-le, bourgeois, croyez-le.

Les dépêches des agences arrivent, le téléphone sonne, le vélocipédiste de la Chambre galope. On trie les dépêches, on les met au ton du journal, on répond au correspondant — et on interpelle la demoiselle du téléphone — on corrige le chroniqueur parlementaire, on corse les bruits de couloir...

Ça va bien...

V...uit V...uit V...uit. C'est la plainte du tube de la composition.

— Ah! encore Eugène. — Qu'est-ce qu'il y a?

— Monsieur, j'ai trop de copie... Que faut-il composer?

— Composez tout.

Pan! allez!... et Eugène s'arrache les cheveux.

Ce qui ne l'empêche pas de monter, un flot de copie en main.

— Mais, monsieur, je ne peux pas, il y a là de quoi faire deux numéros.

— Ah! Dieu, que vous êtes têtu. — Voyons...

Et j'enlève de la copie, je rogne...

Eugène est content... Mais moi je viens de mécontenter un collaborateur de province dont je recule une fois encore un article qui vieillit, mais ne s'améliore pas en vieillissant.

La mise en pages va commencer.

Je descends l'escalier. La porte ouverte, je me trouve nez à nez avec M. X..., un de nos bons amis, mais raseur comme pas un.

— « Monsieur l'abbé...

— Oui, mettez votre copie à mon bureau.

Je m'enferme à la composition. Trois minutes après, mon ami — le raseur — m'y poursuit, et de sa voix mellifiue :

— Monsieur l'abbé...

Moi. — Je vous en prie, monsieur...

Et cela d'une voix douce et aimable... vous voyez d'ici...

Au *Monde*, nous étions un journal sérieux, correct, *select*, un tant soit peu guindé ; nous étions obligés de mettre des gants, parfois des manchettes avec les visiteurs.

Ah ! que j'ai regretté de ne pouvoir afficher dans le couloir d'attente, dans la salle de rédaction, partout, enfin, des pancartes avec ces inscriptions, comme j'en vis ailleurs : « On est prié de ne pas moisir ici ! » ou encore : « Les raseurs se reconnaîtront à ce signe, qu'on ne leur répondra pas autrement que par monosyllabes. »

Oui, mais au *Monde*...

Il paraît qu'un certain jour, je reçus de telle façon un abonné que, le lendemain, il écrivait :

« Monsieur le directeur... La manière dont M. l'abbé Fesch m'a reçu hier... considérez-moi comme ne faisant plus partie de vos abonnés... »

Voyons, lecteurs, suis-je bien coupable !

Il est quatre heures, le journal doit être sous presse dans un quart d'heure ; l'administrateur gémit : « Mais vous ne serez pas prêt... Vous me ferez manquer mon courrier... »

Eugène se lamente : « Monsieur, il manque les épreuves de la politique... »

Et moi : « Diable ! le vélocipédiste qui n'arrive pas ! »

Enfin ! quatre heures et demie ! Je suis de retour à la rédaction. On me montre le premier numéro du *Monde* sorti des presses. Je me délecte.

Un coup de sifflet... strident... (Voir plus haut.)

— Monsieur l'abbé, première page, troisième colonne, paragraphe deux, il y a une faute.

— Bien, monsieur.

J'empoigne le tube de la composition.

— Faites-moi venir le correcteur au tube.

— Allo ?

— Comment avez-vous pu laisser passer cela ?

— Mais, monsieur, je l'ai marqué. — C'est la faute...

— Très bien — faites corriger tout de même.

Est-ce fini ? Non pas. Il y a séance orageuse à la Chambre, procès important au Palais : toutes les demi-heures, on fait des changements sous presse, pour des éditions successives.

Enfin ! les députés ont terminé leurs cris et leurs imprécations, l'accusé est condamné au maximum, et le secrétaire de rédaction est libre. Il s'en va, fourbu de la tête aux pieds, pour recommencer joyeusement le lendemain.

Il en va de même pour tous les secrétaires de rédaction et beaucoup même sont encore plus surchargés.

⁂

Une des modes nouvelles de la presse contemporaine — est-ce une des meilleures ? — est celle qui s'est introduite depuis peu, et qui consiste à mettre dans le journal, des titres à effet, en « vedette » ou des « manchettes », ces grands titres que l'on peut lire en tête de la première page. Cela n'a lieu d'ailleurs que pour les feuilles criées et vendues par les camelots, dans la rue.

Cette mode nous est, comme bien des choses d'ailleurs, importée d'Amérique (1).

Là-bas, en effet, plus encore que chez nous, le journal est devenu une véritable publication de nouvelles, lesquelles se présentent en nombre incalculable et sous des titres les plus alléchants. Ainsi, dans le même numéro du *Herald* (9 juillet 1893) on trouve des articles intitulés : *A la veille d'une révolution. — Quarante-et-un jours de famine dans la Corée. — Le nombre des victimes de l'ouragan monte. — La situation désespérée et l'opinion publique en France. — Les seuls survivants d'un malheur terrible* (avec un dessin représentant un petit garçon embrassant un veau sur des ruines). — *Il s'est noyé afin de gagner un pari de cinq dollars. — La confession d'un criminel*, etc., etc.

Et ces titres jouent même un si grand rôle que chaque journal important a plusieurs de ses rédacteurs occupés uniquement à les chercher, à les inventer. Quand les nouvelles ne sont pas de nature à fournir un titre assez sensationnel, ils inventent aussi la nouvelle. C'est même en face des dangers que présente la publication de nouvelles fausses ou erronées, que chaque journal américain a son *Libel-Preventer*, c'est-à-dire son jurisconsulte, chargé de revoir soigneusement la

---

(1) Voir, là-dessus, les très intéressantes études publiées par la *Revue des Revues*, 15 mars, 1er et 15 juillet 1894.

mise en pages et d'y supprimer les endroits par trop dangereux au point de vue judiciaire.

En France, c'est le secrétaire de rédaction qui remplit cette double charge d'inventeur et de correcteur des « manchettes ». Il est aidé par l'imagination de ses collaborateurs.

Ce n'est pas toujours chose aisée, la matière parfois faisant défaut.

D'un autre côté, le titre doit être suffisamment suggestif, sans être trop explicite. Car le public, né malin, se contentera de lire le titre sur le journal déployé entre les mains du vendeur : le but serait manqué. Il faut, au contraire, fouailler son attention, et lui faire mettre malgré lui la main à la poche, pour en sortir son sou.

Elle est connue cette charge :

Dans le bureau de rédaction d'un journal du soir.

LE SECRÉTAIRE. — Quelle manchette mettrions-nous bien à cheval en tête de la *une*? Qu'y a-t-il de nouveau aujourd'hui?

UN REPORTER. — Pas grand chose... Un commencement d'incendie et un monsieur pris dans la rue d'un saignement de nez.

LE SECRÉTAIRE. — Voilà notre affaire! (*Et il écrit*) : PARIS A FEU ET A SANG !...

C'est ainsi que, forcément, on en vient à se contenter de l'approximatif.

Quand vous lirez des titres comme ceux-ci :

Assassinat de Rochefort!

Démission de M. X... ministre des Beaux-Arts...

Prenez garde! Vous croyez sans doute que Rochefort, le spirituel, vigoureux mais dissolvant polémiste a été assassiné. Détrompez-vous : cela signifie simplement qu'un crime a été commis à Rochefort (Charente inférieure).

Quant à M. X..., ministre des Beaux-Arts, il n'a pas donné sa démission. Mais au retour du Bois, en montant son escalier, il a fait un faux pas et s'est *démis* le pied. Le titre que vous avez lu aurait dû être ainsi libellé : *Démission* (hum !) *du pied de M. X... ministre des Beaux-Arts.* C'eut été plus juste, je le veux bien, mais moins attractif.

C'est l'art de la restriction mentale appliquée au journalisme.

Je sais bien, mon cher public, ce que vous allez me dire. Eh ! que voulez-vous? Ce sont les mœurs nouvelles de la presse que vous avez aidé à implanter, par vos exigences. Corrigez-vous, et la presse se corrigera ! — ou plutôt — corrigeons-nous ensemble !

CHAPITRE XIII

LES CAMELOTS (1)

L'auxiliaire indispensable du *reporter* dans la diffusion des journaux du soir (2), c'est le *camelot*. Sans lui, en effet, les nouvelles les plus sensationnelles, les plus mirifiques trouvailles resteraient lettre morte pour la grande majorité du public, qui continuerait de passer indifférent ou affairé. Postez au contraire le *camelot* aux coins des rues, aux carrefours ou le long des boulevards, son cri frappant votre oreille aura comme répercussion presque forcée le mouvement de votre main puisant à votre poche.

Ah! certes, si l'imagination du reporter est intarissable et féconde, celle du camelot ne l'est pas moins ! Il fallait l'ouïr, au temps où il lui était permis d'annoncer, de crier les nouvelles : il savait en découvrir d'alléchantes, de fantastiques. D'un fait divers

---

(1) Je m'occupe ici uniquement du « camelot » crieur, vendeur de journaux, et non de celui qui, dans les rues, offre aux passants boutons, lacets, images, questions du jour, chansons, etc., etc.

(2) On pourrait le dire également, mais avec réserves, de certains journaux du matin.

banal il charpentait un drame poignant : sur ses lèvres la traînée d'un pot de couleur rouge tombé d'une fenêtre, le long d'un mur, devenait une large mare de sang; un chien noyé se transformait en victime d'un suicide émouvant; de rien même, il faisait quelque chose. A certaines époques plus mouvementées, il ne se passait pas de jour qu'il n'annonçât la démission d'un ministre ou l'arrestation d'un député. Le passant s'y laissait prendre, donnait son sou, lisait curieusement, tournait et retournait les pages et finalement ne trouvait rien; mais lorsque, furieux de sa déconvenue, il levait la tête, le camelot était loin. Se fâcher? Contre qui? Du reste, le parisien est bon homme.

Néanmoins, comme cet abus prenait de trop grandes proportions, le préfet de police y mit un terme, en défendant de crier autre chose que le titre du journal. Eh bien ! croiriez-vous que, respectant l'arrêté, le camelot trouvera le moyen... comment dirais-je ?... De vous tromper ? C'est un bien gros mot... Enfin... laissons-le.

Dernièrement, à l'époque du procès Zola, certain soir, plusieurs camelots déambulaient — galopaient — sur la rive gauche, en criant à tue-tête : *la Presse, la Presse*. Il était huit heures, pleine nuit, par conséquent. Tout le monde de se précipiter. Ils ne savaient, tout courant, à qui répondre. Chacun donnait son sou, prenait le journal tout déplié, et partait, le camelot aussi. Or, qu'était ce journal ? La *Petite Presse*... dans laquelle il n'y avait presque rien. Et comme ils avaient eu le soin de cacher le titre en le tournant de leur côté, on ne s'apercevait de la supercherie que lorsqu'il n'était plus temps.

Quoique donc ils n'aient plus le droit de crier le contenu du journal, ils le font encore parfois, lorsque les agents ne sont pas dans leur voisinage. Mais comme ils n'y attachent plus la même importance que jadis, il leur arrive de singulières aventures. Ils se contentent de lire les titres en vedette, les interprètent à leur façon. Ainsi : c'était en 1894, au moment des attentats anarchistes. L'exécution d'Emile Henry était imminente. Un jour, — le 15 mai — on annonça qu'elle aurait lieu le lendemain ou le surlendemain au plus tard. Nous autres, aussitôt, à la *Cocarde* d'inscrire la manchette énigmatique : *L'Exécution d'Émile Henry*. Cela fait, je sortis. Une heure après, je descendais l'avenue de l'Opéra quand, soudain, j'entends, crier derrière moi : La *Cocarde*. L'*Exécution d'Émile Henry*. SES DERNIÈRES PAROLES. « Ah ! ça, me dis-je, que se passe-t-il ? Emile Henry est donc exécuté ? » Et j'achète bravement le journal que moi-même je viens de terminer, mon journal quoi. Naturellement, il n'y avait rien de plus que ce que j'y avais mis. Mais, mon camelot, à la vue du titre, n'avait pas cherché s'il s'agissait de l'exécution faite ou à faire, et, pour corser sa vente, n'avait rien trouvé de mieux que d'y ajouter de son crû.

N'en ai-je pas entendu un autre, pendant l'affaire Dreyfus, crier au carrefour de la Croix-Rouge : La *Gazette de France*, SON PREMIER NUMÉRO. La pauvre vieille, à son âge, se voir traiter de nouveau-né ! Assurément les ossements de Théophraste Renaudot — s'il en reste encore — ont dû, de stupeur, s'entrechoquer dans sa tombe.

Il en est qui, pour attirer la clientèle, offrent deux journaux différents pour un sou. C'est ainsi que, pendant très longtemps, l'un d'eux, installé au pont des Arts, devant l'Institut, donnait à ce prix l'*Intransigeant* et le *Peuple Français*, l'abbé Garnier et Rochefort réunis. C'était de l'éclectisme, ou je ne m'y connais plus.

Mais, direz-vous, comment peuvent-ils faire ?

C'est bien simple, ils se contentent d'un fort mince bénéfice.

Les exemplaires leur sont laissés suivant un tarif qui varie de un à deux centimes et demi. En supposant que celui dont je parle ci-dessus ait eu le *Peuple Français* pour un centime et l'*Intransigeant* pour deux centimes et demi, il avait un bénéfice de un centime et demi par double numéro. C'est peu ; mais, le camelot se contente de peu.

S'il ne vend qu'un seul journal, ce qui a lieu quatre-vingt-dix-neuf fois sur cent, il peut gagner cinquante, soixante pour cent. Ce n'est pas énorme, on l'avouera. Il lui faut vendre cent journaux pour avoir sa pièce de cinquante sous à trois francs.

En temps de troubles, d'événements graves, le métier est bon. Contrairement au reste des commerçants qui demandent le calme, les camelots désirent le bruit, le tumulte, les Panama, les Boulanger, les Dreyfus, les Zola. Ils font de grosses affaires — relativement. On en voit alors, qui spéculent, ils ne vous laisseront pas le journal — valeur ordinaire cinq centimes, à moins de 10, 15, 20 centimes. La nuit où l'on apprit à Paris l'assassinat de M. Carnot, le *Siècle* fut le premier qui sortit sur le boulevard, en placard d'une demi-feuille. Et les camelots vous en réclamaient cinquante centimes. C'était salé. Mais qu'y faire ? Ils ont commerçants, et ne volent pas plus, ce faisant, que l'épicier qui donne un coup de pouce à sa balance, ou le boulanger qui pèse son pain avec des poids évidés.

Mais ce sont là, pour les camelots, des coups inopinés : en temps ordinaire, ils gagnent tout juste leur toute petite vie.

Voilà pourquoi ils mettent tout en œuvre pour attirer les chalands et écouler leur marchandise.

Rien que par leur boniment, ils seraient capables de vous faire acheter une feuille de papier blanc ou du carton d'emballage.

Mais, en règle générale, le boniment est mort. Force leur est donc de se rabattre sur un autre moyen de réclame. Les uns plient le journal et en entourent leur casquette de manière à faire voir, très visibles, le titre et la manchette. D'autres se contentde tenir leurs journaux dépliés devant eux ; ils sont transformés en hommes sandwichs. Ceux-ci font imprimer sur un numéro, en caractères d'affiches, les événements du jour ; ceux-là font de même sur une pancarte spéciale qu'ils collent à une planche. Ces derniers s'installent en particulier autour des stations d'omnibus et de tramways. Leurs journaux sont échelonnés le long d'une longue perche, et ainsi ils peuvent les tendre aux voyageurs d'impériale, lesquels déposent leur sou dans une sébile de fer-blanc fichée au bout de la gaule.

Qu'il pleuve, qu'il vente, qu'il grêle, vous rencontrez le camelot.

Je n'ai pas la prétention d'en faire, comme l'on dit, de petits saints ; mais, en général, on peut avancer que ce sont de braves gens, aimant leur métier et le faisant pour gagner leur vie. « Cela ne vaut-il pas mieux, me disait l'un d'eux, que de voler ? » Quelques-uns ont, autrefois, occupé des positions libérales : j'y ai trouvé un notaire, un juge de paix, un prêtre même, un officier. Ceux-là me racontèrent leur histoire et comment — pour s'être adonnés à la boisson — ils en étaient arrivés là. D'autres sont camelots par vocation ; nés sur le pavé parisien, ils sont camelots comme ils seraient charcutiers ou garçons de bureau. Mais ils n'aiment pas être renfermés : l'asphalte leur manque.

Au reste, cela n'exige que peu de formalités : une simple déclaration au préfet de police qui répond par un récépissé (1), et vous êtes camelot, de droit, s'entend ; car, de fait, il faut un certain apprentissage comme dans tous les métiers. Connaître le quartier où l'on va opérer, les coins même de ce quartier : tel tronçon de rue est bon, tel autre ne vaut rien. Et puis, il y a le « coup de gueule » à apprendre. Quelle que soit la façon dont il crie, on saura reconnaître le camelot occasionnel du camelot de métier. Tel a une manière particulière d'allonger les syllabes : tandis qu'il prononce ce seul mot : la *Preeeeeesse*, il a parcouru vingt-cinq mètres ; tel autre, au contraire, d'une voix suraiguë vous lance le titre : la *Presse* ; c'est sec, net, saccadé. Une pauvre vieille — car il y a des femmes, mais très peu — sans doute édentée, ou le gosier fatigué, hélas ! par l'alcool et les cris, peut à peine prononcer les mots, on entend la *Pouesse*, la *Pouesse*. L'ancien officier dont je parle plus haut avait à son usage une sorte de mélopée ; quand il criait l'*Intransigeant*, sa voix montait sur la syllabe *tran*, puis redescendait d'une tierce pour

(1) Il paraît qu'il y a, dans les bureaux de la Préfecture de police, 30,000 de ces déclarations. Mais les camelots — vendeurs de journaux — ne dépassent guère effectivement le chiffre de 1,800 à 2,000.

laisser tomber les deux autres. Avec cela, d'une régularité à rendre des points au soleil. J'étais sûr, alors que son cri un peu sourd était perçu le matin aux abords de la place Saint-Germain-des-Prés, que l'horloge de l'église marquait sept heures ou sept heures et quart. Il faisait la rive gauche, grimpait jusqu'à Montparnasse et revenait vers le Croissant, non sans faire quelques stations chez les marchands de vin. Et le soir il reprenait sa tournée avec d'autres journaux en mains.

Les camelots se créent, en effet, une spécialité : ils vendent tel journal et non tel autre, le matin et non le soir, ou *vice-versâ*. Celui-ci a du goût pour la *Libre Parole* ou l'*Intransigeant*; cet autre, au contraire, affectionne la *Presse*. Son voisin cumule : au *Jour* il ajoute la *Patrie* et jadis la *Cocarde*.

Un certain nombre ne marchent qu'avec les journaux de sport. Il est même curieux de les voir, ces derniers, déboucher des rues, ayant en mains une dizaine de feuilles, et ils courent, ils courent... On dirait que l'habitude de transporter des journaux de courses leur a donné des jambes de purs-sang ; et, tout en galopant, ils crient. Mais, l'haleine leur manquant, ils mangent la moitié des mots, et vous n'entendez plus que ce bout de phrase, une énigme pour le provincial ahuri : « ..... plet des courses. » Les initiés comprennent et, pour eux, cela veut dire : « PARIS-SPORT. *Résultat complet des courses.* »

Il en est qui se sont encore spécialisés dans les spécialités. Tel celui-ci qui me disait : « Moi, monsieur, je ne fais que les « *Macchabées ecclésiastiques.* » Ce langage pittoresque, sinon noble, signifiait qu'il ne prenait de journaux que lorsqu'ils relataient la mort, les obsèques de personnages ecclésiastiques notables, ou de laïques notoirement religieux; et puis, c'est à la porte des églises qu'il fonctionnait. De la *Cocarde*, où j'avais fait sa connaissance, il vint me trouver au *Monde*. Mais alors il avait étendu son genre : Au « Macchabée ecclésiastique » il ajoutait les grands discours. Pendant le Carême, au moment des Conférences de Notre-Dame, ou dans le cours de l'année, lorsque devait être prononcé un sermon de charité ou autre par un prédicateur en renom, j'étais sûr de le voir arriver. Parfois même je devais à ses renseignements de savoir qu'une cérémonie importante devait avoir lieu dans telle et telle église. Si le compte rendu en était fait, il prenait un certain nombre d'exemplaires, et le lendemain je le trouvais à Notre-Dame des Victoires ou à Saint-Sulpice, la trogne enluminée, criant son canard; et il ne manquait pas de me venir donner une poignée de main.

Pourquoi pas, après tout?

Je les aimais bien, les camelots, et je puis avancer qu'ils me le rendaient un peu. Quand ils me voyaient circuler dans le quartier du Croissant, ils fondaient sur moi comme une nuée. Je ne dis pas que, dans les commencements, il n'y eut pas une idée intéressée dans cet empressement; celle de m' « estamper » c'est-à-dire de me « carotter » quelques sous. « Monsieur l'abbé, c'est pour moi acheter des journaux. » Je me laissais faire; mais je ne regardais pas trop, pour ne pas voir mon camelot aller partager avec le « troquet » du coin, l'argent qu'il devait donner au chef de vente(1)

---

(1) Le chef de vente est un industriel qui, moyennant traité passé avec un journal, a la charge exclusive de la vente au numéro. A lui, incombe le soin de faire distribuer, par des por-

en échange de journaux. Crier altère beaucoup, la gorge se dessèche, et il faut bien la rafraîchir. Les pauvres diables ! ils sont plus à plaindre qu'à blâmer. Somme toute ce sont de braves gens, et je n'eus jamais à me repentir d'avoir cédé aux expansions — un peu encombrantes parfois — de leur familiarité « bon enfant ».

Ne dus-je pas un peu cette considération de la part des camelots, au choix que j'avais fait comme chef de vente de la *Cocarde*, de Hayard, celui que l'on appelle le « Roi des Camelots ? »

C'est une singulière histoire que la sienne. Maintes fois il me l'a racontée, par bribes, il est vrai, tandis que les machines roulant avec un bruit d'enfer débitaient la *Cocarde*. J'avais souvent pensé l'écrire, comme spécimen d'aventures, lorsque, ces temps derniers je la trouvai encastrée dans un fort intéressant article de Ph. Dubois, à l'*Aurore*. Je lui en emprunte quelques traits. C'est Hayard lui-même qui parle, au cours d'une interview que lui fait subir notre spirituel confrère :

« — Que faisiez-vous avant d'être camelot, monsieur Hayard ?

» — A l'âge de dix-neuf ans, j'étais tourneur-mécanicien pour les instruments d'optique, de chirurgie et de musique. Lorsque la guerre éclata, j'habitais chez ma sœur, avec mon père et ma mère. Ma sœur était restée veuve avec trois enfants en bas âge, dont l'aîné, dressé par moi, voyage maintenant pour l'administra-

---

teurs spéciaux, à chaque kiosque ou libraire marchand de journaux, le nombre d'exemplaires demandés. C'est lui aussi qui, sous sa responsabilité, vend aux camelots. — Certains journaux, maintenant, font ce service eux-mêmes.

tion d'un journal. Elle était concierge de l'école municipale de la rue des Petits-Hôtels. L'école fermée, les élèves furent remplacés par des gardes nationaux, qui vinrent s'exercer dans la cour. Ma sœur, qui se faisait auparavant 5 francs par jour environ en vendant des gâteaux ou des oranges aux enfants, se trouva soudain réduite à ses 300 francs d'appointements annuels. Pour lui obtenir l'autorisation d'ouvrir une cantine, je m'engageai dans le 109e bataillon, qui manœuvrait à l'école.

» Peu de temps après, la classe de 1870, à laquelle j'appartenais par mon âge, fut appelée sous les drapeaux. Bien qu'exempté de droit, ayant deux frères dans l'armée, l'un au 9e dragons et l'autre au 1er zouaves, je me présentai au recrutement, rue Saint-Dominique. Cela m'embêtait d'être garde national. Je voulais me battre. Sur mes vives instances, on m'incorpora au 10e mobiles. On me donna une capote toute neuve, et des boutons dans un cornet à papier, car on n'avait pas eu le temps de les coudre. On me remit enfin un fusil, un sac et onze paquets de cartouches. Je rentrai tout glorieux rue des Petits-Hôtels, la capote de mobile passée par-dessus ma capote de garde national et la tête coiffée d'un képi surmonté d'un superbe pompon violet. »

Et Hayard, en son langage pittoresque de faubourien, où la note drôle se mêle à la note tragique, me conte sa participation à la défense de Paris, son séjour au fort de Vanves, que les Prussiens canardèrent des hauteurs de Châtillon, jusqu'au 26 janvier, jour où l'évacuation fut ordonnée...

Rentré à Paris, il retourne à l'atelier, puis, le 18 mars, il reprend son fusil, sert pendant deux jours d'ordonnance à Dombrowski, s'enrôle dans la compagnie qui renverse la colonne Vendôme, passe à la préfecture de police avec Raoul Rigault, et, enfin, pendant la Semaine sanglante, il est nommé inspecteur des barricades.

« — Je demeurais alors, 3, rue Monsieur-le-Prince, continue Napoléon Hayard. Quand les Versaillais visitèrent la maison, ils me trouvèrent absorbé dans une partie de piquet engagée avec trois amis. Nous avions eu le temps de nous débarrasser de nos armes et de nos vêtements et de les cacher dans la paillasse d'un voisin, un ancien turco disparu depuis quinze jours. On nous laissa tranquilles. A quelque temps de là, je fus dénoncé par un marchand de vin. Mais j'avais pris mes précautions : « Est-il vrai que vous ayez servi la Commune ? me demanda-t-on. — Parfaitement, répondis-je, non comme combattant par exemple, mais comme inspecteur de la salubrité. » Et, à l'appui de ce prudent mensonge, j'exhibai des pièces offrant les caractères d'une authenticité telle qu'au lieu de me garder, on me remit 124 francs comme rémunération de mes prétendus services. »

Hayard reprend son métier de mécanicien, mais pas pour longtemps. Les émanations d'acide sulfurique lui détériorent l'estomac. Sa vue s'affaiblit. Il est obligé de quitter l'atelier. C'est alors que se révèle sa véritable vocation. Il se met à fabriquer des chansons, à dessiner des caricatures, les fait éditer par son frère, qui est imprimeur-lithographe, puis va les crier sur le boulevard.

Cependant sa santé ne s'améliore pas. Le médecin lui ordonne de voyager dans le Midi. Hayard se fait présenter à Pascal Duprat, qui vient de fonder le *Nou-*

veau *Journal*. Il lui offre de lancer son journal sur les bords de la Méditerranée, qu'il connaît, dit-il, parfaitement... et où il n'a jamais mis les pieds. Duprat a foi en lui. Il part dans d'excellentes conditions, et le succès ne tarde pas à couronner ses efforts.

Son voyage dure... douze ans. Du *Nouveau Journal*, il est passé au journal de feu Duportal, à la *Petite France* de Wilson, puis au *Petit Parisien*. A Lille, il fonde le *Vrai Lillois*, qu'il rédige sous différents noms, et qu'il vend lui-même ainsi que l'*anti-Youtre*. En 1892, il cède enfin son fonds, rentre à Paris avec quatre enfants, tombe malade, reste au lit pendant six mois puis s'installe rue Montmartre (1).

C'est là que j'ai connu Hayard, au moment où il venait de se réinstaller à Paris.

Depuis, il s'est fait un nom, le « Roi des Camelots ». De sa maison sortent toutes les chansons, les questions du jour, les actualités qui amusent la badauderie parisienne. A lui on doit la fameuse scie : *En voulez-vous des z'homards*. Il en a vendu 400,000 exemplaires, et, chose étrange, ne l'a jamais entendu chanter ; à lui encore : *L'art de se tirer les cartes soi-même, par Mademoiselle Lenormand*. « Et croyez-vous, disait Hayard, que ça se vend encore tous les jours, devant le Louvre et le Bon-Marché, et qu'il ne manque pas de grandes dames pour l'acheter... » A lui enfin, une foule de trucs plus ou moins amusants. La question Dreyfus-Zola a servi beaucoup à son génie inventif et ce serait une curieuse collection à recueillir, que tous les bibelots sortis de chez lui à cette occasion.

(1) Outre cet article de Philippe Dubois dans l'*Aurore*, on peut en trouver de non moins curieux de Raphaël Viau dans la *Libre Parole*, de Louis Besse dans la *Presse*, de Marc Lefranc dans le *Soir*.

Les camelots l'adorent, non seulement parce qu'il a toujours quelque nouveauté ou quelque vieillerie, dont ils pourront tirer quatre ou cinq sous, mais surtout parce qu'il est bon.

Sous cette enveloppe fruste bat un cœur d'or. Qu'un camelot ait été mis au « violon » pendant deux ou trois jours, pour avoir fait un rassemblement sur la voie publique, il trouvera toujours chez Hayard, à sa sortie, une pièce de vingt ou trente sous qui l'aidera à reprendre son petit commerce. A tel autre il fera gracieusement don de quelques chansons ou objets de « camelote ». A tel artiste montmartrois il commandera, afin d'avoir l'occasion de lui donner un louis ou un demi-louis, des dessins dont il n'a momentanément que faire...

Aussi les camelots disent-ils de lui que c'est un « chic type ». Et les camelots ne se trompent pas. Au demeurant, un père de famille exemplaire, élevant ses quatre fils dans la perfection.

CHAPITRE XIV

A « LA COCARDE » — INCIDENTS ET MENUS FAITS

Quand j'annonçai à mes amis mon entrée à la *Cocarde* en qualité de directeur, j'entendis de leur part des réflexions de différents genres. Je laisse de côté les approbations. Les blâmes se basaient sur l'« indignité » du journal qui, mêlé à des affaires de toutes sortes, ne laissait pas que d'avoir un mauvais renom.

Il y avait là un sophisme patent. Au point de vue de la moralité d'un journal, le titre ne fait rien. J'aurais pris tout aussi bien la *Lanterne* s'il m'eût été donné la liberté entière d'y écrire et d'y laisser écrire ce que je voulais, ainsi que je le faisais à la *Cocarde*. Un journal change de destination, se purifie, si l'on veut, tout aussi bien qu'un bâtiment ; et je ne sache pas que l'on ait blâmé les premiers chrétiens, d'avoir converti en églises les anciens temples d'idoles.

Aussi bien j'eusse compris encore, s'il se fût agi d'un journal notoirement pornographique, par exemple, mais, tel n'était pas le cas de la *Cocarde*. Elle avait mené gaillardement l'aventure boulangiste, vigoureusement la campagne anti-panamiste : ce ne sont pas là des tares, que je sache. Il y avait bien eu plus récemment l'histoire des papiers Norton. Mais quiconque lira le volume consacré par M. Ducret à cette affaire, pourra bien décider que le plus coupable, en cela, ne fut pas le journaliste (1). Tel était mon avis.

Je m'étais dit : « Voici un journal qui s'adresse à un public spécial de promeneurs, de gens d'affaires, de boursiers, ils le lisent en courant, et le rejettent. Pourquoi ne tenterais-je pas d'insérer au milieu des nouvelles du jour quelques idées plus sérieuses, sociales ou religieuses. La dose sera peut-être infinitésimale, car il ne faut pas surcharger leur cerveau trop faible; mais ce qui s'y infiltrera, y sera toujours. » C'était, en somme, un genre d'apostolat intellectuel aussi bon qu'un autre, à la portée de tout homme qui, comme moi, croit encore à la puissance éducatrice de la Presse.

Et parce que je n'ai pas réussi dans mon essai, il ne s'en suit pas que l'idée était mauvaise ; les moyens matériels seuls ont fait défaut.

Je ne connaissais pas, comme je le connais maintenant, le baromètre qui marque les fluctuations des journaux de midi. Je ne savais pas que l'aiguille y passait brusquement du beau temps à la tempête, et que le beau temps, chez eux, indique la tempête dans la société. Au moment où j'y arrivai, la situation politique était au beau, et par suite, celle des journaux de midi devait être déplorable. Ce qui était. J'ai montré, dans un chapitre précédent comment ces journaux, fruits d'une période de troubles et d'agitation, étaient destinés à périr, dans les temps de calme et de tran-

---

(1) ÉDOUARD DUCRET, *Comment se fait la politique*.

quillité. Je ne réussis pas à galvaniser la *Cocarde*, et M. Maurice Barrès qui m'y remplaça, n'eut pas plus de succès que moi, et pour les mêmes raisons, tant il est vrai que l'homme ne peut rien s'il n'est aidé par les événements.

On me dit aussi que j'avais trop brusquement changé les allures, le ton de l'organe dont je prenais possession. Jusqu'alors, la *Cocarde* avait fait de l'opposition à outrance, de l'opposition quand même. C'est un procédé qui peut avoir quelque vogue à certaines époques et dans certains milieux, mais je le crois détestable, eu égard au bien général de la société. Je n'avais pas à faire d'opposition systématique à la forme républicaine, puisque depuis longtemps j'étais ce qu'on appelle improprement aujourd'hui un rallié, acceptant le fait accompli. Pourquoi, par ailleurs, me serais-je insurgé contre le ministère? Lui tombé, un autre lui devait succéder, de même genre ou approchant, et il m'eût toujours fallu être occupé à fourbir des armes pour attaquer l'un après l'autre! Et quel profit en eût retiré la cause que je voulais défendre?

Tout homme a, au point de vue politique ou social, une règle d'après laquelle il mesure les actes de ses contemporains, gouvernants ou simples concitoyens. Je laisse de côté le point de vue religieux : là, en effet, l'homme ne peut juger subjectivement, mais d'après les lois mêmes de la religion. J'avais donc aussi mes idées. Si le gouvernement — puisque le gouvernement est toujours en cause — agissait, à mon sens, contrairement à mes idées, s'il attaquait la religion ou la liberté, certes je ne me faisais pas faute de le lui dire; mais si ses actes étaient conformes à mes propres doctrines politiques ou sociales, s'il favorisait ou simplement respectait la religion et la liberté, pourquoi lui aurais-je refusé mes félicitations et mes encouragements?

A quoi sert le dénigrement systématique? Les lecteurs n'en sont pas dupes longtemps. Sans doute, le tempérament frondeur qui anime tout Français y trouve momentanément sa part et son plaisir. Mais, peu à peu, les esprits calmes finissent par se dire, en lisant leur journal dont le ton est celui de la colère: « Ah! oui, c'est très drôle ce qu'il dit là! Mais c'est toujours la même chose! Il n'est jamais content! » Il me semble, au contraire, plus habile, même pour démolir son adversaire, de savoir lui reconnaître ses véritables qualités, mais en ayant soin aussi de noter par le menu ses moindres défauts.

．．

Du reste, à la *Cocarde*, j'étais absolument libre de mes allures.

Le journal appartenait en toute propriété à une société, qui m'en avait loué la jouissance. Une seule clause de mon bail était restrictive: je devais toujours suivre la ligne républicaine. Ma foi, rien pour moi n'était plus facile.

Cependant, il m'arriva une petite aventure qui emporte avec elle son édification.

Un de mes collaborateurs s'avisa, certain jour, de montrer que les différentes républiques françaises n'avaient pas donné tout ce qu'elles avaient promis, et que le régime actuel lui-même était loin d'avoir répondu à ce que l'on attendait de lui. Là-dessus, je reçois le lendemain, dès patron-minette, un mot du chargé de pouvoir de la société de la *Cocarde*, me rappelant à l'observation de mon traité, et me disant : « Votre collaborateur ne me paraît pas s'inspirer beaucoup des idées républicaines dans son article d'aujourd'hui. »

Je me gardai bien de répondre, mais dare-dare je fis un article qui parut le jour même. J'y montrai qu'après tout les gens qui avaient mis à leur chapeau l'étiquette de républicains étaient loin eux aussi de s'inspirer des mêmes idées. Ce que je dis alors est encore d'aujourd'hui. Les radicaux ne manquent pas en effet de s'écrier : « Nous ne sommes plus en république. La liberté est chaque jour violée; l'égalité n'existe pas; quant à la fraternité, il y a longtemps qu'elle est reléguée avec les vieilles lunes. » Et ils daubent sur les républicains modérés, lesquels n'ont pas assez d'anathèmes pour ceux-là qu'ils appellent, justement, des révolutionnaires. J'indiquais, non loin de là, Jules Guesde s'écriant : « Les socialistes sont les seuls vrais républicains », et Vaillant empruntant le tonnerre de sa bombe pour hurler : « Les vrais républicains, ce sont les anarchistes. » Et je conclurai qu'il y a république et république comme il y a fagot et fagot.

Mais l'enseignement n'est pas là.

Cette petite histoire montre la difficulté qu'ont les directeurs ou rédacteurs de journaux pour exposer leurs idées, quand ils sont obligés d'obéir à des sociétés, des syndicats ou des bailleurs de fonds, dont trop souvent la préoccupation n'est pas la doctrine mais telle ou telle affaire. « Se démettre ou se soumettre » est la formule qu'ils ont devant les yeux. Placés dans l'alternative d'écrire ce qui leur est ordonné, ou de quitter leur poste, ils sont parfois forcés, par nécessité, d'imposer silence à leur conscience! Ce ne sont pas les journalistes qu'il faut accuser du discrédit dans lequel est tombée la Presse, ce sont ceux qui détiennent les cordons de la Bourse.

J'ai dit plus haut que la Presse était la reine du monde. Me serais-je trompé? Me va-t-il falloir écrire maintenant que le maître du monde, puisqu'il l'est de la Presse elle-même, c'est l'Argent?

∴

Ce sont là des mœurs nouvelles dont les premières victimes sont les journalistes.

Il en est de différentes qui n'ont pas moins d'inconvénients; j'en ai signalé plusieurs, entre autres cette habitude déplorable de mettre, pour attirer le public, des titres à effet. J'ai dit comment on en arrivait peu à peu à user de la restriction mentale, de l'ellipse, de l'équivoque. En voici une preuve dans un fait qui faillit avoir, hélas! de graves conséquences.

Le 26 juin 1894, au lendemain de l'assassinat de M. Carnot, la *Cocarde* publiait vers sept heures du soir (1), une huitième édition portant en manchette : MEURTRE DE NOTRE AMBASSADEUR A ROME, et dans le corps du journal ce filet : « Depuis une heure de l'après-midi, court avec persistance le bruit que notre ambassadeur à Rome, le général Billot, aurait été tué dans une manifestation contre l'ambassade française. Jusqu'à présent les renseignements confirmant cette

---

(1) Dans son numéro portant la date du mercredi 27 juin.

grave nouvelle manquent. *Nous la donnons sous toutes réserves.* »

Les camelots ne manquèrent pas de crier le titre ; et l'on conçoit l'émotion causée par cette nouvelle ainsi lancée. Il y eut des attroupements nombreux et peu s'en fallut que Paris n'imitât l'exemple de Lyon et ne saccageât les établissements italiens.

Quelques personnes, animées d'intentions malveillantes à mon égard, ont voulu alors me faire un crime personnel de ces regrettables incidents. Je leur répondis : « Si vous me prenez directement à parti, vous avez tort, car, ce jour-là j'étais éloigné de Paris de plus de vingt lieues ; et ce n'est qu'à mon retour que j'appris ce qui se passait. Si vous vous en prenez à moi comme directeur de la *Cocarde*, je suis à votre disposition, et prêt à endosser une responsabilité que je n'ai jamais rejetée, quand il s'agissait de couvrir mes collaborateurs. »

Ceux-ci, du reste, avaient loyalement et prudemment agi.

Et maintenant, voici les faits ; ils sont de nature à prouver combien il est facile à un journal de commettre des erreurs.

Je rentrais donc de voyage vers huit heures et demie du soir. En arrivant, je fus étonné de trouver la rue Paul-Lelong, où étaient situés les bureaux de la *Cocarde* envahie par une foule grouillante et hurlante de camelots.

La première personne que je rencontrai sous le porche de l'imprimerie fut l'ingénieur des machines :

— « Qu'y a-t-il donc ? lui dis-je.

— » Eh quoi ! vous ne savez pas ? Notre ambassadeur à Rome a été assassiné.

— » Et la *Cocarde* publie la nouvelle ?
— » Assurément !
— » Comment l'a-t-elle eue ?
— » On l'a téléphonée, et c'est moi qui, me trouvant à l'imprimerie, l'ai communiquée à vos rédacteurs (1).
— » Mais qui donc vous l'a transmise à vous ?
— » Une demoiselle même du téléphone (2). »

Je n'en demandai pas davantage et montai à la rédaction. Un de nos confrères du soir annonçait la nouvelle presque dans des termes identiques aux nôtres, mais sans titre en vedette.

Au restaurant où j'allai dîner, je tombai sur un de mes collaborateurs qui m'apprit ce qui suit :

Le bruit de l'assassinat de M. Billot avait couru toute la journée ; il avait été affiché dans le hall d'un grand journal du matin ; il avait circulé même à la Chambre des députés d'où notre rédacteur parlementaire l'avait rapporté. Néanmoins, mes rédacteurs s'étaient tenus cois, et avaient fait sortir les premières éditions de la *Cocarde*, sans qu'elles portassent insertion de la fameuse nouvelle. Ce n'est qu'après le coup du téléphone qu'ils se crurent en droit de la publier — et encore le firent-ils *sous toutes réserves*.

Je doute fort que devant cette accumulation de preuves apportant une quasi-certitude, beaucoup n'eussent point fait comme eux.

Il pouvait être alors neuf heures. Deux rédacteurs

(1) Je tiens à faire remarquer que cet ingénieur, homme d'ailleurs fort honorable, ne faisait aucunement partie du personnel de la *Cocarde*. Il appartenait à l'imprimerie où notre journal se tirait comme dix ou quinze autres.

(2) Malgré toutes mes recherches, je n'ai jamais pu retrouver cette demoiselle du téléphone. Il est permis de supposer qu'elle aura jugé à propos de garder l'incognito.

de la *Petite République* arrivent alors, me relatant l'effervescence qui régnait en certains quartiers et qui menaçait de prendre des proportions effrayantes. En confrères complaisants, ils allèrent en d'autres rédactions voir si la nouvelle de l'assassinat était confirmée ou démentie; pendant ce temps, un de mes collaborateurs courait à l'*Agence Havas*. Nulle part on ne pouvait donner de certitude dans un sens ou dans l'autre.

Alors, de moi-même, sans y avoir été invité par qui que ce soit, je composai la rectification suivante, qui parut, vers dix heures, dans une neuvième édition :

« Nous nous hâtons de rectifier la nouvelle que nous avons donnée, *sous toutes réserves*, il y a deux heures, de l'assassinat de notre ambassadeur à Rome. Car, d'après l'*Agence Havas*, rien n'est heureusement venu la confirmer.

» Mais nous ferons remarquer ceci, c'est que cette nouvelle a circulé avec persistance, dans la journée; qu'elle a pris naissance à Lyon où elle circulait dès hier.

» M. Hanotaux lui-même, ministre des affaires étrangères, ne l'ignorait pas, il l'a répondu par téléphone au *Soir*.

» Comment se fait-il donc qu'on n'ait pas arrêté ce bruit plus tôt ! Il était assez grave pour que le Gouvernement se donnât la peine de le démentir avant qu'il eût pris corps. »

Et, pour n'avoir rien à me reprocher, pour augmenter la diffusion de cette rectification, non seulement je laissai gratuitement aux camelots les numéros de la *Cocarde*, mais je leur donnai même une somme fixe pour les distribuer.

Le lendemain la plupart de nos confrères reconnurent notre entière bonne foi et montrèrent que notre erreur était, après tout, compréhensible (1).

D'autres s'en allèrent tonitruant contre les journaux qui accueillent et publient des nouvelles insuffisamment sûres et annonçaient en même temps que le préfet de police, M. Lépine, avait opéré une descente à l'imprimerie de la *Cocarde*, fait arrêter le tirage, briser les clichés, etc., etc. Et, ce disant, ils prouvaient sans le savoir, que personne n'est à l'abri de l'erreur : car rien de tout cela n'était vrai, ni en fait, ni en apparence. Eux aussi avaient été mal renseignés.

La vérité — et je ne l'appris moi-même que plus

---

(1) Je me contente de citer ici les extraits suivants :

Du *Gaulois* :

« Le bruit avait couru dès hier matin avec persistance que notre ambassadeur près du Quirinal, M. Billot, avait été assassiné dans une manifestation anti-française.

» ...Notons le bruit qui a couru que notre consul général de Palerme avait été assassiné. Il nous a été impossible d'en avoir ni la confirmation ni le démenti formel.

» ...Une dépêche de l'*Agence Havas* annonçant que notre ambassadeur à Rome avait été assassiné, a été affichée dans tous les cafés à Lyon. Il y a eu alors une émotion considérable. »

De l'*Autorité* :

« M. Hanotaux, ministre des affaires étrangères, a d'abord fait la déclaration suivante :

» Nous avons connaissance du bruit qui court de l'assassinat
» de M. Billot, notre ambassadeur à Rome et du meurtre de
» notre consul à Palerme.

« Mais nous n'avons reçu, jusqu'à cette heure du moins, au-
» cune nouvelle de ces faits que vous pouvez par conséquent dé-
» mentir. »

De l'*Éclair* :

« Ce qui est certain, c'est que le journal qui a propagé la fausse nouvelle ne l'a pas inventée. Plusieurs heures avant qu'il parût, le bruit de l'assassinat de M. Billot circulait dans les couloirs de la Chambre et du Sénat. C'est de là qu'il s'est répandu dans Paris. »

tard — c'est qu'une enquête fut faite sur les rédacteurs de la *Cocarde*, directeur compris naturellement.

On les soupçonnait vaguement d'être affiliés à quelque groupe anarchiste !!!

Je ne sais pas ce que les enquêteurs ont trouvé, ni ce que peut bien contenir notre dossier de la Préfecture de police ; mais assurément il eût été plus chargé si......

Mais, qu'on me laisse raconter un fait.

J'avais demandé à un artiste un dessin humoristique quelconque sur le voyage de M. Carnot à Lyon. Ce dessin devait, suivant mon projet, paraître dans la *Cocarde*, le 25 juin au soir. Malheureusement, le dessinateur ne me le remit que dans la matinée de ce jour, trop tard — c'était un dimanche — pour que le photograveur en fît le cliché. Il ne parut donc pas.

J'ai le croquis sous les yeux au moment où j'écris ces lignes ; il est très original. Sur un damier d'une demi-grandeur de journal, sont esquissés neuf tableaux dont chacun retrace une prétendue scène du voyage.

1ᵉʳ *tableau* : A son arrivée à Lyon les marchands de parapluies, heureux de voir venir Carnot, offrent un parapluie d'honneur au Président.

2ᵉ *tableau* : La petite fille de circonstance lui lit un compliment et lui offre un bouquet.

Je passe au 4ᵉ *tableau*.

Il représente M. Carnot costumé en Arabe, de la main gauche tenant un tambourin, et de la droite un large couteau. Il danse.

Au-dessous cette légende :

Au pavillon marocain, il exécute la danse du couteau empoisonné, afin d'augmenter le prestige de la France aux yeux du Maroc.

Or, si l'on veut bien se rappeler que l'infortuné Président fut assassiné d'un coup de couteau en ce soir du 25 juin, quel horrible rapprochement n'eût-on pas manqué de faire, entre notre caricature qui devait paraître au même moment, et le crime de Caserio ! Sans nul doute, il se fût trouvé quelque agent de la Sûreté ou quelque juge d'instruction pour nous accuser, sinon d'avoir coopéré à l'attentat, du moins de l'avoir connu.

Et alors ?

— « Alors, me disait Warion, le gérant de la *Cocarde*, nous n'y aurions pas coupé (1). »

Et il se peut, en effet, puisque l'on voyait des anarchistes partout, que nous ayons été pris comme tels et englobés dans le fameux procès des Trente.

Anarchiste, moi ! Ah ! par exemple !

.*.

Cependant... cependant... Si j'étais sûr que la prescription ait sonné pour moi comme elle a sonné pour

(1) C'est une singulière histoire que celle de Warion. Garçon de bureau, il était en même temps gérant de la *Cocarde*. Comme tous les gérants de journaux, il ne savait ce que contenait chaque numéro qu'après l'avoir lu, ce qui n'empêche, qu'aux termes de la loi, il était responsable de tout ce qui y paraissait. Et Dieu sait ce que, durant la période boulangiste, il eut à encaisser de mois de prison et d'amendes ! Tant que la *Cocarde* eut quelque vitalité, on le laissa tranquille : on semblait l'avoir oublié. Dès qu'elle eut presque disparu — plusieurs mois après que j'en fus sorti — le gouvernement fit savoir à Warion qu'il n'avait rien soldé de ses condamnations, ni en prison ni en argent. Il fut incarcéré et dut payer jusqu'au dernier centime ses amendes, transformées en jours de prison. On aurait pu croire que le fisc avait attendu, avant de l'appréhender au collet, qu'il n'eût plus personne pour le défendre.

le misérable qui a tué il y a dix ans passés une malheureuse fille, et que l'on va être obligé, de par la loi, de remettre en liberté, je vous ferais bien un aveu...

Allons ! je me risque.

L'année 1894 fut fertile en explosions d'attentats anarchistes, à l'occasion desquels furent emprisonnés une foule de compagnons, partisans du fait, ou intellectuels.

L'un d'eux, Lucien Pemjean, avait, après l'exécution de Vaillant, écrit le 15 février, dans la *Revue Libertaire*, sous le titre d'*Expiation*, un article qui fut déféré au tribunal. Pemjean passa aux assises le 11 mai, et fut acquitté.

Mais, au lieu de le relâcher, on le retint au Dépôt pour le comprendre dans le procès des Trente; quand, soudain, circule vingt-quatre heures après la nouvelle qu'il avait pris la clef des champs, au moment où, amené chez le juge d'instruction, il attendait son tour de comparution. C'était vrai.

Le lendemain, mon secrétaire de rédaction introduit dans mon bureau une jeune femme, mise simplement, mais proprement, et me la présente : « Madame Pemjean ! » — Elle raconte alors la scène de l'évasion de son mari qu'elle-même avait préparée à l'improviste, et exécutée avec courage. Mais tout n'était pas fini : il fallait sortir de France. Des amis se chargeaient de réunir les fonds nécessaires ; elle-même n'hésitait pas à s'adresser, pour le même objet, aux journalistes près desquels elle espérait trouver un accueil favorable.

Je ne fis aucune difficulté de lui donner mon obole, et je n'eus pas besoin de savoir que certains de mes confrères plus en vue en avaient fait autant. Il n'y avait nullement là de ma part le plaisir que, nous autres

Français, nous éprouvons toujours à voir « rosser le commissaire ». Mais je fus en admiration devant l'énergie de cette femme qui bravait les poursuites possibles, l'arrestation même pour conserver à son mari la liberté.

Pemjean ne fut pas découvert, et tous deux parvinrent sans encombre en Angleterre, d'où ils m'envoyèrent une lettre de remerciement.

Et voilà comment je favorisai les anarchistes !

Que les bonnes âmes se rassurent et ne prennent pas la peine de se scandaliser.

Pemjean n'avait pas lancé de bombe ; il n'en avait même pas fabriqué ; il n'avait commis ni crime, ni délit : c'était un simple procès de tendance qu'on lui intentait, comme du reste à plusieurs écrivains qui furent alors poursuivis. Pareil ennui nous pouvait arriver, à nous journalistes, pour la libre manifestation de notre pensée. N'est-il pas tout naturel, n'est-ce pas, de s'entr'aider ?

∴

Et puis, ma foi, eût-il été coupable que j'aurais fait ce que j'ai fait ; c'était si peu, du reste.

Il n'y a pas que dans le *Pater* de Coppée que mademoiselle Rose donne au communard farouche, afin qu'il puisse impunément se cacher, la soutane de son frère massacré.

L'invention du poète est de la vie réelle, et le *Pater* fut vécu plus d'une fois. Il le fut, en particulier, pendant la Commune, et ce n'est pas sortir de mon sujet que de raconter en quelles circonstances.

François Coppée, à la vérité, l'ignora. Comme il le

dit lui-même au moment où la représentation de son drame fut interdite : « J'ai usé tout simplement de mon droit de poëte en plaçant une scène — qui vaut ce qu'elle vaut, mais que je crois inspirée par un sentiment très humain et par la morale évangélique — dans les journées de Mai 1871, comme j'aurais pu lui donner pour cadre les massacres de la Saint-Barthélemy ou ceux de Septembre 1792 (1). »

Le poète avait deviné l'histoire.

En effet, M. Louis Chalain, ancien membre de la Commune, fut recueilli, au moment de l'entrée des Versaillais à Paris, par madame Pommier, sœur du R. P. Radigue, sous-supérieur de Picpus, fusillé avec les autres otages, rue Haxo, le 26 mai 1871.

Il écrivit à notre intention et publia dans la *Cocarde* (2), tandis que j'en étais directeur, l'émouvant récit de ce fait.

Il l'avait dédié à François Coppée qui lui avait répondu par la lettre suivante :

« J'accepte avec grand plaisir la dédicace du récit dont vous me parlez, et vous félicite du sentiment très honorable auquel vous obéissez en rendant public le dévouement de madame Pommier, qui vous a caché chez elle, et, probablement, sauvé de la mort, vous, membre de la Commune, bien que cette dame fût la sœur d'un otage fusillé rue Haxo pendant la terrible semaine de mai 1871.

» J'ignorais cette généreuse action, quand j'ai écrit le *Pater* ; et votre lettre, je vous l'avoue, me donne

(1) Lettre à M. Francis Magnard, rédacteur en chef du *Figaro*. — 19 décembre 1889.
(2) La *Cocarde* des 8, 9, 11 et 12 juin 1894.

quelque fierté. Est-il, en effet, rien de plus doux pour un poète que d'apprendre qu'une de ses fictions s'est réalisée dans la vie ? Je n'ai donc pas tort d'exalter dans mes humbles vers la morale évangélique, puisqu'elle a permis à la très réelle madame Pommier d'accomplir l'acte de pitié et de clémence que j'ai prêté à l'imaginaire mademoiselle Rose.

» Veuillez agréer, monsieur, l'expression de mes sentiments cordiaux.

» François COPPÉE. »

Ce drame, j'ose le dire, est plus poignant, dans sa simplicité, que celui du poète.

M. Chalain nous décrit d'abord comment, cerné de tous côtés par les troupes de Versailles, il ne lui restait plus qu'à subir son sort, lorsqu'il se rappela que non loin demeurait une dame à qui il avait rendu un léger service. Elle savait qu'il était membre de la Commune. Néanmoins il alla chez elle, fut reçu et caché. Le 27 mai arriva.

Je lui laisse ici la parole :

« Le vendredi 27 mai, madame Pommier, qui avait été chercher ses provisions pour la journée, rentra plus pâle encore que de coutume, et, s'affaissant sur un siège, elle m'indiqua d'un geste un journal qu'elle venait de jeter sur la table en rentrant. Je pâlis à mon tour. Je n'osais toucher à ce journal qui, je ne le comprenais que trop, contenait pour elle le récit de quelque épouvantable catastrophe.

» — Lisez, dit-elle, lisez! On a fusillé l'archevêque et le curé de la Madeleine !

» — Mais votre frère, madame, votre frère ?...

» — On n'en parle pas encore.

» Rien ne peut rendre l'expression de sa figure et le son de sa voix lorsqu'elle prononça ce : « On n'en parle pas encore ! »

» J'étais atterré. Je me hasardai à lui répondre machinalement, sans trop savoir ce que je disais ; pour parler, sans doute pour rompre le silence oppressant qui avait suivi son exclamation.

» — Espérez alors, madame, espérez !...

» Elle hocha tristement la tête :

» — Non, dit-elle, je n'espère plus !... La troupe fusille tous les fédérés arrêtés ou pris les armes à la main ; on fusille même ceux arrêtés à domicile. Les fédérés à leur tour tuent les otages pour se venger, ou simplement pour tuer ! Ah ! l'horrible époque !... Hier ç'a été l'archevêque et cinq de ses compagnons. Aujourd'hui va venir, hélas ! le tour des autres... et mon frère, mon pauvre frère en fait partie !...

» Devant cette conviction, en présence de cette douleur que je me sentais impuissant à combattre par aucun raisonnement, reconnaissant trop moi-même combien étaient fondées les craintes de madame Pommier, je pris la résolution de partir.

» — Madame, lui dis-je, vous avez dépassé les bornes de la bonté et de la magnanimité : vous avez été sublime en me gardant ici ; je ne veux pas abuser plus longtemps de votre dévouement ; je ne puis prolonger mon séjour chez vous. Ma présence dans cette demeure est un outrage à votre douleur !... Tant que j'aurai un souffle de vie, je me souviendrai avec attendrissement et admiration de votre conduite envers moi, mais je dois partir !...

» Nul ne sait s'il nous sera donné de nous revoir,

mais ce dont je suis convaincu, c'est que si vos vœux m'accompagnent, ils me porteront bonheur et me laisseront espérer de vous retrouver dans des jours moins sombres...

» — Et où irez-vous? Vous serez arrêté sortant d'ici et fusillé immédiatement... Votre mort ne rachètera pas celle des autres... Non, restez; je vous avertirai lorsqu'il sera possible de partir sans péril pour vous. »

» Malgré mes instances, malgré mon désir de partir, désir très sincère, car je ne pouvais plus supporter l'idée d'ajouter à ses craintes pour l'existence de son frère celle que lui causaient mes lendemains à moi, je dus rester.

» Je ne connaissais pas encore toute la sublime grandeur de ce noble caractère!

» Cette journée de vendredi fut atrocement longue.

» A chaque instant, madame Pommier descendait et remontait avec des paquets de journaux qu'elle parcourait avidement. Une fois, elle me montra, dans je ne me souviens plus quelle feuille, le récit de mon exécution sommaire aux Champs-Elysées. Le malheureux tué en mon lieu et place était mort lâchement, disait-on, en protestant que l'on se trompait, que l'on commettait une épouvantable erreur! Et le journaliste de me couvrir d'invectives!...

» — Si toutes les exécutions que l'on annonce, me dit madame Pommier avec un triste sourire, ressemblaient à la vôtre, je pourrais espérer!...

» — Hélas! madame, cela prouve qu'un malheureux a payé de sa vie une vague ressemblance avec moi... Cela n'est point fait pour me consoler, bien au contraire.

» — C'est vrai, vous avez raison; je deviens folle! La

douleur et l'anxiété dans lesquelles je vis m'égarent. Excusez-moi, je ne sais plus ce que je dis!

» Elle retomba dans son accablement.

» C'était la seconde fois que je lisais l'annonce de ma mort! C'était la seconde fois qu'un malheureux avait *expié*(!) ce que l'on était convenu d'appeler mes crimes!...

» Le cas se produisit également pour d'autres :

» Jules Vallès fut aussi fusillé deux fois.

» Billioray deux ou trois fois... et combien d'autres!...

» L'histoire des exécutions sommaires a été faite. Je ne veux, dans ce récit, parler de ce pénible et douloureux sujet, qu'autant qu'il se rapporte directement au fait spécial que je raconte et qui est suffisamment triste par lui-même, hélas!...

» ... Toute la journée nous parcourûmes les journaux. Ils étaient tous plus enragés les uns que les autres... L'historien qui lira plus tard, avec le calme du philosophe et l'impartialité du chercheur, les feuilles publiées durant la *Semaine sanglante* et celles qui suivirent, car l'hydrophobie dura des mois! refusera d'en croire le témoignage de ses yeux... On n'est pas à ce point barbare et stupidement féroce! Quelle brute que l'homme! Quel sauvage que le civilisé!

*
* *

» J'avais hâte de voir arriver et j'appréhendais en même temps la journée du lendemain. Quelles nouvelles nous apporterait-elle?...

» Le samedi matin, vers les sept heures, madame

Pommier s'apprêta à sortir. Je vis qu'elle tremblait comme la feuille; l'angoisse était peinte sur son visage!...

» Je n'osais lui adresser un mot d'encouragement, mais elle lisait mon anxiété sur ma figure, car j'étais aussi angoissé qu'elle-même.

» — Enfin! il faut bien savoir à quoi s'en tenir, dit-elle.

» Et, prenant une résolution soudaine, elle sortit.

» Malgré sa défense de me mettre à la fenêtre, je ne pus résister d'entr'ouvrir un peu les rideaux et je la regardai traverser la cour. La concierge causait avec d'autres femmes; il me sembla qu'elles interrompaient leur conversation pour regarder passer madame Pommier. Je crus qu'elles avaient jeté sur elle un regard de commisération... Je me trompais sans doute... la tension de mon esprit se troublait... j'avais mal vu...

» Je quittai la fenêtre, de crainte d'être aperçu.

» J'étais plongé dans de pénibles réflexions lorsque la porte se rouvrit avec violence. Je me levai brusquement!

» Avant que j'eusse eu le temps de faire un pas, madame Pommier, les yeux secs et brillants, blanche comme un spectre, était entrée, et m'avait jeté comme la veille, mais bien plus violemment, le journal *la Petite Presse*. Puis elle s'enfuit dans sa chambre et je l'entendis tomber sur un fauteuil. Quelques minutes se passèrent... tout à coup ses sanglots éclatèrent!...

» J'étais demeuré debout, à la même place, sans oser bouger, ayant tout compris!...

» Je n'osais ramasser le journal... je m'y décidai pourtant.

» A la première page, en grosses lettres, une « manchette », se montrait, sombre :

EXÉCUTION DES OTAGES A LA RUE HAXO !...

» Parmi tous les autres noms des victimes, mes yeux se fixèrent, pour ne plus s'en détacher, sur celui du R. P. Radigue, de Picpus !...

. . . .

» Que dirais-je de plus?...

» Il est des situations qui ne sauraient se décrire et je ne tenterai certes pas d'expliquer ce qui, en ce moment, se passa en moi. Cela me serait impossible, du reste. Aujourd'hui, en écrivant après vingt années passées, je ressens encore le froid, le frisson de cette minute ! Comme la veille, mais absolument décidé, cette fois, à mettre mon projet à exécution, je résolus de partir et m'apprêtai en conséquence.

» Quand madame Pommier sortit de sa chambre, elle devina ma résolution car elle me dit très doucement, mais non sans fermeté :

« — Aujourd'hui comme hier, je ne vous laisserai pas partir. Je ne puis que vous répéter ce que je vous ai déjà dit : votre mort ne rachèterait pas celle des autres !... Je souffre plus qu'on ne saurait le dire, mais si je vous laissais partir et qu'il vous arrivât malheur, je me reprocherais toute ma vie comme une mauvaise action de ne pas vous avoir retenu. J'ai bien assez de pleurer mon frère... je ne veux pas avoir votre mort sur la conscience !... Ainsi, restez !

» La lutte touche à sa fin, une fois complètement terminée, nous chercherons ensemble les moyens de vous tirer d'embarras... J'irai voir ceux de vos amis qui vous paraîtront les mieux disposés à vous aider à fuir ; d'ici là, rien n'est changé ici à votre situation ! »

» ...Je n'ajouterai pas un mot ; je croirais affaiblir la grandeur et le sublime de ce dévouement, le mérite de cette action accomplie avec une simplicité et une magnanimité dignes des plus grands et des plus beaux exemples !

» Je demeurai chez madame Pommier huit jours encore, à peu près ; dans l'intervalle, elle s'était rendue chez une personne qui, je le pensais, voudrait bien m'aider à gagner la frontière ; cela lui était facile : elle n'avait qu'à vouloir. Elle refusa tout net de s'occuper de moi ; la défaite avait changé ses sentiments à mon égard : *Væ Victis !*

» Le contraste était frappant avec la noble conduite de ma bienfaitrice. Le secours que j'invoquais m'était dû : j'avais rendu des services sérieux à qui j'en réclamais un très grand, il est vrai, mais que l'on pouvait me rendre sans péril aucun, tandis que madame Pommier ! ! !...

» La courageuse femme me proposa alors un moyen de fuite que nous dûmes abandonner après en avoir discuté toutes les chances et tous les aléas ensemble. Cependant, ne pouvant prolonger davantage mon séjour chez elle, je me décidai à jouer le tout pour le tout.

» A la suite d'une seconde démarche qu'elle fit et qui n'aboutit pas plus que la première, je résolus de partir un soir à la tombée de la nuit.

» Madame Pommier m'acheta une casquette comme en portaient, à l'époque, la plupart des employés de magasin, une casquette de soie noire.

» Nous avions supposé de concert que cela attirerait

moins les regards des agents. J'aurais un porte-plume sur l'oreille, de façon à laisser croire que j'étais toujours dans mon quartier et que je faisais une simple course.

» Je note ces détails futiles pour montrer jusqu'à quel point allait sa sollicitude pour moi.

» Elle m'aida à raser mes moustaches ; enfin, elle me déguisa du mieux qu'elle put, mit le comble à son bienfait !

» Nous prîmes ensemble un dernier repas...

» Quand le moment de partir fut arrivé, elle m'embrassa en pleurant et me dit que ses vœux les plus ardents allaient m'accompagner.

» Je pressai avec effusion ses mains dans les miennes et, me raidissant contre l'émotion, je l'assurai à mon tour de ne jamais oublier que je lui devais la vie. Mon cœur lui en gardait et garderait une éternelle reconnaissance. De près comme de loin, en quelque lieu que je fusse, son souvenir et son action seraient toujours présents à ma pensée !

» Je puis me donner le témoignage que je n'ai point failli à ma promesse !

» Nous nous quittâmes...

» Le lendemain, j'avisais par lettre madame Pommier de mon heureuse arrivée à mon nouveau refuge, ainsi qu'elle me l'avait fait promettre.

. . . .

» Je ne l'ai jamais revue ! Je n'ai jamais plus eu de ses nouvelles !

» A mon retour en France, en 1880, j'ai essayé, mais vainement, de la retrouver.

» Puissent ces lignes tomber sous ses yeux si elle

existe encore, ce que je souhaite ardemment ! Qu'elle soit sûre alors que le proscrit de mai 1871, ne l'a point oubliée ; qu'il bénit toujours la courageuse et noble femme qui lui donna, aux heures les plus critiques de sa vie, un si rare exemple de dévouement et d'abnégation !

» Puisse ce faible témoignage de sa gratitude et de sa profonde reconnaissance l'assurer qu'en conservant le souvenir du bienfait, il y joint toujours celui de la bienfaitrice, le souvenir de celle qui l'a sauvé ! »

N'avais-je pas raison de dire que la réalité est plus poignante que le poème ?

Je clos là-dessus le cours des anecdotes. Beaucoup d'aventures encore me sont arrivées, tristes où réjouissantes, mais dont le récit, tant intéressant et curieux qu'il pût être, ne rentrerait pas dans l'idée générale qui me guide en écrivant ces souvenirs.

Je ne demeurai que peu de temps à la tête de la *Cocarde*. Je ne pus y réaliser le plan que je m'étais proposé, l'aide que l'on m'avait fait espérer ne m'étant parvenue que sous la forme d'encouragements platoniques. J'en sortis après de nombreux déboires dont le contre-coup ne fut pas sans amertume. Néanmoins je ne suis pas fâché de cette tentative. J'y ai appris une foule de choses que le journalisme de province ne peut enseigner ; mon expérience m'a permis déjà de donner d'utiles conseils à de plus jeunes que moi. C'est ainsi que doit être la vie pour ne pas rester inutile. J'ai noué, dans le monde des publicistes où la bonne confraternité ignore les querelles de partis, d'excellentes relations qui durent encore.

De là, j'entrai en qualité de secrétaire de rédaction au *Monde*, dont l'abbé Naudet, mon dévoué et courageux ami, prenait la direction; j'y restai en sa compagnie; lors de la fusion du *Monde* avec l'*Univers*, ensemble nous partîmes.

CHAPITRE XV

DU JOURNALISME CATHOLIQUE

Le journal catholique quotidien n'existe pas.

Je sais que plusieurs vont bondir en lisant cette phrase : qu'ils patientent et réservent pour des occasions meilleures leur indignation.

Au reste, je m'explique :

Je ne suis pas de ceux qui blâment le passé, de n'avoir pas, pressentant l'avenir, agi et parlé comme nous agissons et parlons aujourd'hui. Nos ancêtres furent de leur temps. Ce qu'ils ont fait, ils ont cru devoir le faire, guidés par des sentiments de zèle et d'apostolat. Ils ont plus ou moins réussi ; mettons même que le succès a toujours couronné leurs efforts.

Est-ce une raison pour qu'à nos oreilles retentisse sans cesse le refrain de la chanson *Dans le bon vieux temps?* Parce que les héros de la grande armée ont parcouru l'Europe, remportant sous toutes les latitudes des victoires avec leurs fusils à piston ou à pierre, est-ce une raison, dis-je, pour ne pas donner d'autres armes à nos soldats?

Si la vérité est une et immuable, les vérités sont

contingentes et mobiles. Tout change, tout se transforme suivant les pays et les époques; et elle n'est peut-être pas aussi paradoxale qu'elle en a l'air, cette parole de Pascal : « Vérité en deçà des Pyrénées, erreur au delà ! »

On a parfois accusé les catholiques de se momifier en de vieilles et surannées formules. Le reproche est-il justifié? Dans l'ensemble, je ne le crois pas, mais sur certains points, peut-être.

La misère, à notre époque, revêt des formes que ne connaissaient pas nos aïeux. Le travail de l'industrie moderne a semé et développé des germes de maladies ignorées jusqu'ici, sans rien diminuer des anciennes. Les maux sont plus nombreux et plus diversifiés. La charité chrétienne s'est elle-même développée et diversifiée presque à l'infini; il n'est pas de plaies auxquelles elle n'ait inventé de remède, pas d'infirme pour lequel elle n'ait trouvé un bras où il puisse s'appuyer.

La dévotion elle-même n'est pas restée stationnaire. Elle s'est épanouie en des manifestations peu connues des siècles passés, où l'on se plaît à vouloir reconnaître la main de la Providence qui sait puiser dans l'infini de ses trésors ce qui est mieux de nature à répondre aux désirs, à satisfaire les besoins des âmes contemporaines.

Il n'est pas jusqu'aux dogmes qui, dans leur immuabilité, ne se soient fait voir sous des aspects nouveaux.

Néanmoins il est un point sur lequel le cerveau des catholiques a mis plus de temps à s'imprégner — et il ne l'est pas encore suffisamment — des idées modernes. C'est la question de l'apostolat, ou si l'on veut, de la préservation et de la conversion des esprits et des cœurs.

Beaucoup trop en sont restés, comme méthode indispensable et suffisante, à la prière. Et ils croient avoir tout dit, quand ils ont montré Moïse attirant par ses supplications la victoire des cieux. Ils oublient que tandis que Moïse sur la montagne avait les bras étendus, les Hébreux combattaient dans la plaine, et que la victoire fut due à l'union de la lutte et de la prière.

De leur bourse généreuse sont sortis des millions pour élever des sanctuaires, sans qu'ils aient pensé aux moyens d'y faire venir les incroyants. Ils ont donné sans compter pour construire des écoles, mais ils ont oublié de prévoir comment ils entretiendraient dans l'esprit des enfants devenus des hommes, les idées chrétiennes qu'ils y auraient jetées.

Les quêtes se sont multipliées en faveur d'œuvres nécessaires ou simplement utiles : je ne sache pas que jamais il en ait été fait pour l'œuvre des œuvres à notre époque, l'œuvre de la presse, qui est tout à la fois le prédicateur et l'instituteur à domicile, de ceux qui ne vont plus ni à l'école ni à l'église.

Je suis loin de tout savoir, mais je n'ai jamais entendu dire — et la chose pourtant se serait vite répandue comme extraordinaire et miraculeuse — qu'un chrétien ou une chrétienne ait, à son lit de mort ou par testament, fait quelque legs à la presse catholique.

Nous ne sommes pourtant plus au temps où des esprits arriérés regardaient l'imprimerie comme une invention diabolique !

Aussi, la presse catholique n'existe pas telle du moins que je l'entends.

.·.

Je suis loin de nier les efforts qui ont été accomplis. On n'aura jamais assez de félicitations à adresser aux Pères de l'Assomption pour leurs tentatives. La *Croix* est une œuvre considérable, utile, qui a rendu et qui est appelée à rendre à la cause catholique d'immenses services. Mais ce n'est qu'un journal populaire, et ses fondateurs n'ont pas eu d'autre but en la créant. S'il s'adresse à la masse, il ne peut suffire à l'élite. Et je ne comprendrais pas un prêtre, un catholique instruit, une femme intelligente dont le cerveau se contenterait de la doctrine dosée, diluée — je ne dis pas amoindrie — que ce journal sert, à juste raison, à ses lecteurs. C'est le lait dont parle saint Paul, qui lui était de bonne nourriture dans son enfance, mais qui ne suffisait pas à la maturité de son âge.

Je ne parle pas des journaux à tendances catholiques qui sont plutôt les organes d'une idée ou d'un homme : l'on dit, par exemple, en parlant de la *Libre Parole* et de l'*Autorité* : le journal de Drumont, le journal de Cassagnac. Eux aussi ont leur mérite ; mais ce n'est pas encore ce que j'entends par un journal catholique.

Sera-ce l'*Univers* ? Je répondrai franchement non. Ah ! certes, s'il en est un qui, dans sa longue existence, a vigoureusement bataillé pour le droit et pour la justice ; s'il en est un qui a eu les saintes audaces des prophètes d'antan ; s'il en est un dont les rédacteurs se sont passé de génération en génération le flambeau du savoir, le glaive du combat, et ont généreusement entretenu le tranchant de l'un comme la clarté de l'autre, c'est bien lui. Ses coups ont pu être violents ; mais on ne peut leur refuser d'avoir été portés avec de bonnes intentions et désintéressement.

Eh bien ! malgré tout, l'*Univers* ne me semble pas — soyons moderne — assez « nouveau jeu ».

.·.

Il fut un temps où les journaux catholiques se voyaient dans la nécessité, afin de satisfaire leur clientèle presque exclusivement ecclésiastique, de reproduire intégralement, texte latin et traduction française, les Encycliques pontificales, et toute lettre ou décret quelconque émanant de la Curie romaine. Ils ne manquaient pas, pour la même raison, d'insérer *in extenso* les lettres pastorales écrites par l'évêque diocésain ou ses confrères les plus en vue.

C'était le temps — heureux étiez-vous, ô secrétaires de rédaction ! — où dans ces feuilles quotidiennes l'on partait bravement en guerre pour ou contre *la matière et la forme*; où l'on rompait des lances en faveur des *Universaux*. Les partisans des deux idées prenaient le journal comme champ clos ; ils arrivaient, brandissant de savants articles longs de plusieurs colonnes ; les coups succédaient aux coups, les ripostes aux ripostes. La lutte durait plusieurs jours, et les lecteurs ne s'endormaient pas devant cette avalanche de chapitres et de paragraphes. Au contraire : le curé dans son presbytère, le châtelain dans son castel (lecteurs ordinaires de ces journaux) étaient heureux, le soir, au bruit des rafales, de déguster cette science.

On n'avait pas alors cette quantité de revues, écloses depuis, où se discutent toutes ces questions, où sont collationnés les documents ecclésiastiques, scientifiques, historiques et autres.

Je ne critique donc pas, je raconte.

Mais continuer à notre époque les utiles habitudes d'un autre âge serait vouloir remplacer nos canons à tir rapide et à longue portée par les lourds obusiers d'antan.

J'ajouterai encore :

Ne remarquez-vous pas combien la certitude absolue d'être dans le vrai donne à certains polémistes catholiques des allures hiératiques d'inspirés? On croirait qu'ils ont toujours à leur oreille la colombe de saint Grégoire; ils dogmatisent sans cesse; ils sont infaillibles ou presque; et l'on est étonné de ne pas rencontrer, à la fin de leurs articles, l'*anathema sit* obligé des canons conciliaires : « Que celui qui n'est pas de mon avis soit anathème ! »

C'est encore là un procédé que nos aïeux auraient volontiers employé; mais notre siècle l'accepterait moins, ou plutôt ne l'accepterait pas du tout.

— Crois ou meurs !

— Ah ! pardon, répondrions-nous aujourd'hui; je veux bien croire, mais, si vous le permettez, je voudrais voir auparavant !

Je me hâte de faire remarquer qu'il ne s'agit en aucune façon, ici, des questions de dogme, des vérités de foi définies comme telles par l'Église; mais bien des vérités contingentes, des opinions libres laissées à l'entière discussion.

J'ai dit le mot : à notre époque, on n'impose plus son idée; on la propose à la dispute des hommes — ce terme étant pris dans le sens biblique.

Le public, pour nous autres journalistes catholiques, comprend quatre catégories : les catholiques à idées semblables, nos amis ; les catholiques à idées différentes, — sont-ce encore nos amis ? — les ennemis, sectaires avérés ; les indifférents, — la grande masse.

Je laisse de côté les amis.

Comment nous sommes-nous comportés à l'égard des autres ? Devant le bataillon des sectaires, devant l'armée innombrable des indifférents, qu'avons-nous fait ? Dois-je dire : que faisons-nous encore ?

Nous nous sommes éparpillés en petits pelotons, ayant chacun notre drapeau — à savoir notre journal — autour duquel se groupent quelques rares partisans. Nous avons bien l'intention de foncer sur le bataillon ennemi ; nous lui lançons même de temps à autre de lointains coups de fusil. Nous faisons parfois des signes d'intelligence aux indifférents, dans l'espoir de les gagner à notre cause. Mais la plupart du temps, nous tirons les uns sur les autres ; nous nous disputons pour une question d'uniforme : tel veut trois boutons à la tunique, tel n'en voudrait que deux ; tel porte le képi sur l'oreille droite et prend à partie son voisin qui le porte sur l'oreille gauche.

Établis dans la même foi, solides dans le même amour pour la Religion et pour l'Église, nous nous traitons en fiers ennemis. Et pourquoi ? Parce que, sur des questions libres, nous différons de sentiments. C'est à peine croyable.

Qu'arrive-t-il alors ? Nous nous épuisons sans profit pour notre cause. Nos journaux disparaissent les uns après les autres ; et à peine vient-on d'en porter un en terre, que déjà pour un autre sonne le glas funèbre.

N'y a-t-il pas là une indication évidente et sûre que nous n'avons plus le don d'intéresser le public, même notre public, puisque les catholiques aussi nous quittent?

Changeons nos procédés.

Faisons un journal de libre discussion, à tribune ouverte, quelque chose comme le *Matin*, et dans lequel toutes les opinions, envisagées au point de vue catholique, pourront être discutées. Groupons-nous au lieu de nous harceler.

Vous n'êtes pas de mon avis sur la question du salaire? C'est entendu. J'exposerai aujourd'hui comment je l'envisage, et vous, demain vous apporterez vos raisons. Est-il besoin, pour cela, de nous traiter de Turc à More? (1) Pierre est pour les classiques chrétiens, Paul pour les classiques païens, Jacques pour un judicieux emploi des deux. Pourquoi, à tour de rôle, n'exposeraient-ils pas leurs arguments à la même place, sans faire appel aux exorcismes ou aux anathèmes? Vous êtes antisémite, moi non : laissez-moi soutenir ma thèse et ne m'accusez pas d'être vendu à Rothschild. Et vous, ne pourriez-vous pas écrire que les Congrégations religieuses peuvent payer au fisc la loi d'abonnement, sans que j'aille clamer partout que vous avez reçu cent mille francs du gouvernement?

Je crois qu'un journal ainsi compris aurait les plus grandes chances de succès et une influence prépondé-

(1) M. Jules Claretie écrit spirituellement : « Nous nous sommes appelés drôles, fripons, assassins, misérables. Eh bien, tout cela ne veut rien dire. Cela signifie seulement que nous ne sommes pas de la même opinion. » *La vie à Paris*, 1884, p. 18.

rante. C'est le journal catholique de l'avenir : et tant que nous ne l'aurons pas, je me permettrai de penser que « le journal catholique n'existe pas ». Mais j'accepte très volontiers que l'on me prouve le contraire.

C'est de la discussion et non de la polémique. Celle-ci peut blesser, tandis que la première éclaire. Le public catholique, qui est intelligent, quoi qu'on en dise, y prendra plaisir : les esprits s'ouvriront encore plus larges à la tolérance et les cœurs loin de s'aigrir se dilateront au souffle de la liberté et de la justice.

FIN

TABLE DES MATIÈRES

                                                                    Pages.
I. La loi scolaire et la franc-maçonnerie.   1
II. Démocrate et rallié avant la « lettre ».   25
III. Léo Taxil. 47
IV. Du journalisme en province.   69
V. De la presse et du prêtre journaliste.   93
VI. De la défense religieuse et sociale.   123
VII. De la fondation d'un journal de combat.   141
VIII. Aux prises avec Gustave-Adolphe Hubbard, dans
     une salle de bal. 157
IX. Sur les tréteaux avec M. Camille Pelletan. . . .   179
X. Quand on veut tuer son chien.   197
XI. Dans les coulisses du... journalisme.   215
XII. Les reporters et le reportage.   231
XIII. Les camelots.   255
XIV. A la « Cocarde ». — Incidents et menus faits. . . .   269
XV. Du journalisme catholique   295

ÉMILE COLIN — IMPRIMERIE DE LAGNY

www.ingramcontent.com/pod-product-compliance
Lightning Source LLC
Chambersburg PA
CBHW060357170426
43199CB00013B/1905